價值投資之父

葛拉漢論投資

the
Rediscovered
Benjamin
Graham

班傑明·葛拉漢 Benjamin Graham｜原著
珍娜·羅 Janet Lowe｜編選
陳慕真、周萱｜譯

財信出版

目錄

編者序

當全世界最成功的投資人巴菲特（Warren Buffett），有機會提供微軟創始人比爾·蓋茲一些投資忠告，幸運的比爾會得到什麼金玉良言？

「閱讀班傑明·葛拉漢」是多年來巴菲特給願意聽他忠告者的至理名言。雖然巴菲特承認自己已捨棄葛拉漢的部分學說，開始轉而涉獵其他學說並加上自己的想法，但他仍堅持閱讀價值投資之父葛拉漢，是正確的投資起跑點。葛拉漢在1949年所發表的經典之作《智慧型股票投資人》（*The Intelligent Investor*）仍是每個投資人必讀的聖經。

在投資及經濟領域裡，葛拉漢是個多產且受歡迎的作家。他從1920年代開始論著，到1976年去世為止。除了出版5本著作（始自1934年的《證券分析》〔*Security Analysis*〕）外，也在一些著名的報章雜誌發表許多文章。

葛拉漢發表的文章曾兩度帶動股市大幅翻揚。一次是在1929年股市崩盤之後，另一次則是在1970年代股市長期處於空頭市場之後。葛拉漢的演說引導並啟發華爾街的專業人士達半世紀之久。他曾以筆名「苦思者」（The Cogitator）在頗受推崇的《金融分析師期刊》（*Financial Analysts Journal*）發表過一些文章。他對美國經濟及國際經濟的看法及見解甚至得到像凱因斯（John Maynard Keynes）這類偉大思想家的回

應。

葛拉漢因備受推崇而受徵召至美國參議院，在享有威信的傅爾布萊特委員會（Fulbright Committee）前，為證券界的新發展方向做見證。他對每件事所發表的評論充分顯示他的機智、聰慧及獨創見解，他總是為股東尋求公平的交易。直到今天，葛拉漢在雜誌上發表的短文、演說及上課講稿仍廣被引用，但仍無法滿足想要拜讀葛拉漢早期作品的人，因為，那些早期作品不易尋得。

總是有許多人向我索取我所珍藏的葛拉漢作品影本，所以我自忖，如果能將葛拉漢的作品集結成冊，特別是把一些尚未失傳，卻又不易尋獲的作品編輯成冊，應該是個可造福讀者的好辦法。

若要把葛拉漢所有的講稿及短文整理成書，絕對是不實際的想法。更何況，他的部分作品早已不能滿足現代讀者的需求。所以，我們只挑選他最傑出的作品，且儘量忠於原著，不做增刪。即使因時代、價值觀的改變而不得不做修改時，我們也努力維持葛拉漢的真實主張。

我們修改了葛拉漢在紐約金融機構（New York Institute of Finance）的講稿，一方面是因為篇幅太長，另一方面是因為講稿內容是學生一字不漏抄錄下來的，免不了摻雜一些與主題無關的內容。例如，一些課堂上的叮嚀及對於當時次要事件的評論。此外，有些課程長達一學期之久，葛拉漢會反覆提到同樣的主題，我們將一些較不完整或較無說服力的章節刪除。在編輯的過程中，我們無不費心地確實保留葛拉漢

在課堂上所要傳達的主要觀念與方法。讀者如果想要閱讀未經刪減的原版講稿，可以上網到John Wiley & Sons的網站查詢（www.wiley.com/bgraham）。

本書就像時間機器，將帶領讀者回到過去的投資世界：葛拉漢提到鐵路工業的蕭條、航太製造業的崛起，且預期二次世界大戰後的房市榮景；他常常警告大眾，嘗試預言未來是件危險的事，而葛拉漢也從未全面性的預期戰後科技變遷及接踵而至的波濤洶湧經濟情勢。畢竟，歷史可以告訴我們很多東西。

儘管如此，葛拉漢的理念仍持續受到20世紀所有投資人的擁護與推崇。愈是研讀他的價值投資原則，愈是對他肅然起敬。巴菲特為第四版的《智慧型股票投資人》寫序，文中提到：「市場行為愈愚蠢，明智的投資人就愈有獲利機會。追隨葛拉漢的投資理念，你將從大眾的愚昧行為中獲利，而不會讓自己成為其中的一份子。」這段話道出了葛拉漢全書的價值。

有許多人參與本書的製作，歷經很長的時間才完成。假如我漏掉任何一個人，我在此致上歉意。我要特別感謝巴菲特、休洛斯（Walter Schloss）、肯恩（Irving Kahn），以及所有葛拉漢在哥倫比亞大學的得意門生，他們費心保存文件，使人們對葛拉漢的記憶常保鮮活。小葛拉漢博士（Dr. Benjamin Graham Jr.）也慷慨的給予鼓勵，並且允許我們發表他父親的珍藏。感謝John Wiley & Sons的湯普森（Myles Thompson）、品卡特（Jennifer Pincott）及丹尼羅（Mary Daniello），

他們對本書貢獻良多。林斯（Austin Lynes）把檢索表整理得有條不紊。我還要感謝我的專業支持團隊：瑪泰兒（Alice Fried Martell）、克羅威爾（Jolene Crowell）及肯尼（Phyllis Kenney）。

我希望你享受閱讀本書的樂趣，一如我編著本書時所獲得的樂趣。

珍娜‧羅

1999年3月於加州

一份回憶：葛拉漢與《證券分析》[1]

葛拉漢是具有創新思維且思路清晰的思想家。他具備崇高的道德標準，為人謙虛且不裝腔作勢，他就是這樣的人，我在他的手下擔任證券分析師近十年之久。 再重讀第一版《證券分析》的前言時，我再一次被葛拉漢的見解所感動。我在此引述部分前言：「我們在乎觀念、方法、標準、原則，更關心合乎邏輯的推論。我們所強調的理論，不是理論本身，而是實踐理論的價值。因此，我們試著避開一些不切實際的標準，或是一些窒礙難行的技術方法。」

《證券分析》一書闡明了一切，但要不要把葛拉漢的見解付諸實踐，則完全取決於分析師及投資人。

記得在1935年，我任職於Loeb Rhodes（後來改稱為Carl M. Loeb & Co.）時，我問公司的合夥人之一厄普夫（Armand Erpf），要如何才能進入「統計部門」，他給了我一個很好的忠告。在我們那個年代，甚至在今天，要出人頭地最好的方法就是為公司帶進生意。假如你出生有錢人家或結交有錢的朋友，那麼你就能為公司賺取大筆佣金。證券分析在當時尚處萌芽階段，所以你認識什麼人比你懂得什麼知識要重要的多了。假如你沒有背景、又沒有人脈，要出人頭地是很難的。不管怎樣，厄普夫告訴我，最近有一本叫《證券分析》的新書出版了，

---

1 本文是華德‧休洛斯（Walter J. Schloss）未公開發表的文章，經授權許可轉載。

作者是一名叫葛拉漢的。他說：「去讀那本書。如果你真能融會貫通全書的內容，就不需再讀其他的書了。」

於是我參加了紐約金融機構主辦，由葛拉漢主講的「高級證券分析」課程。葛拉漢是一位優秀的演講者，充滿熱誠且條理分明，他的一些作為是我很少見過的。他會舉一些當時價值被低估的例子，例如包德溫火車頭（Baldwin Locomotive）的破產債券（bankrupt bonds），來說明新證券在預估獲利能力及資產作基礎的情況下價值為何，再將這個價值與債券的價格串聯起來。許多華爾街的優秀人士都上過葛拉漢的課，包括高盛證券的李維（Gus Levy），他後來成為美國頂尖的套利者。我常在想，那些將葛拉漢的見解靈活運用的投資人，不知賺了多少錢。

葛拉漢絕不吝於提出自己的看法及撥出自己的時間，特別是對年輕人。1945年底，我即將離開軍隊，他雇用我擔任他的證券分析師，也因而改變了我的一生，我知道他也幫助同行的其他人。

在葛拉漢的追思儀式中，《證券分析》的合著者陶德（Dave Dodd）提到他如何參與該書的過程。當初葛拉漢受邀到哥倫比亞大學教授投資課程是有附帶條件的——他希望有人隨堂做筆記。當時還是一名年輕講師的陶德，自告奮勇接下這份工作，他將葛拉漢的授課內容鉅細靡遺的記錄下來，葛拉漢隨後利用這些筆記寫成《證券分析》。陶德說，該書是葛拉漢完成的，但他堅稱陶德功不可沒，足可掛名共同作者。

陶德後來成為一名非常成功的投資人。葛拉漢在1936年和紐曼（Jerome Newman）合夥創辦的葛拉漢—紐曼投資信託公司（Graham-Newman Corp.），陶德就擔任該公司的主管。

在投資界，要不受環境影響清楚思考絕非易事，害怕及貪婪常會影響一般人的判斷力。葛拉漢不是汲汲於金錢的人，所以不像其他人容易被這類情緒所影響。

葛拉漢曾在經濟大蕭條期間投資虧損，所以他希望他的投資在景氣轉壞時，資產仍可以受到保護。最好的方法就是制定一套規則，只要遵循不悖，就會降低損失的機會。我可以針對此點，舉例說明。

有一天，我在葛拉漢位於葛拉漢—紐曼公司的辦公室，剛好有人打電話通知他，他們已經購得50%的公務員保險公司（Government Employment Insurance Co.，即現在的蓋可〔GEICO〕）。他回頭對我說：「華德，如果這個購買案失利，我們還是可以把它清算掉，拿回我們的本錢。」蓋可的營運良好，遠超出葛拉漢的想像，但這並非葛拉漢所期待的。所謂慎選好股已是成功的一半，我想葛拉漢深知其中的道理。

葛拉漢—紐曼公司因遵循葛拉漢所立下的箴言而宏圖大展。但和現在的投資公司比起來，葛拉漢—紐曼公司的規模簡直是小巫見大巫。截至1946年1月31日為止，該公司的淨資產僅330萬美元。

葛拉漢的著眼點是把風險降至最低以保護預期的獲利。假如有人找出1947年至1956年間的《穆迪投資手冊》（*Moody's Investment Manuals*），並查看葛拉漢－紐曼公司的持股，一定覺得相當有趣。因為很多股票都是規模小且不見經傳的公司，但以數量而言股價算便宜的。閱讀葛拉漢－紐曼公司1946年1月出爐的年報，你會更有心得，該份年報說明了葛拉漢－紐曼公司兩個層面的投資策略：

1. 以低於內在價值（intrinsic value）的價格購入證券。要判斷證券的內在價值，必須經過仔細分析，特別是要購入價格低於其清算價值（liquidating value）的證券。
2. 從事套利交易及避險操作。

我協助葛拉漢整理第三版的《證券分析》，於1951年出版，附錄裡收錄了一篇他撰寫有關股市特殊情況的文章，該文1946年於《分析師期刊》（*The Analyst Journal*）首度發表。葛拉漢在文中列出一個用來計算風險報酬（risk-reward）的公式，這個公式在今天仍然適用。《智慧型股票投資人》則於1949年出版，是專為一般大眾寫的，但內容側重證券分析，並彰顯證券分析的重要性，該書的第四版目前仍在印行。

有一天，我無意中發現一檔當時還算便宜的股票魯肯斯鋼鐵（Lukens Steel），我們購入了一些，且打算再多買一些。這時，葛拉漢和某人出去吃午餐。那人報了好幾檔績優股給葛拉漢，午餐快結束時，他探詢葛拉漢的購買意願。葛拉漢告訴他，我們正購入魯肯斯股票。我懷疑那個人考慮一整天後，便開始大量購買魯肯斯股票，因而把股價拉

抬到超出我們預期的價位。葛拉漢告訴我這件事之後，我的印象是他不想太無禮，且當時他還不知道自己的評論是如此具影響力。

他總是讓事情簡單化。他曾寫道，他不認為證券分析師一定要用超出算術或基礎代數以外的方法做投資決策。

葛拉漢是一個富有文化涵養且多元化的人，他不像其他同行的人花費許多時間在投資上，他喜歡嘗試新觀念。1930年代末期，他開始倡導恆常穀倉理論（ever-normal granary theory），還以此主題寫了一本名叫《儲備與穩定》（*Storage and Stability*）的書，書裡提到我們可以用某些商品和金屬作為貨幣的代用品。他的見解頗有道理，1磅棉花等於6美分，其他原物料也可有較低的對應價格，這實在是個有趣的提議。雖然他從來沒什麼政治影響力讓美國國會買他的帳，但他的朋友巴洛克（Bernard Baruch）[2]支持他的見解，並認為這是一個能夠幫助農民及降低通膨威脅的好方法。

在葛拉漢一生中，我認為出版《證券分析》一書是最偉大的成就。葛拉漢讓證券分析受到尊重，能認識他是我的榮幸。

---

2 編註：1870-1965，歷任多屆美國總統的經濟顧問達四十年之久。

第一篇｜金融業與商業道德

他永遠保有一顆正直與廉潔的心。

——薩芮特（Rhoda Sarnat），葛拉漢的姪女

當葛拉漢的金融道德三部曲〈美國公司倒閉後的價值是否高於繼續營運的價值？〉在《富比士》（Forbes）發表時，美國（實際上應是全球）才剛經歷1929年至1930年摧毀性的股市大崩盤，且正處於大蕭條的谷底。雖然不景氣的陰霾一直持續到1930年代末期，但是葛拉漢的文章透露出該是投資人安全回到股市的時候了。當時，葛拉漢就指出，在紐約證交所掛牌的公司若宣布解散或出售，有三成以上的公司必須以低於公司實際價值的價格出脫。葛拉漢在這一系列文章裡，指責公司的管理階層不僅佔投資人的便宜，更為了私利將股東的福利遠遠地拋諸腦後。

此外，葛拉漢的文章呼籲投資人重回股市。葛拉漢是鼓足勇氣才寫下這系列文章的，因為他和合夥人紐曼共同管理的基金，在1929年至1930年的大崩盤中，淨值下跌了50%。當時才三十八歲的葛拉漢已是頗受推崇的投資思想家及作家了，但是寫出這些文章算是相當年輕。他透過文章，提供了金融界欲東山再起的迫切指引。

葛拉漢從專業投資退休後不久，曾在加州發表一次演講。本篇最後一章便是該演講的摘錄。從整篇演講中，我們可看出葛拉漢從未放棄他對商業道德的熱情。

1 美國公司倒閉後的價值是否高於繼續營運的價值？[1]

第一部曲
膨脹的公司財庫和縮水的股東：公司榨乾眾股東大爺？

編者選用葛拉漢發表在《富比士》的三篇文章，來說明在美國商業界及金融界發生的令人詫異莫名，卻又影響深遠的重大事件之一，其解決之道足以影響每個投資人的利益。

讀者只要閱讀這三篇文章的標題，很容易就能明瞭這三部曲所傳達的不朽意念及深遠意義，這也正是編著者將其納入本書的原因。

此三部曲的作者葛拉漢任教於哥倫比亞大學，他不僅在商業、財務及股票市場的學術領域有相當地位，更有多年實戰經驗，他將帶領讀者藉由探討事實真相，進而了解身為股東應享的權利與義務。

儘管這些真相大都很明顯且合乎邏輯，卻鮮少受到大眾媒體注意。《富比士》很樂意將充斥於股市與企業間，對真相有失公允又妄加誤斷的現象，以無懼、真實，又有趣的方式公諸於世。以下這篇文章就

---

1 本篇是葛拉漢發表在《富比士》的金融道德三部曲，原文分別發表於1932年6月1日、6月15日及7月1日。經富比士雜誌公司授權許可後轉載。

是三部曲的第一部曲。

美國公司以半價出售

在公開市場中，超過三分之一的股票以低於公司的流動資產淨額（net quick assets）出售。許多普通股更以低於公司現金資產的一定比例出售。在這個新興的時代，商業貸款信用良好的公司並不需要借貸，因為股東自會提供用不完的大筆現金。當公司的財務經理高枕無憂時，股東卻個個惶恐不安。銀行不再直接貸款給大公司，反而貸給股東，而這些股東則以高估的股價買入股票，使公司得到過度融資。

試問，公司、公司的主管及股東各該負什麼責任？如何才能步入正軌？股東是公司的合夥人，還是寄生蟲？難道公司該回到1929年的政策——讓股東有權將所買的股票賣回給公司、減緩資本化的腳步，並讓公司與股東平均分攤負擔？

如果公司因為考慮未來有長期虧損的可能性，而使市場報價遠低於公司的現金準備（cash reserves），那麼股東是否該在他們的現金縮水之前，要求清算其所投入的資金呢？公司的做法對股東是否公平呢？

如果你是一家大製造廠的老闆，和很多人一樣在1931年遭受虧損，並認為短期之內情況只會更壞，你對自己的事業感到悲觀，希望「廉價」出售。此時，一個有興趣的買主向你索取財務報表，而你也拿出

了一份頗為健全的資產負債表，如下所示：

	（單位：美元）
現金及美國政府債券	$8,500,000
應收帳款及貨品	15,000,000
廠房及不動產	14,000,000
	$37,500,000
本期應付帳款	1,300,000
淨值	$36,200,000

這位買主瀏覽報表後，開價500萬美元希望買下你的整個事業，包括現金、自由債券（liberty bonds）及其他所有資產。你會賣嗎？這無非是個可笑的問題，因為沒有一個正常人會傻到拿850萬美元現金交換500萬美元現金，更不用說再賠上價值超過2,800萬美元的其他資產了，但是這種荒謬的交易的確發生了。許多懷特汽車（White Motors）的股東就以每股7美元至8美元的價格賣出持股，其成交條件和上述倒貼的情況相去不遠。

其實上述報表的數據就是懷特汽車去年（1931年）12月31日的資產負債表。懷特汽車以每股7.37美元的低價，賣出65萬股，總價480萬美元——這是現金及約當現金（政府債券）總值的六成，且僅佔流動資產淨額的二成。值得注意的是，懷特汽車除普通股外，沒有其他需要優先清償的資本負債，而且唯一的負債只有應付帳款而已。

大型的老公司用遠低於流動資產甚多的價格賤價求售，實在令人咋

舌。其實情況很不樂觀，因為我們發現目前至少有數十家公司也以低於存放在銀行裡的現金價格求售。更糟糕的是，大多數公司以低於它們流動資產的價格出售，完全沒把廠房及其他固定資產列入考量。這表示有太多的公司以遠低於實際擁有的流動資產的價格在市場上求售。依華爾街最權威的判斷，這些公司「賴活不如好死」。

在正常的清算程序下，多數公司的價值至少應等於其所擁有的流動資產。若這些大公司的廠房及不動產等資產無法以接近持有價格（carrying price）出售，公司仍應該清算應收帳款及貨品，將所得補足到帳面價值。如果這不是一個合理的推測，那麼這些大公司所採用的會計方法可能有極大的缺失。

我在哥倫比亞大學商學院指導一項研究計畫，研究對象包含在紐約證交所掛牌的600家上市公司。結果發現超過200家（相當於三分之一）的上市公司以低於公司的流動資產淨額出售，超過50家以低於現金及有價證券總值出售。表1列出研究對象的部分名單，大多是以低於現金及有價證券總值出售的公司。

這樣的情況意味著什麼呢？有經驗的財務專家會說，在股市暴漲的榮景瓦解之後，股價必然會出現過低的現象。就像紐約證交所總裁所聲明的，「像這樣的股市低迷時期把美國人都嚇跑了」。

換個角度來說，之所以發生這樣的現象，是因為擁有公司的人沒有錢，而有錢的人卻沒有在股價便宜時買進。難道我們不曾在以前的空

表1 成交價低於現金資產的個股

公司名稱	1932年市場低點	各公司在低點時的市值	現金及有價證券	流動資產減所有負債	每股現金資產	每股流動資產淨額
		（單位：千美元）			（單位：美元）	
*Am. Car & Fdry	$20^{1/4}$	$9,225	$14,950	$32,341	$50	$108
*Am. Locomotive	$30^{1/4}$	14,709	14,829	22,630	41	63
*Am. Steel Foun.	60	8,021	8,046	11,720	128	186
*Am. Woolen	$15^{1/4}$	8,354	14,603	40,769	$30^{1/2}$	85
Congoleum	7	10,078	10,802	16,288	7	12
Howe Sound	6	2,886	4,910	5,254	10	11
Hudson Motors	$4^{1/8}$	6,377	8,462	10,712	$5^{1/2}$	7
Hupp Motors	2	2,664	7,236	10,000	$5^{1/2}$	$7^{1/2}$
Lima Locomotive	$8^{1/2}$	1,581	3,620	6,772	19	36
Magma Copper	$4^{1/2}$	1,836	3,771	4,825	9	12
Marlin Rockwell	$7^{1/2}$	2,520	3,834	4,310	$11^{1/2}$	13
Motor Products	13	2,457	2,950	3,615	$15^{1/2}$	19
Munsingwear	$10^{7/8}$	1,805	2,888	5,769	17	34
Nash Motors	10	27,000	36,560	37,076	$13^{1/2}$	14
N.Y. Air Brake	$4^{1/2}$	1,170	1,474	2,367	5	9
Opp'hm Collins	5	1,050	2,016	3,150	$9^{1/2}$	15
Reo Motors	$1^{1/2}$	2,716	5,321	10,332	3	$5^{1/2}$
S.O. of Kansas	7	2,240	2,760	4,477	$8^{1/2}$	14
Stewart Warner	$2^{3/8}$	3,023	4,648	8,303	$3^{1/2}$	7
White Motors	$7^{3/4}$	4,938	8,620	22,167	13	34

*代表優先股

頭市場──例如1921年，碰到同樣的現象？

然而，1921年的情況與現在（1931年）仍大有出入。當時，因受戰後嚴重經濟蕭條的壓力，很多股票都以低價出售，但幾乎沒有股票是以低於流動資產的價格成交的，更遑論是以低於公司所持有現金的價格出售。

把這兩個時期具有代表性的公司作一比較，結果相當令人震驚，特別是我們發現1931年業界的經營成果並不比1921年差，但是為什麼這些公司會以其營運資本（working capita）[2]的一半價格拋售呢？十年前，公司的營運資本才僅是公司谷底價（bottom prices）的一半而已，而當時的現金資產價格則為現在的6倍。

因此，我們必須認清，現在的局勢「絕非」單純的空頭市場所能解釋的。大體來說，這是史無前例的現象，是1928年至1929年的瘋狂新世紀之後，最詭異又諷刺的餘波，反映出國家財政結構及人們在財經心態上的改變，這些改變意義深遠，卻無人能理解。

這裡有兩個看似合理又單純的觀念：第一、好的股票就是好的投資；第二、公司的價值取決於公司獲利能力的說法已被曲解，轉而發展成一套瘋狂的財經信條。這套瘋狂的信條導致投資人變成投機者，致使公司蒙獲其利，股東卻血本無歸；顛倒了商業借貸相對於股票借貸

---

2 編註：即流動資產淨額。

（Wall Street Loans）的重要性。最後，這套信條更無視於吞噬我們的
異常蕭條現象，而製造出混亂的會計政策及不合常理的價值標準。

在大多數股票以遠低於流動資產淨額的價格出售這個看似簡單的事實
背後，隱藏了複雜的導因、結果及意涵。接下來先討論這個特殊現象
的導因，至於其他部分，則會在後續的兩篇文章中討論。

近幾年來，因股東行使認股權（subscription rights）[3]，使公司增加大量
現金。而這筆大量湧入的新資金，導致市場價格與流動資產之間的差
異懸殊。這個1928年至1929年多頭市場的一個顯著現象，造成兩個頗
為對立的結果。從某方面來看，這些吸收進來的大量資金，強化了公
司的現金及營運資本的狀況；但從另一方面來看，新股的發行擴大了
股票在市場上的供給、削弱了股票的技術面條件，進而強化了股價下
滑的趨勢。這樣的情況使股票的「價值」提高，卻使「價格」下跌。

如果投資人在過去十年間隨時查看資產負債表，股價就不至於跌到目
前這麼離譜的水準。過去幾年，投資人之所以出脫持股，是因為害
怕，而不是因為有需要。若這些膽小的持股人徹底了解他們是以遠低
於公司流動資產的價格出售自己的持股，那麼他們可能會有完全不同
的做法。

但是，因為股東認定股價與公司的獲利能力有絕對的關係，所以就不

---

3 編註：現有股東於新股公開發行之前，享有優先按一定比例認購股份的權利證書。

再注意公司還擁有些什麼，甚至無視於存在銀行裡的現金。過去的投資人的確是太過於重視帳面價值（book value），忽略了廠房、設備等財產所能帶來的獲利。他們認為除非廠房等財產能顯示同等的獲利能力，否則就不必費神注意它們標示在帳面上的價值。

但是，就像華爾街專家所提出的許多審慎見解一樣，這樣的做法太過偏激。它造成投資人過分強調公司所公告的盈餘，而這盈餘可能只是短暫的或甚至是虛報的，完全忽略一向被視為評估證券價值時極為重要的因素：公司的營運資本狀況。

華爾街評估上市公司與私人公司用的是兩套完全不同的基準。若以一般的商業標準來判斷，景氣好時，股票的成交價出奇的高。而今，根據報酬法（the law of compensation），這些公司的資產都被過度低估。造成股價低於公司流動資產淨額的第三個原因，是投資人害怕公司未來的營運會帶來虧損。很多讀者可能會斷言這是造成目前市場低迷的最主要原因，這些話不單反映出公司缺乏獲利能力，更反映出公司「逐漸喪失此能力」。逐漸喪失獲利能力意味股東所持股份背後的營運資本將會逐漸消失。

難道三分之一的美國公司注定要繼續賠錢，直到股東出脫所有持股為止？股市認定事情必將如此發展。

然而這個看法並不正確，就像一般對股市未來走勢的判斷一直都不正確一樣，大家都知道華爾街的推論是經不起考驗的。舉例來說，大眾

不可能因為卡車運輸搶走大部分的火車業務，在對火車運輸業失去信心的同時，又對卡車運輸業絕望，以至於要出脫大量持股，以換取部分微薄的流動資本。

但是，即使在景氣繁榮時期，也有許多企業因失敗而停業。可以肯定的是，這些運氣不佳的企業，數目將會大幅增加。所以，體質不佳的企業恐怕很難倖存，某些個案也應驗了市場的滅亡預言。儘管如此，大量出脫持股以換取微薄流動資產的行為背後，一定潛藏著一個基本的錯誤。

如果一家公司注定要虧錢，何必繼續營運？如果這家公司沒有未來，結束營運強過繼續苦撐，那何不就此結束？

公司的所有人若擔心現金即將消失，他們肯定有比分送現有現金更好的變通方法。我們要再回到本章開始時所提到的懷特汽車股東與工廠老闆之間的合約案例。

這個例子只不過是個簡單的推理：懷特汽車若繼續營運，是否會比其存在銀行的現金更值錢？如果比銀行存款更值錢，那麼股東以遠低於銀行現金存款的價格出脫持股就太不明智了，除非他們有不得已的苦衷。如果不比銀行存款值錢，懷特汽車就應該進行清算，然後付給股東每股所值的現金再加上其他資產可能帶來的收入股東顯然忘了要查看資產負債表以外的其他數據，他們忘了自己也是公司的所有人，而不僅僅是股市交易行情板上的個股持有人而已。此時此刻該是全美數

百萬股東，將長久以來的注意力，從每天的市場報告轉移到他們所擁有的公司的基本面。他們才是公司的所有人，而公司的存在，是要為股東謀福利並滿足股東的需求。

當然，監督這些公司的責任，必須落在董事身上，而經營的責任則落在拿薪水的高階主管身上。但是，公司所有人（股東）的錢是否要因公司經營虧損而消失，或要將多餘的現金凍結不作他用，完全不顧所有人是否急需現金？這些決策都必須由股東仔細思考後自己做出決定。這些不是經營管理的問題，而是「所有權的問題」。在這些問題的考量上，管理階層的意見也許很重要，但他們沒有操控決策的權力。

今天，股東不再僅是對資產負債表有所認知就夠了，更要能認清自己的「所有權」。如果股東真能明瞭自己身為公司所有人的權利，我們就不會看到現金膨脹公司財庫的瘋狂景象，也不會看到現金持有人犧牲本身的利益，只為了換取任何成交的機會。也許，公司會回購流通在外的股份，而最諷刺的是，股東所拿到少的可憐的錢，實際上是用自己的現金換來的。

傳說中，有一位詼諧的理髮師在他的招牌上寫著：

你以為我們是做什麼的——
我們免費為你刮鬍子，還附贈飲料！

這句話也許可以做為當今賣股票的人的座右銘。因為，他們不但把自己所屬的存貨及應收帳款拱手讓人，還附贈土地、廠房、機器設備及一些叫不出名字的贈品。

我們希望能以這樣幽默的心情繼續揭露整個情況，但是我們需要的不是俏皮話，而是要把所有的股東、管理階層及銀行所面對的重要議題，直接了當的呈現出來。接下來就要探討這些重要議題。

第二部曲
有錢的公司是否該把現金還給股東？

在上一篇文章裡，我們把目前許多公司的現金資產與其股價之間的懸殊差異，在某種程度上將之歸咎於公司發行大量的新股，把股東口袋裡的錢吸納到公司財庫的結果。根據紐約證交所的資料顯示，從1926年至1930年間，上市公司光是以發行新股吸納進來的資金，就高達50億美元。

同一段期間，這些上市公司股票的總成交額超過290億美元，其中小部分可能流到私人荷包，但大部分的錢都轉進公司，用來擴充廠房設備，或增加營運資本。 我們絕不能忘記，未分配盈餘的部分也累積了一大筆金額。公司匯集了這麼大筆的現金，所以，儘管所有的錢都花光了、虧損了，或拿去發放股利，公司的財庫仍然不虞匱乏。

但是，提供大把鈔票的人、購買新發行股票的投資人，及認購新股的股東，他們如今安在？他們並沒有賺進大筆財富，也無需為過多的閒置資金煩惱。他們花費大筆現金，卻肥了公司的財庫；他們負債累累，為的是讓這些公司得以償還債務。

可笑的是，這些有錢公司的所有人，本身卻一貧如洗，當這些股東因財務問題而頹喪不已時，他們的公司卻把現金一口一口往嘴裡送。當公司的財務主管高枕無憂時，股東卻個個憂慮絕望。

的確，股東可以拿更多的股票憑證（stock certificate）證明他們新買的股份，每一張憑證都代表他們把現金存放在公司，他們是公司的所有人。但是，這對股東助益不大，他們無法要求銀行依據其所持股份的金額，讓他們借貸或展延原有借貸。如果他們要賣股票，就必須接受盤面價格；如果他們想向公司主管拿回一點屬於自己的錢，主管可能會對他們苦笑，揮手叫他們離開，或慈悲的用市價買回他們的持股，而這個市價卻遠低於該股的公平價值。

同時，在這個新世代裡，投資大眾慷慨的把現金投資到公司的行為，不僅為證券持有人帶來無數的麻煩，更嚴重破壞了銀行業的體制。商業借貸一向是信用體系的心臟與堡壘；而證券借貸（loans on securities）在數量上則屈居第二，在信用市場也一向居次要地位。

但是，近幾年來，公司和投資大眾又是如何運用這兩種借貸？它們先付清全國性商業借貸的主要部分，然後改以證券借貸來替代。銀行不

再直接借錢給大公司，它們被迫要求股東以持股作為擔保來借錢給股東；或者，以銀行的名義購買證券。從聯邦準備體系（Federal Reserve System）對其所屬會員銀行所做的兩種借貸比較可以看出，銀行業對借貸的改變程度（見表2）。

表2 1920-1932年銀行資金來源的變化（單位：百萬美元）

	商用借貸	證券融資	總金額
1920年10月	$9,741	$7,451	$17,192
1932年5月	6,779	12,498	19,277

整個事情發展已經證明，受害最深的莫過於股東，而最感困窘難堪的則是銀行。最壞的借貸系統取代了最好的系統。放款的安全性，或說是銀行的償債能力，本應仰賴大公司的雄厚財政實力來維護，現在卻任憑股市波動擺佈。

數千名股東，也就是他們所投資公司的所有人，發現自身處境愚不可及。舉例來說，某家公司的市值也許只值1,000萬美元，其借貸價值（borrowing value）至多不超過800萬美元，但這家公司卻可能有高達1,500萬美元的資金，而且還能用價值數百萬美元的其他流動資產為擔保，借貸大額的巨款。如果一家公司的所有人真的控制了這樣的公司，他們不僅可以提領1,500萬美元的現金、向銀行借貸500萬美元，而且還擁有一家持有大量股票的健全公司。

有些銀行不願意以每股10美元借貸給股東，卻樂意借給公司足夠的錢，讓公司以每股15美元向股東購回股票。

讀者試想，一邊是擁有大筆現金及信用資源的典型標準公司，另一邊是公司的所有人，他們將數百萬資金投資在這家公司，卻無法取得或借貸僅佔該筆投資現金價值的一小部分。這是因為景氣好時，股東對他們所投資的公司過度慷慨，再者是因為公司對它們的股東過於計較。

在此一情況下，銀行看起來像是公司的共犯，但實際上它們也是受害者——它們受到表面上看起來十分健全，實際上卻與當前局勢不協調的制度所限，必須以商業借貸為第一考量。

但是，誰是當前商業借貸的借用人呢？是過去紀錄優良、需要現金做季節性調度的公司？不是。這樣的公司不需要銀行，只要募資順利進行，可以從股東那裡募得所有需要的錢。

有三種人會向銀行借貸：（1）小型或私人獨資的公司，包括營運良好或經營不善的；（2）即使在榮景時期的末期，經營仍不見起色的大型產業公司；（3）需要短期現金融資，再用長期的籌資措施（如發行債券——這種籌資方式是所有問題的根源）來償還借貸的鐵路工程及公共事業。

因此，我們必須了解，以股票擔保的方式取代健全的商業借貸，不但傷害銀行體系，也傷害大多數的股東。有補救之道嗎？當然有，而且非常簡單：

讓公司把維持事業體正常營運之外所剩餘的全部現金，全數歸還給股東。

此舉的立即效果是，每個股東都因而受惠，因為他們可以拿手中的現金應急，或做適當的運用；第二個成效是能夠拉抬股價並提振整個股市，因為投資大眾透過這種有力的方式，得知現今美國企業背後擁有龐大的現金價值；第三個成效是促使銀行的結構回復平衡，擴大健全的商業借貸（特別是公司要擴充營運時），並償還部分遭凍結的證券借貸。

要用什麼方式把現金還給股東？最好的方式是直接回歸到造成目前窘境的財務措施。公司提供讓股東以設定價格（stated price）賣回固定比例的股票給公司的權利，而不是讓股東買股票的權利。這個設定價格必須高於市價，但絕大多數都低於每股流動資產淨額，也因而遠低於帳面價值。從公司的角度來看，這種以折價回購股票的舉動，將會增加現金盈餘及剩餘股票的每股流動資產淨額。

有些公司已經開始這麼做了，其中最早開始的是司姆斯石油公司（Simms Petroleum）。最近，漢彌爾頓羊毛公司（Hamilton Woolen）提出以每股65美元的設定價格，回購六分之一流通在外的股份，這個價格約與流動資產淨額等值，且比先前的市價高出許多，表示該公司要將大部分股東於1929年新投入的錢歸還給股東。

有些公司則以特殊的分配方式，將剩餘的現金歸還股東，不會影響股

票的持有數量。蓋世汽車公司（Peerless Motors）就是一例，另一例是優芮卡吸塵器公司（Eureka Vacuum Cleaner），該公司不但以身作則，還提出聲明，奉勸其他公司也採行類似的方法，以協助景氣復甦。另有一些公司，如標準石油油管公司（Standard Oil pipe lines）及部分新英格蘭的製造廠，則以降低股票面值的方式，將剩餘的現金資本歸還給股東。

這些不同的方法都達到相同的目的，不同的只是技術層面上的差別而已。而我們建議公司按一定比例回購股票的方法，在大多數時候要比降低股票面值的方法更實際一點，且在記帳方面更享有直接特殊股利（straight special dividend）的好處；再者，此方法與發行認股權直接向股東拿錢的程序完全相反，無疑是最合乎邏輯的方法。

許多公司用剩餘的資金，在公開市場回購自家股票，這也是將公司的資金歸還股東的方法，絕對有助於提升市場價格，進而幫助不得不賣掉持股的股東；此外，公司以設定價格回購自家股票，必然使現在仍持有股份的股東受惠。當然，用這種方式分配剩餘現金的公司，要比死抓著銀行裡的每一分錢不放的公司要大方多了。

但是，這種方式也引發各種不同的反對聲浪。如果回購的價格過高，現在仍有持股的人便會齊聲指責管理階層；而因回購行動而獲利的人，則不再對公司感興趣。如果要避免這種危險情況，公司就只會在股價超低時才回購，如此一來，公司也因而有趁股東困難時佔股東便宜的嫌疑；再者，像這種未公開的市場運作方式，可能讓公司的高階

主管及內部人員賺取不正當的利益。

班得克司飛機製造公司（The Bendix Aviation Co.）最近剛通過股利配發額度，同時宣布將從公開市場回購大量的股份，其他資金充裕的公司也起而效尤。只是，大部分的公司都沒有公開透露回購股票的計畫，因為這樣會對股東造成極不公平的情形。公司若握有剩餘及過量的現金，其管理階層的第一要務就是利用這些自由現金，來維持合理的股利水平。

在景氣好的時候，將剩餘的現金累積起來，主要是為了在景氣轉壞期間，仍然可以繼續發放股利，因此，股東不會因為公司「沒有獲利」而拿不到錢。若公司用暫停發放股利的方法，造成股價跌到不合理的低價位，再用這一筆扣留的錢，以超低價向股東買回股票，是相當不正當的手段。

上述考量足以說明為什麼筆者不認為從公開市場回購股票的方式，是公司把現金歸還股東的最好方法。按比例回購自家股票的方法，不但不會造成賣家與保留持股的股東之間的利益衝突，更不會讓公司的管理階層有機會濫用不公平的技倆。

檢視表1（第22頁）所列出以低於本身流動資產淨額出售的公司名單中，可以看出許多公司持有過量現金。如果股東有效的對管理階層施加壓力，他們就可以拿回一筆可觀的剩餘現金，不但造福自己，也造福整個股市及銀行體系。

為了達到上述的理想結果，股東首先要了解剩餘現金的存在，他們必須查閱公司的資產負債表。近幾年來，財經作家一致指出，相對於獲利能力，資產價值顯得較不重要。但似乎沒有人發現，太過於輕忽資產價值，又過度重視獲利能力，將導致最悲慘的結果。

投資大眾對整個新世紀和績優股的狂熱，肇因於太過關注獲利趨勢。僅是獲利增加1美元——每股從4美元上揚至5美元——也會把原本僅值40美元的股票拉抬至75美元，因為大眾很樂觀的認定上升趨勢已經形成，所以認為15倍的本益比比10倍更合理。因此，計算價值的基礎變得非常武斷，而且大都依賴心理因素來判斷。隨之而來的結果就是，大家都以「投資」這個令人尊敬的名義，進行毫無節制的賭博行為。

就是因為這種誘惑，使投資人變成了漫無章法的投機者，形成1928年至1929年之前，史無前例的長期多頭市場，緊接著以同樣驚人的程度暴跌致崩盤的窘境，將商業結構與股市帶向毀滅。

投資大眾對於獲利的著迷，衍生出一種減記（write down）固定資產成為1美元的新會計方法，目的是為了刪除折舊的費用，進而公布更高的盈餘。這個理論的根據是藉由刪除資產價值來增加獲利能力，進而提高公司的市值。既然沒有人在意資產價值，會計帳上又何必紀錄它？這是愛麗絲夢遊仙境似的財務邏輯思考的另一個例子。

這種做法與發生在數十年前備受指責的股票灌水（stock watering）做法，形成了一個有趣的對比。當時，公司可以任意在帳面上增加固定

資產，以增加帳面價值，進而達到膨脹市價的目的。當時是膨脹資產，現在則膨脹盈餘，雖然兩者的程序完全相反，但其目的及潛藏的欺瞞行為則是一樣的。

因為投資人及投機者過度迷信盈餘報告，市場價格會如此分歧完全是因各公司任意採行不同的會計方法所致。有太多機會讓不正當的商業行為發生，卻沒有人注意到這點。

某家在紐約證交所掛牌的公司，最近就在不提及任何細節的情況下，任意提高公司商譽，然後將這筆差額補進盈餘中，使公司的帳面轉虧為盈。顯然公司的管理階層認定股東不會仔細審閱資產負債表、看穿他們的詭計。

無視於資產的結果，也為公司改組及合併帶來新的難題。因為公司的債權人無法直接向公司討回現金；股東被迫合併，而原本屬於他們的現金，如今卻被另一家公司優先索賠。

舉例來說，菲斯克橡膠公司（The Fisk Rubber Co.）的帳上顯示，每1,000美元的未償負債，公司就備有400美元的現金可隨時償還，且有將近900美元的流動資產淨額（不包括大廠房）……，但該公司提出的改組計畫中，卻沒給債權人現金，而以新公司的股票代替。

類似的情形也發生在普瑞里油管公司（Prairie Pipe Line）的股東身上。最近，當他們正慶幸自己的持股已有相當於每股12美元的現金價值

時，卻赫然發現自己竟變成另一家公司的股東，而那家公司不但沒有等值的現金，這些新股票的總市值甚至不及股東原先持股的約當現金的一半。

筆者認為，這些怪事之所以發生，都是因為股東不了解他們就跟私人公司的合夥人一樣，是上市公司的部分所有人，享有和所有人一樣的法定權利。華爾街炫麗的煙幕，把這簡單的事實給模糊了。要讓全國數百萬的投資人確實了解真相，公司必須採行更健全的做法，投資人對股票價值的心態要更健全。

第三部曲
清算把公司賠掉的有錢人？

誰才是對的──股市或公司的管理階層？

目前還存在於公司與其股東之間的另一個不平衡狀況是，公司該不該清算的問題。很多股票以低於本身的現金價值出售，因為市場評斷這些公司的未來營運虧損將會用盡現有的現金。

如果上述屬實，股東是否應該在他們的現金被用盡之前要求清算？公司的管理階層自然會說「不應該」，但股市會斷然回答「應該」。誰才對呢？雙方所持的主要理由為何？

《富比士》在此發表的是葛拉漢為此系列所寫的第三篇文章，也是最後一篇，這篇文章將深入探討目前這個混亂的情況。

我們看到三分之一的公司，以低於流動資產淨額的價格出售，更有為數不少的公司，以低於現有現金的價格報價，這是前所未有的景象。在前面的兩篇文章中，我們指出三個可能的導因：（1）無視於事實；（2）被迫出脫持股卻無力買回；（3）因擔心流動資產會虧損殆盡而不願意購買。

前兩篇文章已詳加探討前兩個導因及其隱含的意義，但不管是大眾輕忽事實，或是財務困難，都無法貼切的解釋目前的市場水平。

如果能以50美分購得一枚金幣，沒有任何附帶條件，大眾一定趨之若鶩，大批的購買力會湧入這個廉價市場揀便宜。而今公司的金幣也叫價50美分，甚至更少，只是有附帶條件。雖然金幣歸股東所有，股東卻無法掌控它們，只能眼睜睜的看著公司因營運虧損而使金幣減少，或消失殆盡。這就是投資大眾無法接受公司的現金持股價格接近票面價值的原因。

事實上，精明的讀者可能會不耐煩的問：「公司又不是要進入清算程序，為什麼盡是談到清算價值呢？」就股東而言，他們對公司現金帳戶（cash account）的興趣，理論上就等於對廠房資產（plant account）的興趣。如果公司進行清算，股東就可以拿到現金；如果公司有獲利，那些廠房設備就值帳面價值；「如果我們有了現金⋯⋯。」

這樣的說詞雖有說服力，卻無法從中得到解答。股東本身無權掌控公司獲利與否，卻絕對有權要求公司進行清算。實際上，這不是一個紙上談兵的問題，而是一個既實際又迫切的議題。

同時，這也是一個相當富爭議性的議題，其中包含公司管理階層與股市間的「判斷」衝突，可能還包含管理階層與股東間的「利益」衝突。

用最簡單的話來說，這問題到底是管理階層的錯？還是股市的錯？造成股價低迷的原因，只是因為恐懼的心裡作祟？還是傳達了嚴重的清算警訊？

今天，股東並未去尋找這些問題的答案，他們把這些問題和其他問題留給管理階層去解決。但是，當管理階層的判斷遭到公開市場嚴重質疑時，讓管理階層來決定誰對誰錯似乎很幼稚，特別是當支薪的高階主管與將資金投資在公司股票的所有人間，發生嚴重的利益衝突時，更顯得幼稚。如果你擁有一家經營不善的雜貨店，你絕不會讓支薪的經理決定這家雜貨店的存廢。

認同企業管理領域裡的兩個致命理論，更加深了大眾面對這個嚴重問題的無助感：第一個理論是，高階主管不需對股價負責，他們對股價也沒有興趣；第二個理論則是，沒有實際參與營運的股東，對公司完全不了解，因此他們的意見完全不被採納，除非有管理階層支持。

高階主管就是仗著第一個理論，成功的規避了所有從股價衍生出來的問題；而第二個理論則成為他們反駁大膽提出管理階層行事不智或圖利自己的股東的最佳利器。這兩個理論為管理階層提供了一道堅固的屏障：當情勢顯示進行清算對所有人是最佳的方法時，這兩個理論卻為管理階層找到持續經營的正當理由。

公司的高階主管無需對股價負責的想法，既荒謬又虛偽。當然，管理階層可以不必對市場波動負責，但他們對自己公司的股價過高或過低要有絕對的認知，他們有義務保護股東免於市值下跌的損失。同樣地，在他們的能力範圍內，也要保護股東免於盈餘減少或資產的虧損。

如果管理階層負責且盡忠職守，那麼交易價格與清算價值之間的荒謬關係就不會存在。高階主管與股東也都能了解，股票的真正價值絕對不會低於公司的可變現價值，而可變現總值一般不會低於流動資產淨額。

此外，他們也能了解，如果公司繼續經營的價值低於其可變現價值，那麼就應該進行清算。最後，管理階層會聲明，他們有責任保護公司的可變現價值免於縮水，且在合理的範圍內，防止價格水平持續低於可變現價值。

因此，管理階層會把公司股價暴跌的情形，視為有建設性的挑戰，而不是報以漠不關心的態度。首先，管理階層要竭盡所能的把股利維持

在相當於最低股票真實價值的水平，為達此目的，他們可在不損及公司財務的前提下，自由調配剩餘的現金；第二、他們要毫不猶豫地讓股東知道公司的最低清算價值高過於市場價值，而且要讓股東對這些價值的真實性有信心；第三、管理階層要以公平的價格從公開市場回購一定比例的股票，盡可能將剩餘的現金歸還給股東。

最後，管理階層要仔細研究公司的現況與前景，以確保股票的可變現價值不會大幅縮水。如果發現公司未來可能有嚴重虧損，管理階層要以嚴肅且持平的態度，考量賣掉或清算公司是否最能保障股東的權益。

儘管股市強烈暗示某些公司有必要進行清算，但卻沒見過管理階層有慎重考慮這件事的跡象。的確，一家由各式各樣的人共同擁有的上市公司，若鮮少藉由自發性討論各項議題，可能成為別人懷疑或譏嘲的對象。私人公司從業界消失是司空見慣的事，但對於一家有大量股票發行在外的上市公司而言，在整個企業發展史上是鮮少見到的。

我們較常見的情形是在無力償債之後公司才進行清算，但在老闆還沒來踏進店裡就想打烊的想法，似乎有違華爾街的常理。我們可用一句話來形容公司的管理階層——他們絕非輕言放棄的人。就像畢林斯（Josh Billings）[4]，他在愛國心的驅策下，願為國家犧牲他妻子所有的親戚；公司的高階主管也同樣可以為了讓公司永續經營，而賠光股東

---

4 編註：1818-1885，美國作家。

的最後一分錢。

但是，支薪的高階主管不是要遵循董事會的決定嗎？而董事會難道不是代表股東，以擁護股東利益為職責，甚至在必要時與經營階層的利益對抗的組織嗎？這個說法，理論上絕對站得住腳，但實際卻不可行。

我們可以從任何典型的董事會研究報告找到各種原因：（1）支薪的高階主管把自己的工作職位擺第一，接下來才考慮到股東；（2）投資銀行最在乎的是承銷股票的獲利；（3）商業銀行視放款及保護這些放款為第一要務；（4）個人希望與公司談成各種生意；最後一項也是最被藐視的一項（5）董事們一心只為股東謀福利。

然而，董事們通常與高階主管有深厚的情誼（這是他們受到提名的原因），所以整個董事會議的氣氛，並不會站在股東的權益上，也不會與管理階層對立。董事們並非不誠實，只是他們也是人。筆者因為本身也是多個董事會的成員，多少可以從個人的經驗中了解這種情況。

這個結論凸顯出，公司進行清算與否特別攸關到股東的權益。清算與否不僅必須出自於股東的獨立判斷及自由意志，且在多數情況下，率先提出清算構想並施壓讓清算生效的必須是股東，而非董事會。關於這一點，我相信熟悉下述原則會得到莫大的助益：

公司的股價長期低於其清算價值的事實，會適切的反映公司是否

該進行清算。

請注意，我並不是主張股價持續走低就表示清算是合理的，只是認為股東可依此正當理由提出清算，讓他們的看法得到應有的尊重。

這意味股東應該以更開明的心態，並根據事實及個人的最佳判斷，來看待清算這個議題。無疑地，在這些事例中，很多案例——或許是大多數——在經過持平的調查研究後，都顯示出清算並非是最好的做法。研究發現，在正常情況下，公司繼續經營的價值，比清算後的可變現總值要高得多，這好像是保證儘管目前營運虧損，但不景氣終將過去。

但是，在現今經濟困難的情況下，我們不難想像，有太多公司的所有人可能會推斷，與其繼續經營公司，不如加以清算，反而會讓日子好過一點。這樣的舉動會對整個經濟情況帶來什麼重大影響？更嚴重的通貨緊縮、更高的失業率，及更低落的購買能力嗎？股東會危害到自己嗎？表面上看來似乎是如此，但證據卻顯示完全相反。

體制不健全的公司若繼續營運，對整個國家而言，非但不是一項利得，反而是一大災難。我們不僅將蒙受生產過剩之苦，更受害於明知生存無望，卻不惜犧牲股東的利益及造成產業界的不安，以換取一線生機的公司間所引發的分裂性競爭。

這些公司不僅本身沒有獲利，也讓其他公司喪失了獲利機會。也許這

些公司關門大吉，可以讓供給與需求重新達到平衡，同時也讓體制較健全，有能力存活下來的公司，以較低的成本生產更多的產品。事實上，棉製品工業已經開始努力朝這個方向邁進。

從就業的角度來看，大眾對產品的需求量並不會因為無獲利公司的倒閉而減少，生產會轉移到其他公司，整體的就業率不會下降。我們不否認很多人的生活會因此陷入困境，也不會刻意將這種情形減到最低程度，但是在一個基礎不健全的公司裡工作，命運就會受人擺佈。承認我們同情員工處境的事實，只不過是彰顯我們的經濟主張，只是為了提供就業機會，卻可以不顧股東的資本。

我們尚未找到防止因經濟蕭條而把自己扼殺在資金過剩之中的方法。但是，顯然已有一些方法可協助我們把擁有大筆現金卻幾乎無法變現的股東，從惡劣的情勢中解救出來。我的創新見解，或許可為沮喪的美國股東創造奇蹟。

2　美國資本主義的道德觀[1]

三大要點：

1. 美國資本的機制——應用在經濟與道德兩個層面，已經產生一個重大的改變，足以蔚為一股革命的力量。

2. 這些改變是經由嘗試錯誤得來的結果，並沒有一套有系統的哲學理論，所以一直受到商人階層的反對。也許在星期二的大選後——特別是在艾森豪獲勝之後——這個新的體制終將獲得認同。

3. 我們要持續景氣繁榮得仰賴三個支持力量：（1）美國商業活動更強而有力的成長；（2）政府有責任控制生產過剩，及經濟衰退對維持高就業率所造成的威脅；（3）政府對所有人民應負起道德責任及提供福利的義務。或許道德面因素將比經濟因素對我們的經濟繁榮帶來更強而有力的支撐。

我注意到最近有兩本書名相似的書：高伯瑞（J. Kenneth Galbraith）所著的《1929年股市大崩盤》（*The Great Crash 1929*）及艾倫（F. L. Allen）所著的《大改變》（*The Big Change*）。前者描述股市暴跌的可怕景象，後者描述許多方面的主要進展，但所探討的主題並不互相矛盾。美國新資本主義之所以能夠加速發展，無疑是拜那一場經濟大蕭條（the Great Depression）之賜。

---

1 本文是葛拉漢於1956年11月10日對加州大學洛杉磯克拉瑪退隱營（Camp Kramer Retreat）的演講。

美國資本主義之所以在1929年發展到如日中天的地步，有以下幾個特點：

1. **自由放任原則：**只要大眾不違法偷竊和壟斷，政府對商業性的謀利活動完全不予干涉，包含一些公共事業體在內。

2. **商業鉅子位居中心地位：**他們不僅累積鉅額財富，在經濟、政治，甚至社會上也擁有極大的勢力。

3. **所有的福利活動幾乎都是慈善活動：**也就是以私立的慈善團體為主。救濟院是這原則下的例外，因為它們既不提供實質的福利，也不是真正的慈善機構。

4. 上述三項特點衍生的負面結果是，政府在經濟及社會福利上僅能扮演次要角色。唯一的例外是，政府在教育這個領域仍扮演相當重要的角色。

但這些特點現都已產生巨大的改變，且大部分的轉變是從股市大崩盤後開始，或許胡佛政府（Hoover，1929-1933）推出的公司財務改組政策（Reconstruction Finance Corporation）是起始點。現在的自由放任原則有許多限制，包括勞工法規、連續租賃管制（continuing rent controls）、證交法（SEC law）、重大公共事業法規（greater public utility regulations）、高稅率等。

而所謂的商業鉅子不復存在，要維持或成為富翁，甚或成為帝國建造者──如冉肯多夫（William Zeckendorf）[2]、沃夫森（Wolfson）[3]──仍是有可能的，但這些人的勢力範圍僅限於他們的企業或所操縱的事業體。摩根（J.P. Morgan）「雄據一方」（House on the Corner）的夢

想，也曾是每個想立足於商界的華爾街公司的夢想，現已不復存在了。現在有由經理人，而非個別有人所經營的大型公司，這是管理制度主義，而非資本主義。

人民的福利，包含各種形式的社會福利，已成為聯邦及地方政府的權責範圍，人民因而必須繳稅以享受福利。最後，政府在經濟領域上，也接管了龐大的權力及責任。每一項加諸在自由放任原則的限制，都意味著政府對商業行為的進一步干涉，無論是福是禍。但是，在時局困難的時候，企業界也相對期望政府給予協助。史力屈特（S.H. Slichter）[4] 指出：「獨立自主的企業已經轉變成由政府主導的企業了。」商業人士對大部分的改變都表示強烈反對，部分是基於真實的理念考量，再者是有感於財力漸失的切身之痛，最後是考慮到權力及特權的問題。海耶克（F. A. Hayek）[5] 在其所著《到奴役之路》（*The Road to Serfdom*）一書裡，提出反對新資本主義的理論。他主張，政府愈有勢力，就愈會把我們帶向社會主義的國家，也就愈接近共產主義。艾倫則提出一套相對於海耶克的理論，他認為我們已經形成一套更遠離社會主義的獨特做法，這個主張頗具說服力。

因羅斯福總統（Franklin D. Roosevelt）敵視商業界，我認為他必須為商業界對資本主義的改變懷有敵意，負起很大的責任。關於羅斯福的歷史定位是個有趣的問題，我個人認為，他對於要如何維持美國人的生

2 編註：長島大學創立者。
3 編註：牛津大學沃夫森學院創立者。
4 編註：美國經濟學家。
5 編註：1899-1992，美國諾貝爾經濟學獎得主。

活方式，是出自於本能的直覺判斷，而非理性的分析。他的內心可能原本就反對資本主義，但這是難以妄加判斷的。但不論反對與否，我要說的是，他富含想像力又迂迴的策略，最後拯救了美國資本主義。

更進一步說，在艾森豪總統（Eisenhower）的社會和經濟政策中，我看到一個羅斯福──一個對商業界沒有敵意的羅斯福。相較於他的政黨失利於國會，艾森豪的勝利或許只代表他個人超人氣的魅力，但我對此點抱持懷疑的態度。我反倒覺得艾森豪勝選表示美國絕大多數的人民，都能接受歷經大幅變革後的美國資本主義，包括在福利及權責上的新倫理道德觀。

艾森豪的勝選，顯現出靠反商政策來贏得總統一職是沒有必要的（羅斯福似乎曾有過這種念頭）。另一方面，儘管有賴於美國勞工總會與產業勞工組織（AFL-CIO）在競選活動上的大力協助，我認為民主黨在國會中的勝利，顯示這個國家大多數人支持從1933年開始的經濟─政治─社會變革，同時也顯示，在共和黨主政下，大多數人民缺乏安全感。

這一段話可以為這次演說的主題及其釋放的訊息找到一個合理的解釋。我的觀點是，從國家政策的角度來看，「良好的道德觀就是良好的經濟制度」，對個別企業而言，這同樣也是絕對的真理。

現在，讓我們看看從1933年以降，商人在經濟地位上所佔的有限優勢。當時，商人總覺得自己受到法令的迫害與束縛，因官僚體系而苦惱，還被課以高稅率，但是他們存活下來了，而且還蓬勃發展。這種

矛盾的情形代表什麼重大意義呢？

愛好譏諷的人可能會說，我們的經濟之所以會成長，追根究柢是因為幾次戰爭──二次世界大戰、韓戰及冷戰──使商人因而成功，儘管新政（New Deal）等法令試圖去壓制及消滅他們。

我個人則持較樂觀的看法。我認為，我們已經發現政府所實施的以各種社會福利為中心的政策，包括失業保險的基本福利措施，對商人來講，比他們所付的重稅更有價值。對整個商業界而言，沒有一件事比改善貧窮同胞的生活水準及購買力更能讓業界受益的。艾倫提出這樣的主張：

> 自由放任的資本主義從原始教條發展到成為大學課程（1929年之前）──但不像亞當·斯密（Adam Smith）在其論述裡所提到的那麼多──歷經一段漫漫長路，你們都記得亞當·斯密「看不見的手」（invisible hand）這著名見解。他說，每當商人試圖嘗試某個能使他們獲利的決定時，這隻看不見的手就會引導他們做出一個會造福整體社會的決定，也就是說，他們會決定生產社會所需的產品，或尋找降低生產成本的方法，替社會大眾降低售價。這個見解至今仍然正確，但絕非像支持自由放任主義的人，以過度熱中的不當方式表現出來的見解。彼得·杜拉克（Peter. F. Drucker）──為企業團體向社會道歉的人──則為這個見解，提出一個相輔相成的說法。他表示：「一個政策若無法造福社會，就無法造福企業本身。」

第二篇 | 細說股票及股市

投資人若手中握有績優股的股票投資組
合，就應該預期股價會有波動，不必因
大規模的跌幅擔憂，也不應被大規模的
漲幅沖昏頭。投資人必須牢記在心的
是，市場報價僅供參考用，若不能充分
利用，索性無視它的存在吧。

──《智慧型股票投資人》第3版，1959年

葛拉漢花費很多時間思考股價波動與市場的關聯，他苦口婆心奉勸投資人不要拘泥於股市的變動——因為，長期而言，決定公司股價的是公司的基本面。他苦思華爾街難解之謎：是什麼原因讓一檔被低估的股票突然上漲？何謂投機？在什麼狀況下投機行為是可接受的？有些讀者可能會驚訝地發現，當葛拉漢發展出他自己堅信不移的基本觀念時，他的思路並非像多數人想像的那般狹隘。他終其一生不斷地質疑、探尋、並研究創新的理念，我們即將從第2篇的章節裡看到他的這些特質。在這一篇裡，特別要提出的是葛拉漢在1974年發表在《巴隆周刊》（Barron's）的「價值重生」（Renaissance of Value），這是他一生事業中，第二次公開表示空頭市場已經發展到低價股充斥的階段，就等著有膽量的投資人進場購買。「價值重生」發表後，刺激了市場反彈回升，而聽信他的話進場的投資人，也因而賺進大筆財富。

3 普通股的新投機行為[1]

我要求史密斯（Hartley Smith）在介紹我時，要特別強調我已歲數一大把了。以下的談話內容，將會反映出我在華爾街從事投資多年，以及伴隨這多年歲月所累積的各種不同經驗，包括挑戰經驗價值本身各種不斷重覆出現的新狀況，或稱之為一股新氣勢。的確，要區分經濟學、財務學和證券分析這三門學科與其他實務原理的方法之一，就是用過去現象中的不確定性，作為現在及未來的指南。但是，除非我們至少研究過，且充分了解過去的事件，否則，我們就沒有權力去反映那些事件。我今天的演說，就是要在一個有限的範疇內，倡導這樣的認知，特別是我們現在對於操作普通股的投資行為及投機行為所持的潛在心態，已經不同於過往。所以，我的目的是要指出這兩種心態的一些對比關係。

讓我從我的論文摘要開始。過去，造成普通股的投機性因素，幾乎只與公司本身有關，可能是因為不確定性、波動因素、產業徹底衰退，或是公司的個別因素等。當然，這些投機性因素仍然存在，只不過稍後會談及到的一些長期性的發展，已經明智的讓這些因素減少了。但是，出於報復心態，人們將一種新的投機性因素，從公司以外引入普通股市場。這種新的投機性因素來自於股票投資大眾及其諮詢顧問

---

1 本文為葛拉漢於1958年對財務分析師學會股市午餐會的演講。 原文發表於由財務分析師聯會（Financial Analysts Federation）出版的《分析師期刊》1958年6月號。經《分析師期刊》授權許可轉載。

——主要是指證券分析師——的心態及看法，我們可以用一句話來形容這種心態：只強調未來的預期報酬。

對這類股票的投資大眾及其諮詢顧問而言，依公司的未來預期表現作為評估其普通股的價值及價格的主要憑藉基準，是最符合邏輯且是再自然不過的主張。但這種看似簡單的觀念，卻有其矛盾之處及意想不到的陷阱。第一、這個主張不留痕跡的抹殺了過去在投資行為及投機行為之間所確立的區分原則中的好的部分。根據字典解釋，投機（speculate）這個字源自拉丁文的specula，是守望樓或瞭望台之意。因此，投機者就是從自己的瞭望台往外看，而比別人先看到未來新發展的人。如今，假如投資人本身夠敏銳或夠深思熟慮，他也必須有自己的瞭望台以得知未來的大趨勢，或至少也得爬上一個公用的瞭望台，在那裡他可以與投機者一較長短。

第二、我們發現，符合最佳投資條件的公司，也就是信用評等最佳的公司，也是最能吸引投機者投資其普通股的公司，因為每個人都認定這些公司必定會有光明的前途。

第三、投資大眾對未來抱持成功獲利的想法，特別是期待未來會繼續成長的想法，引發他們紛紛運用高難度的數學公式，冀望算出較受青睞的股票的現值（present value）。不過，將精確的數學公式和不精確的臆測結合在一起，的確可以用來確定、或主要是合理化某一檔真正出眾的股票的價值，且事實上是你希望它的價值有多高，就可以有多高。矛盾的是，若仔細審視，這似乎意味著任何一家成長型公司都

很難維持在某一個價值水平，或某個合理而狹窄的價值範圍區間，因此，市場有時會以極低的水平來評估這些成長的因素。

讓我們再回到普通股的操作中如何區分過去和現在的投機性因素的議題，我們可以用兩個冷僻的字來形容它們個別的特徵：endogenous（內生的）和exogenous（外生的）。讓我用1912年至1913年間，有關美國罐頭公司（American Can）及賓州鐵路公司（Pennsylvania Railroad）的資料（這些資料收錄在1940年版的《證券分析》，第2-3頁），簡短的說明早期的投機性普通股與投資性股票的差異。

在那前後三年間，賓州鐵路的每股股價波動介於53美元至65美元，本益比介於12.2倍至15倍，每股的獲利表現穩定，且很穩健的配發3美元股利，投資人也深信，公司的有形資產價值超過其50美元的面值。相較之下，美國罐頭的每股股價波動則介於9美元至47美元，每股盈餘介於7美分至8.86美元，本益比則介於1.9倍至10倍，且沒有配發股利，經驗老到的投資人都很清楚普通股每股100美元的面值不具任何意義，背後暗藏的是有灌水之嫌的報表，因為優先股的價值已經超越有形資產的價值。因此美國罐頭代表投機性股票，因為這家公司處於動盪又不穩定的產業中，靠投機性資金籌資。事實上，美國罐頭公司的長期遠景遠比賓州鐵路公司更好，但當時的投資人及投機者未能察覺到這個事實，即使察覺了也可能將之擱置一旁，因為基本上，這與他們在1911年至1913年所使用的投資策略與計畫毫不相干。

為了讓各位了解投資領域的長期性前景發展，我想引用產業界最富戲

劇性的巨擘IBM為例來作說明。IBM在去年（1957年）擠進了營業額達10億美元的一小群公司中。

讓我在這裡向各位報告我生平一、兩件事蹟，以便在我與冰冷的數據之間注入一點私人情感。1912年，我離開學校一個學期，去主持美國快遞公司（U.S. Express Co.）的一項研究專案，我們的目的是要找出採用革命性的快遞費率系統時，會對營收帶來什麼樣的影響。為了達到這個目的，我們向計算—列表—紀錄公司（Computing-Tabulating-Recording Co., C-T-R）租了一套名為何雷瑞斯（Hollerith）的機器設備。這套設備包括打卡機、卡片分類機及圖表繪製機，這些工具在當時是美國統計局的主要配備，但商界人士對這些設備幾乎未曾聽聞。我在1914年進入華爾街，隔年C-T-R的債券及普通股就在紐約證交所掛牌上市了。

我因而對這家公司有一股出於情感上的喜愛，此外，我自認為是它們產品的技術專家，因為我是極少數看過且用過這些產品的金融人士之一。所以我在1916年初去見我的老闆A.N.先生並告訴他，C-T-R的股票正以45美元左右出售（共105,000股），1915年的每股盈餘是6.50美元、每股帳面價值包括部分附帶的無形資產是130美元，並已開始配發3美元的股利；更有甚者，我對這家公司的產品及前景評價頗高。A.N.先生用同情的眼神看著我，說道：「班，別再跟我提起這家公司了，我不會用10呎長的竿子（這是他最愛用的表達方式）去碰它的。該公司6%利率的債券是以八十多美元出售，而且這些債券並不可靠，所以，它的股票怎麼會好呢？每個人都知道這公司的報表有灌水的嫌

疑。」（在當時，這種說法是最嚴重的指控，這表示資產負債表上的資產帳目是虛構的。很多產業公司，特別是美國鋼鐵〔U.S. Steel〕，雖然面額是100美元，但除了隱藏在灌了水的廠房帳目，其餘卻一無所有。這些公司完全仰賴其獲利能力及前景來支撐，所以自重的投資人決不會考慮投資這些公司。）

我這個受到矯正而態度趨緩的年輕人，回到我的統計員小房間。A.N.先生不但經驗老道、事業成功，而且精明幹練，他對C-T-R的徹底批評，實在讓我印象深刻。因此，我從未買過C-T-R的股票，甚至在1926年它改名為IBM之後也沒買過。

1926年是股市頗為熱絡的一年，現在讓我們來看看這家公司改名為IBM之後，在該年的表現。當時，C-T-R首次在其資產負債表上提列高達1,360萬美元的商譽價值。A.N.先生是對的，因為，在1915年，所謂的普通股股東權益所代表的每一分錢，實際上完全是灌水的。

然而，從那時候開始，C-T-R在老華生（T.L. Watson, Sr.）的領導之下，開始締造驚人的紀錄，其淨利成長超過5倍，從691,000美元躍升至370萬美元，這個成長率比其後任何一個十一年期的獲利還高。它為普通股建立了可靠的股東權益，其後又將1股分割成3.6股，並為每一股新股建立起3美元股利的機制，同時，每股盈餘在6.39美元之上。

各位可能會預期，1926年的股市會頗為熱中這樣一家有如此成長歷史且交易情況熱絡的公司，且讓我們來一探究竟。該公司的股價在1926

年震盪幅度介於31美元到59美元，以平均價45美元來看，本益比與1915年一樣是7倍，股利殖利率（dividend yield）也一樣是6.7%，若以31美元的低價來看，這個價格並沒有超出有形帳面價值太多，且比十一年前的價格保守多了。

這些數據顯示，早年的投資觀點一直維持不變，直到1920年代多頭市場達到高峰的那幾年之前才開始改變。我們可以把IBM在1920年代多頭市場以後的歷史，以每十年為一區間，簡單描述1926年之後發生的事件。該公司在1936年的淨利為1926年的2倍，本益比則從7倍升高至17.5倍，此後一路攀升，1956年的淨利幾乎是1946年的4倍，本益比更升高到32.5倍，去年（1957年），淨利再度攀升，平均本益比升高為42倍，這還不包括國外子公司尚未合併之股東權益。

當我們仔細審查這些價格時，發現這些數據與四十年前的數據有一些有趣的異同點。一度充斥於產業界資產負債表上的舞弊灌水，已經全數被迫剔除，先是公開灌水的事實真相，接著從帳上將這些灌水數值沖銷掉，但是股市的投資人和投機者卻又用不同的形式把灌水再度帶回價值估算的過程。如今，當IBM以7倍的帳面價值，而非7倍的本益比出售時，其結果實際上就等於IBM完全沒有帳面價值，或者，帳面價值的一小部分可當作是股價的次要優先股成份（minor preferred stock component），其餘的就代表和早期投機者購買Woolworth和美國鋼鐵普通股的心態一樣，完全憑藉對公司的獲利能力及未來前景的信心。

值得順帶一提的是，三十年來我們看到IBM從本益比7倍成長到40倍，

許多我稱之為內生型投機性的大型產業公司竟有逐漸從業界消失的趨勢，或者，至少有大量減少的現象。它們的財務狀況穩定、資本結構保守、經營手法比以前更專業，甚至更誠實；再者，法令規定公司公開財務狀況，消弭了幾年前源於無知及神秘所導致的投機性要素。

在此再提一個有關我個人的離題話題。我在華爾街的最初幾年，位於紐約的統一瓦斯（Consolidated Gas）——現在是統一愛迪生集團（Consolidated Edison），它是最受青睞的神秘股票之一。統一瓦斯雖然是頗賺錢的紐約愛迪生公司（Edison Co.）的子公司，但它只公布來自母公司的股利，而不是所有的盈餘，未公布的愛迪生盈餘提供了神秘且隱藏的價值。我很驚訝的發現這些極機密的數據，竟然每年都會整理存檔在政府的公共服務委員會（Public Service Commission）裡。查閱這些紀錄，然後把統一瓦斯的實際盈餘公布在雜誌上是一件很簡單的事。（順道一提，多出來的盈餘並不是很多。）

後來，我一個較年長的朋友對我說：「班，你不要自以為把這些數據公布出來就有什麼了不起，華爾街不會感激你的。帶有神秘面紗的統一瓦斯遠比將面紗揭開了要更有趣且更有價值，你們這些愛管閒事的小輩遲早會毀了華爾街。」

的確，促使投機性行為更加風行的三個因素（3Ms）——神秘（Mystery）、篡改（Manipulation）及保證金交易（Margins），現在都已經消失無蹤了，但是證券分析師本身卻自行開發各種極具投機性的估價方法，以便穩當的取代以前的投機性因素。我們現在難道沒有

自己的3Ms嗎？除了明尼蘇達礦產暨製造公司（Minnesota, Mining & Manufacturing Co., 3M）之外，的確沒有了。這檔普通股不就清楚的說明了新投機行為與舊投機行為的差別嗎？讓我們看看以下這些數據：3M的普通股在去年（1957年）成交價是101美元時，市場對它的評價是其1956年盈餘的44倍，而1957年的本益比也剛好維持不變。該公司的價值17億美元，其中有2億美元是淨資產，其餘的15億美元則是市場對其「商譽」的評價。我們並不知道此商譽的評估依據，卻知道數個月後，市場將評價向下調整了約4億5,000萬美元，達30%左右，顯然要精確的計算出像3M這類成績輝煌公司的無形資產是不可能的。這種計算是遵循一種數學法則，也就是公司的商譽或未來的獲利能力愈重要，公司的真正價值就愈不確定，公司的普通股也因而更具投機性。

當我們比較今昔的差異時，我們發現一個極為重要的不同點，已經在評價這些無形資產的過程中發展出來了。上一代或更早以前，大家都了解的一個標準規則是，在平均股價及非正式的合法評價過程中，無形資產的評鑑基準要比有形資產更為保守。一般來說，一家優良產業公司的盈餘必須達到其有形資產的6%至8%，這裡的有形資產通常指的是債券及優先股，但其額外盈餘（excess earnings），也就是增加的無形資產，通常以15%為評價基準（你會從Woolworth於1911年首次公開發行優先股和普通股，以及其他許多公司中發現類似的比率）。

但是，1920年代以後的情況如何呢？基本上，我們現在看到這些關係完全逆轉了。現在，一家公司的盈餘必須是其普通股權益的10%，才能在一般的市場以相當於帳面價值的價格交易，但是，比起支撐普通

股以帳面價值交易所需的基本盈餘，對佔資本10%以上的額外盈餘的評估基準，則較大方或給予較高的倍數。因此，若一家公司的盈餘佔其股東權益15%，其股價的本益比可高達13.5倍，或是淨資產的2倍，這意味資本盈餘10%的評價基準是10倍，而另外的通常稱之為額外的（the excess）5%，實際的評價基準是20倍。

現在，對於估價程序逆轉的情形我們有了一個邏輯解釋，而這個解釋與我們更重視成長的預期有關。高資本報酬率的公司之所以享有優異的評價，不僅是因為公司本身獲利頗高及相對的穩定性，更可能是因為高資本報酬率是伴隨優良的成長紀錄及企業前景而來的。因此，以高獲利的公司而言，現代人所買的不是早期的商譽、狹隘的公司聲譽或會賺錢的事業，而是對未來獲利的至高期望。

這讓我想到一、兩個用數學的角度來評估普通股的新心態，我在此僅用簡單的建議來說明這個情形。就如許多測試所顯示的，若本益比倍數隨著獲利能力增加，也就是隨帳面價值報酬率（return on book value）增加，那麼利用數學演算的結果是，公司所增加的價值就等於盈餘的平方值，但與帳面價值成反方向成長。因此，就一個重要且確定的意義來說，有形資產已經變成一般市場價值的累贅，而不是獲利來源。舉一個普通的例子，假如A公司的每股帳面價值是20美元，盈餘是4美元；而B公司的每股帳面價值是100美元，盈餘也是4美元。可以肯定的是，A公司可以以較高的本益比交易，股價也較高，A公司每股的成交價會是60美元，而B公司則是35美元。因此，若說B公司的每股資產價格80美元是導致其25美元低市價的原因，一點也不為過，因

為兩家公司假定的每股盈餘是相等的。

但是，更重要的是在評估股票價值時，存在於數學方法和新方法之間的一般性關係，這關係的形成源自於三個因素：（1）對盈餘成長率的樂觀臆測；（2）將這個成長寄望在遙遠的未來；（3）神奇的複利計算方式——證券分析師更利用一種新式的起死回生術，為真正優良的個股算出任何他所期待的價值，甚至將這些價值合理化。

最近，我在《分析師期刊》上發表一篇文章，對高階數學在多頭市場裡蔚成一股風潮的情形做了些評論，同時也引述杜蘭（David Durand）[2] 對成長股價值計算和著名的彼得斯堡悖論（Petersburg Paradox）之間的類比說明（二百多年來，彼得斯堡悖論不斷挑戰數學家，且讓他們困惑不已）。我要指出的重點是，數學與投資普通股的心態之間，的確存在一種特殊的矛盾關係，那就是，一般認為數學是用來計算出精確且可靠的結果，但在股市，數學愈複雜難懂，我們所得到的結論就愈不確定，也愈具投機性。

我在華爾街四十四年的經驗及研究裡，從未見過任何一個評估普通股價值或相關投資策略的可靠方法是超出簡單的算術或基本的代數範圍。每當看到評估報告使用微積分或較深的代數時，你就應該提高警覺，因為這意味分析師試圖利用理論替代經驗，並以投資之名掩飾其投機之實。

---

2 編註：1913-1996，曾任麻省理工學院管理學教授。

當今經驗老道的證券分析師可能認為早期投資普通股的舊觀念太天真了。過去總強調我們現今所稱的公司或股票的保護措施——主要是為了確保在景氣不好時，公司仍會繼續配發不變的股利。所以，大眾便以五十年前以鐵路事業股組成標準的普通股投資組合的方式，來看待最近幾年的公共事業普通股。如果過去的紀錄呈現出穩定性，那麼也就符合主要的條件了，且不需耗費太多的心思去預測未來因事業本質所可能發生的逆向改變。但是，相反地，精明的投資人會把未來的光明前景視為是可期待的因素，而且不必付出代價。

這意味著實際上投資人不需為燦爛的長期前景付出太大的代價。他們無需多花任何成本，這是他們以高人一等的智慧及判斷力，挑選到最好的公司所得到的報償。因為，所有具備同樣的財務優勢、盈餘紀錄及穩定配發股利的普通股，都以約略相同的股利殖利率出售。
這實在是個短視的觀點，但在早期用這種方式投資普通股卻大有益處，因為它不僅簡單、很健全而且獲利豐碩。

讓我再講個個人的小故事。大約在1920年前後，我們公司發行了一系列名為「給投資人的教訓」（Lessons for Investors）的小冊子，當然，這個體面卻又放肆的名稱，讓我們這一夥二十幾歲的分析師費了不少思量。但在其中一份冊子裡，我神來之筆地寫了一句「如果普通股是好的投資標的，那麼它也是好的投機標的。」因為我認為，如果一檔普通股健全到幾乎沒有虧損的風險，那麼它就必須好到能夠掌握未來獲利的最佳契機。如今看來，這是一個千真萬確且價值不菲的發現，但也只是因為沒有人特別注意到這個發現，它才是千真萬確的。

數年後，當大眾發現普通股有成為長期投資的歷史優點時，這些歷史優點就消失殆盡，因為大眾的熱情把普通股的價格引發到喪失內在安全邊際（built-in margin of safety）的水平，從而把普通股逐出投資範疇。當然，鐘擺隨即震盪到與普通股完全相反的股票，很快地，我們就看到最受推崇的政府當局之一宣布（1931年），「從來沒有」一檔普通股是可以當做投資標的。

當我們以正確的角度來看這一長串的經驗時，相對於投資人對所得的態度，我們發現投資人對資本利得的心態不斷改變，這其中存在另一層矛盾現象。過去普通股投資人對資本利得並不是很熱中的說法似乎屬實，投資人幾乎完全是為了安全與所得的考量而買普通股，至於價格上升則是投機者的事。今天，我們可能要說，愈是經驗老道、精明的投資人，愈不會去注意股利所得，反而更把重心放在長期的股價上揚之上。

但是，有人可能會固執的辯駁說，因為早期的投資人顯然沒將注意力集中在未來的資本升值之上，至少在產業股範疇內，因此他們確信自己終將享有資本升值的利益。相反地，現今的投資人則太過關注於預測未來，為此預先付出大筆資金。如此一來，投資人投注大量研究及關注的未來，可能確實如預期發生，卻不會帶來任何獲利。假如這個未來的預測，不能為投資人帶來預期的獲利，他們可能真要面臨短暫但嚴重的虧損，甚或有可能是永久的虧損。

套用我在1920年發行的小冊子中使用的字眼——什麼「教訓」是1958年的分析師可能在連接過去與現在的心態中學到的呢？有人可能會

說：這不是什麼很有價值的教訓。我們可能會緬懷過去的美好時光，只要在當前付出代價，就可以免費得到未來——「所有的一切外加天堂」（All this and heaven too）。我們不禁悲傷的搖頭低語：「那些日子已經一去不返。」難道投資人及證券分析師還未吃下知識之樹用來分辨善惡的果實？如果他們已經吃了，難道他們還未被永遠地驅逐出伊甸園？在那裡遍地長滿了以合理價格出售的普通股。難道我們命中注定要冒險用不合理的高價購買績優股及其光明的前景，或是冒險用看似合理的股價，卻買到劣質股及其悲觀的未來？

情況看來確實如此。但是，我們甚至對悲觀的兩難窘境都無法確定掌握。新近，我對奇異電器這家業界巨擘的悠久歷史做了一個小小的研究，因為我對其在1957年公布的年報裡，一份關於奇異五十九年來的盈餘及股利的醒目統計圖表產生好奇心，對有見識的分析師而言，那些數據並不尋常。首先，統計數據顯示，在1947年以前，奇異的成長腳步平平且相當不規律。1946年每股調整後的盈餘只比1902年成長30%——52美分對40美分，而且在這段期間，沒有任何一年的盈餘達到1902年的2倍，但是本益比卻從1910年及1916年的9倍躍升至1936年及1946年的29倍。當然有人可能會說，1946年的本益比至少顯示出精明投資人的先見之明。接下來，分析師又預見真正輝煌的成長期隱然出現在下一個十年。也許真是如此。你們之中的一些人還記得，次年，也就是1947年，奇異的每股盈餘創新高，但本益比卻創新低。奇異成交價在32美元低價時（1股分割成3股之前），再次是以目前本益比的9倍出售，而且該年的平均本益比約是10倍。在這短短的12個月中，我們的水晶球確實被烏雲籠罩。

這個令人震撼的逆轉僅發生在十一年前，這讓我對眾分析師所相信的可靠信念產生質疑，該信念認定現今傑出且有前途的公司必然會以高本益比出售，對投資人來說，這是無法改變的生命本質，他們可能就接受它並且喜歡它。我完全無意對這個情勢妄下定論，我只能說的是，在我心中對這種情勢尚未有定見，你們必須為自己尋找固定的看法。

但在我的結論中，我可以根據投資及投機性的特點，對各種普通股的結構做一些肯定的評論。早期的普通股特質，大概和公司本身的特質一樣或相稱，是以公司的信用評等來衡量。公司債券或優先股的殖利率愈低，其普通股就愈有機會符合成功投資的所有條件，購買行為的投機性因素也就愈低。

普通股的投機性分級與公司的投資性評等之間的關係，可以用一條由左至右往下降的直線表示，但是如今，我會用U形圖形來描述其關係。U型的左邊表示公司本身非常投機，且信用程度很低，也就是說普通股的投機性非常高，就如過去一直存在的現象一樣；而U型的右邊表示公司具有最高的信用評等，因為公司的過去紀錄及未來前景都讓人寄予深切期望。我們發現，股市會藉由炒高股價、帶動一定程度之風險等簡單方式，將投機性因素帶入普通股。

在此，我忍不住要引用莎士比亞的十四行詩集裡與這個主題相關的詩句：

**我難道尚未看過身心健康的居民，
付出過多的租金而喪失一切、甚至更多東西？**

回到上述假想的U形圖上，U型的中間區表示普通股購買行為的投機性
因素會降至最低。我們可以在這個中間區發現很多穩定成長的公司，
其過去的成長紀錄與國家經濟的成長相呼應，而它們之間未來前景的
特質也相當雷同。除了在多頭市場的較高檔階段以外，我們大都能夠
以相對於內在價值（intrinsic value）相當合理的價格買到此類普通股。
事實上，目前的投資人和投機者傾向把注意力集中在較具吸引力的股
票上，所以我大膽的提出，這些中間地帶的股票，整體來說，會以遠
低於其個股的價值出售。因此，雖然股市的喜好與偏見會破壞績優股
的安全邊際，但是同樣的股市喜好與偏見，卻為這些中間地帶的股票
帶來安全邊際；再者，在這一群為數眾多的公司裡，仍留有很多空間
容許我們對過去的紀錄做透徹的分析，並在未來的前景方面做區別選
擇，因為未來的前景意味對多元化的投資有更大的安全保障。

當費頓（Phaeton）執意要駕駛太陽神的四輪馬車時，他那駕駛經驗豐
富的父親給生手兒子一些忠告，但他卻因為沒有遵循而付出了代價。
奧維德（Ovid）[3] 則用三個字將太陽神阿波羅的忠告總括為： Medius
tutissimus ibis，意指「你在中間地帶是最安全的」。

我想這個原則對投資人及證券分析師都適用。

---

3 編註：43 B.C. - 17 A.D.，羅馬詩人。

4　股市警訊：**危險就在前方！**[1]

1950年代的股市，除了唯一的一次重挫外，股價一直維持上揚的走勢。這十年間的股市漲幅達325%，雖然不及1920年代的450%，卻創下股價上漲最久的新紀錄。

這種異常的上漲走勢，對未來的投資人及投機者帶來什麼前兆？我們可以用很多方法來回答這個問題。我決定將這個問題分成兩部分：第一、我們從過去的經驗得到什麼啟示？第二、過去的經驗與目前的狀況及未來的前景有多大的關聯？

對於第一部分的答案，我應該可以做一些肯定的聲明，但這些聲明完全不具鼓舞的作用。對於過去的紀錄在目前狀況的適用性上，我無法做出絕對性的判斷。我決定為一方提出一些確定的事實，為另一方點出一些肯定的預期，我將提出我自己的想法，把它當成可能的答案，但每個問題最終都必能因而得到解答。

---

1 本文是葛拉漢於1959年12月17日在加州大學洛杉磯分校的演講。原文發表於由加州大學董事會（The Regents of the University of California）出版的《加州管理評論》（*California Management Review*）1960年春季號。經加州大學董事會授權許可轉載。

過去經驗所帶來的啟示

然而，為了判斷現今的股市水平，我們必須充分且清楚了解過去的股市行為。投機者通常都從無知中獲利，有一句老生常談的話就說，在一個漲聲熱絡的多頭市場中，知識是多餘的，而經驗則會造成阻礙。但投機者典型的經驗卻是一時的獲利，最終都以虧損收場。若經驗無法幫助現今的投資人，那麼我們就可以合乎邏輯地論定，在普通股中沒有所謂「投資」這種東西，每個對普通股有興趣的人，都應該承認自己是投機者。這正好是最近幾年所發生的情況，只不過要倒過來說。現今每個人都稱自己是投資人，包括一大票的投機者。

近期的《商業周刊》（*Business Week*）有一篇描述投資俱樂部年度會議的文章，該文的開場白就清楚闡明了這個現象。作者寫道：「就像所有的投資人，大戶也好，小戶也好，他們只對市場，尤其是股市，下一步的走勢有興趣。」如果這句話正確的描述了1960年代的真正投資人，那麼，套一句赫魯雪夫（Mr. Khrushchev）常用的話：一群小蝦米還真的開始在山頂上吹口哨了呢！

多頭市場抑或新市場？

擺在投資人面前的主要問題也許可用這種方式表達：我們到底身處多頭市場或新市場？如果這是一個多頭市場，那麼這個名詞本身也暗指空頭市場會尾隨而至。在傳統的空頭市場，下跌的可能程度又是如

表3 12個空頭市場跌幅比較

期間（年）	跌幅（%）	從685點跌至低點
1874-77	36	435
1881-84	26	500
1889-97	40	410
1901-03	44	385
1906-07	45	375
1909-14	29	485
1916-17	36	435
1919-21	44	385
1929-32	85	115
1937-38	44	385
1939-42	39	415
1946-49	27	490

何？表3顯示自1874年以來，一直到最近685點新高的道瓊工業平均指數中，12次空頭市場的數據。

這12次下跌的平均低點是400點（全部取材自考爾斯標準指數〔Cowles Standard indexes〕），相對於685點的高點，跌幅超過40%。投資人心理上可能認為他們的股價已縮水40%，特別是他們認為股價是從遠比今日平均股價水平更高的價位點跌下來時，此時，過去經驗的第二個因素就變得有關聯了。紀錄顯示，股價的跌幅大致與之前的漲幅成比例。因此，在6次平均63%的漲幅之後，跟著就是平均46%的暴跌，而另外6次平均38%的漲幅之後，跟著是平均37%的下跌。

經驗告訴我們另一個測量可能發生空頭市場跌幅的方法，其所根據的原則是，市場漲幅愈是超出估算的正常值，緊接下來的跌幅愈可能跌破正常值。這個很久以前由貝布森（Roger Babson）發表的原則，如果在未來也如同現在一樣成立，那麼股市若再繼續從現在的高檔上揚，儘管它聽起來滿誘人的，但恐會為未來帶來極嚴厲的懲罰。

讓我用一些駭人的假定來呈現最慘的狀況。假設道瓊工業指數快速上揚至千點大關而讓投資大眾歡欣鼓舞，實際上，早已有人提出這類預測。讓我們進一步假設這是一個投機性的漲勢（非常類似1920年代末期的情形），且道瓊工業指數的中心值（Central Value）不過是400點而已。若應用貝布森的「行動及反應──相等及對立」（action and reaction - equal and opposite）經濟法則，修正後的平均跌幅應會降到160點，跌幅84%。你們會認為這根本是不可能的，沒錯！你們是對的。但是，非常類似我現在所假設的情況，實際上就發生在1929年，當時道瓊工業指數從382點滑落到42點，跌幅89%，而不是86%。

這個經濟法則有一個矛盾點，所以在實際應用上無法得到認同。因為股市所展現的大幅飆漲讓大眾普遍抱持樂觀態度，即使是最保守的旁觀者都受到蒙蔽，而無法想像這些數據所顯示的暴跌慘狀。

當前的樂觀主義

現在，讓我從預言般的談話內容轉到未來的股市局面──深印在大部

分投資人、投機者及顧問專家心中的未來局面。過去的經驗未必會從這個局面裡完全消失，但會以非常緩和的方式發生作用，其重點當然是出於樂觀主義，我們非常熱中於下一個十年的景氣前景。事實上，在榮景尚未開始之前，來自各方的聲音都已經把這段時期稱為神奇的1960年代。希羅多德（Herodotus）[2] 詳述智者梭倫（Solon the Wise）[3] 的一句名言時說道，巨富克里薩斯王（King Croesus）在被行刑前，悲傷的回憶著過去富有的日子，他說，我們必須等到生命結束之後，才能認定一個人生前的生活是否快樂。或許要評斷1960年代功過的最佳時機，應該也是在它結束之後，而非在它才剛要開始的時候。

大多數人也同樣對股市抱持樂觀的態度。《華爾街日報》裡引述我一個絕頂聰明的分析師朋友的話，大意是說，多頭市場即將邁入第十九個年頭，而且很快又要大選了。仔細推敲這句話後，我們發現他忽略了1946年至1949年間市場所遭遇的下挫及經濟不景氣，不僅回過頭把1942年也算是多頭市場，而且還很有自信地把1963年也認定是多頭的年代。

這種對商業及股市的樂觀態度，建立在許多有利的事實及期許之上，其中包括一個很重要的「有利因素」，就是通膨極有可能持續下去。我們將會在稍後討論這些細節。

投資人接受未來股市可能會邁入衰退階段的理論，但他們是根據過去

---

2 編註：484-425 B.C.，希臘史學家。
3 編註：638-559 B.C.，雅典立法家，希臘七賢之一。

十年最大跌幅只有19%——從521點跌至1957年的420點——所下的決定。大眾很有信心地認為這種下挫很快就會得到彌補。因此，只要稍有一點耐心及勇氣，很快就可以在更高的股價中獲利了結。

投資人可能認為他們對未來的看法是依據過去的經驗，但他們是錯的。1949年至1959年的市場經驗，或是將所有的多頭市場組合在一起的市場經驗，只反映出投資的光明面。輕鬆地說，市場總是會在下跌後再復甦，且會創新高是一回事，但事實又是另外一回事。事實上，市場在二十五年後才又回升到1929年的高檔；而道瓊工業指數曾經在1919年創下的高點，直到二十三年後的1942年才又重現相同的高點。

目前的多頭市場VS.過去的多頭市場

到目前為止，我只談及過去市場的波動，以及對當前市場的信心及樂觀態度。現在，我要將當前股市與過去多頭市場相關的財務與經濟面的量化數據，納入整體考量。

我們有很多應用於整個股市，但偏重工業股的權威方法，用以測量相對於股價的盈餘、股利及資產價值的因素。我將引用的數據只適用在工業股，包括《巴隆周刊》公布的30檔道瓊工業股、穆迪公布的125檔股票，以及標準普爾的425檔工業股。奇怪的是，上述三種指數在現在和過去三十年顯現出相同的跡象。在1959年的高價期間，這三種指數的股利殖利率約只有3%，而過去12個月的本益比約是19倍。讓我們用

這些數值和過去幾個多頭市場的高檔數據做一比較（見表4）。接著再用上述的數值與1949年此波多頭市場開始之初的情況做個比較（見表5）。

這些數據說明了兩個重點：第一、價格股利比（ratio of price to dividends）及本益比的市場高點，大約落在1946年、1937年及1929年，約是十年前的2.5倍；第二、1949年至1959年間實際增加的盈餘還

表4 穆迪125與標準普爾425指數比較

	穆迪 125工業指數		長期債券殖利率 （穆迪最高評等的企業） （%）	標準普爾 425工業指數	
	本益比 （倍）	股利殖利率 （%）		本益比 （倍）	股利殖利率 （%）
1959高點	19.0	3.06	4.55	18.2	2.95
1949低點	（平均）7.1	（平均）6.82	2.65	5.6	7.50
1946高點	15.9	3.58	2.49	16.1	3.55
1937高點	17.3	4.15	2.27	17.6	4.08
1929高點	19.4	3.23	4.95	19.0	3.10

表5 道瓊30與標準普爾425指數比較

	道瓊30工業指數			標準普爾425工業指數		
	盈餘	股利	成交價	盈餘	股利	成交價
1949年1月~12月	23.54	12.79	（低）161	2.46	1.03	13.9
1958年10月~1959年9月	35.14	20.00	（高）678	3.50	1.92	65.3
漲幅（%）	49	57	322	42	86	370

算中庸，約只有50%或甚至更少。在這段期間，最高的利率從2.65%晉升至4.55%，約上升了75%。這表示當期盈餘的適當市價水平若隨長期利率而改變——這是個合理的理論——那麼，現在的普通股股價實際上應比1949年低，但他們現在卻以4倍於1949年的股價成交。

不過，普通股的價值並沒有如此糟糕。相反地，我們發現股利增加的比盈餘還多，這十年來股利增加了將近2倍，至少穆迪和標準普爾指數的確增加了近2倍；再者，如果我們把過去十年，而不是過去12個月的平均盈餘資本化，我們發現1940年至1949年與1950年至1959年這兩個十年間大約成長了120%。也許最重要的是，1947年至1949年間的價格水平顯然太低了。但是，即使考慮到這三個因素，確實的數值也不可能產出比道瓊工業指數1949年底的200點高出100%的成長率。

大部分評估道瓊工業指數的方法都不把利率的調升列入考慮，如果此處也這麼做，則很多的評估方法都會出現較高的數值。雖然這些數值差異很大，但仍有一個共通點：比目前的市價明顯偏低。讓我們把1959年版的《智慧型股票投資人》裡引用的數值概述一下，也就是1959年初的數值：Gerstein──383點、Molodovsky──560點、價值線（Value line）──471點、Weston──600點、Graham──365點。在過去，並非所有方法都受到一致性的採用，數值較高的那幾個就是受到投資人偏好普通股的影響。我預估較老舊的估價方法，也就是1955年以前用的方法，將會產出低於450點的平均值，比現在的水準低三分之一。

有兩家大型的財務顧問公司，已經完成可適用至1963年的估價——距他們估價的時間四年之後。其中一家預估道瓊工業指數會有664點，另一家則預估是634點。這些預估是假設未來四年的盈餘成長會頗為樂觀。假定他們的結論是合理的，那麼我們要說，股市已經付出遠比1963年預期的盈餘及股利高出許多的高價了。（注意，以其他發表的數據來看，我們無法確切地說，1963年的預估值是從過去的經驗中推論出來的。）

針對我直接拿過去經驗的啟示，應用在當前市場水準的評論，我將在此做個總結。我的結論並不討喜，意味目前的多頭市場一直重覆過去多頭的超漲情形，注定要付出相當程度的慘痛代價。不過，現在我必須進入評論的第二部分，並提出一個伴隨而生的問題：「把過去的經驗應用在當前的情況，這兩者之間的關聯性為何？又會達成何種效用呢？」

新經濟因素

大部分的投資人、商業人士及經濟學家都相信，我們現在所處的商業界與過去有極大的不同且更有希望。我們可從兩方面來說明其改善之處：第一、努力朝日益擴張的經濟邁進。這是受到人口增加、更多研究報告出爐、持續的資本投資、更高的消費金額等所激勵出來的結果；換句話說，就是對經濟面的所有重要環節都深具信心，且積極參與；第二、我們已找到對抗經濟蕭條的新方法，可以確保現在的經濟

比過去更穩定。這些方法包括，1946年的就業法案（Employment Act）規定，政府必須負起維持高就業率的責任，以及一些內在穩定措施（build-in stabilizers），如失業救濟金、社會福利、農業支助政策等。另有兩個較不受推崇的因素，在協助維持及擴張經濟方面亦受到很多人的認同：一個是價格上漲，在未操作過當的情況下，價格上漲對商業頗有助益；另一個是冷戰，因為它帶動了大筆國防性消費。

這些因素極為富麗堂皇，且擄獲大多數老練經濟學家的想像力。當前有一本由奇樂（Dexter Keezer）及麥格羅希爾集團（McGraw-Hill）的經濟學員工合著的書，書名是《美國企業的新力量》（*New Forces in American Business*），便生動地描述了1960年代的商業榮景。

對商業抱持樂觀的態度無疑是造成今日對股市也抱持樂觀態度的主要原因，但通貨膨脹在這裡扮演一個較為強勁且獨立的角色。大眾一方面告訴自己，未來勢不可免的通貨膨脹，將會使普通股的盈餘和股價持續升高；另一方面又認為，若資金是以債券或其他約當現金的方式持有，那麼他們所持有的真正價值，也就是購買力，將會不斷減弱。在1960年代，這種商業榮景混合穩定通膨的組合，為所有人，包括年輕的、老的、經驗老道的及全無經驗的，調製了一杯濃烈的股市雞尾酒，把他們灌得醉醺醺的，還讓他們點頭讚賞。

前景似錦的未來

現在，對於未來商業及普通股前景似錦的觀點，過去經驗到底可以告訴我們些什麼樣的正當性及可靠性？這個問題無法得到決定性的結論，因為不管是過去的戲碼再度重演或是與過去迥然不同的預估，沒有任何一個預測，能在事實發生之前，就證明是對的。然而，過去的經驗至少和我們現在所探討的問題有所關聯。

第一、大眾的樂觀心態及信心總是伴隨多頭市場而來，多頭走勢升高時，樂觀及信心就隨之升高，否則，多頭走勢就無法持續上漲到令人暈眩的地步，而當過去的多頭市場突然暴跌之際，悲觀情緒和不信任心態便取代了樂觀及信心。

大眾可能預期前陣子對美國經濟前景抱以狂熱之態度，與1920年代晚期喧騰激昂的多頭盛況是一樣的。就像現在，幾乎所有人都相信我們已經邁入一個非常繁榮的新紀元，過去的市場經驗對這個新紀元毫無用武之地。你們都知道「新紀元」（New Era）這個名詞已經變成形容1928年至1929年美國經濟的正式用語。現今每個人幾乎又相信我們再度進入一片繁榮的新紀元，但每個人又都小心謹慎地不用新紀元這個名詞，因為這個名詞會讓我們痛苦地想起發生在1929年以後的一些事情，這種情形想來實在諷刺。

在1920年代，認為績優的普通股基本上要比債券來得健全的新主張，迅速發展開來。金融服務業透過解釋，消除了股票殖利率低於債券殖

利率的危險性，因為股票投資人現階段犧牲了收益報酬率，而成長因素終將為他們帶來更大的補償。

物價上漲帶來的影響

1920年代的市場並沒有受到物價上漲因素的影響，因為那段期間的價格水平自始至終都保持相當穩定。但在1936年至1937年間，投資人和投機者開始想到物價上漲這個因素，因為在1932年6月的股市低檔與1937年3月的高檔間，躉售物價約莫漲了几成（我們或許可以拿這個大漲幅度，和在1949年的股市低檔與新近在1959年的高檔間，只有19%的漲幅做個比較）。你們也許有興趣知道，1901年至1910年間，躉售物價持穩地上漲了17.5%，比1950年代多了一點。然而，在1900年代，市場經歷了兩次跌幅各達50%的下挫，而在股價上揚至1937年3月之後，緊接著也下挫了將近50%。

過去的經驗告訴我們商品價格上漲變成影響股市因素的兩件事情。第一、在這個世紀裡，通貨膨脹幾乎無時不在，且平均通膨率都比我們自1949年以來所經歷過的要高的多，但是這種情形並沒有讓股市免於在大幅上揚之後又倉皇下跌的命運；第二、在這段期間，投資人和投機者對通膨的重要性表現出相當分歧的看法。矛盾的是，自從1914年以來，我們經歷了6次的空頭市場，其中的3次空頭之後，躉售物價呈現上漲的局面——其中2次呈巨幅上漲。本哈得（Arnold Bernhard）在他最近出版的《普通股的評估》（*The Evaluation of Common Stocks*）

一書中指出，在1949年的空頭低檔時，許多金融專家都發表文章表示，通貨膨脹對普通股是項不利的因素，這是指1946年至1949年的三年間，物價水平上漲了近40%的時候。

過去的紀錄清楚地顯示，通貨膨脹純粹是個「主觀的」股市因素，只有在躉售物價和股市剛好同時上漲時，通貨膨脹對多頭市場才會發生影響力。當股價走勢確定下滑時，投資人似乎都忘了通貨膨脹這回事。

我最近注意到紐約市政府的執行秘書米勒（William Miller）提出有關通膨要素的算術層面問題。依當前的價格水準，免稅債券的報酬率是普通股在未扣除資本利得稅之前報酬率的2倍。持有免稅債券的投資人，每年得以保留約2%的債券利息，作為應付未來通貨膨脹的資金，而仍然可以獲得與當前的普通股一樣優渥的可支配所得淨額（net disposable-income）。

當前的經濟情勢裡有一些因素是以前的多頭市場中所沒有的。各位大多會認為普通股大受歡迎，特別是受退休基金（pension funds）及其他機構持股人（institutional holders）的歡迎，是這些新興因素之一。此點可能有些疑問，因為1929年普通股受歡迎的程度，和現在比較起來並沒有太大的差別。紐約證交所指出，股東人數增加了大約1倍，從600萬人增加到1,200萬人，表示普通股的地位已有長足的改進，這也是長期多頭市場稀有的特點。無疑地，持股人數的增長速度和1921年至1929年多頭市場的增加速度不相上下。實際上，經驗顯示小股東的

增加對未來的股市可能是弊多於利。

更強的穩定性

我所謂的新興因素，主要與經濟面的穩定性有關，諸如1946年政府頒布就業法案、失業保險機構、老人年金等措施。我很少做預測，但我預測未來景氣衰退或蕭條的劇烈程度，將會比過去和緩，而這是一項重要的多頭因素。

另一個出現在當前資產負債表上的新興因素是冷戰——一個在過去前所未有的現象。總的來說，我認為冷戰為1950年代的經濟帶來非常良好的刺激作用，但這個看法並未得到很多權威的認同。而在1960年代，冷戰的刺激作用會繼續發揮到何種程度，則是個人看法的問題；至於相關的軍事支出是否會像過去十年一樣，在整體經濟裡扮演同樣重要的角色，也因個人看法不同而有不同的答案。

股價下跌的可能因素

若上述兩個因素對商業環境是既新鮮又有利，那麼我們就可以適時的提問，這兩項因素是否也確保投資人在不明確的未來也會有順遂的股市經驗？更確切的說，這兩項因素能否確保投資人免於受到過去40%或甚至更深的跌幅之苦？我需要從過去經驗的思維中抽離，然後遷就

某些抽象的推論才能說出這個問題的答案。如果未來的景氣要比1950年前更穩定，看來似乎頗有可能，那麼普通股的盈餘及股利也應該更加穩定。如此一來，我們就可以用比過去更寬鬆的估價標準來評估盈餘及股利，也就是說，更高的普通股正常值（或中心值）可能會比純粹由過去的經驗所斷定的價值更為合理。而所謂的更高是高出多少？如果僅根據過去的經驗判斷，當前的道瓊工業指數有450點的價值，若按照這些新興的穩定性因素來衡量，道瓊工業指數會有670點或比670點更高的價值嗎？我不知道，而且我不認為有其他人知道。我自己的猜測是，在當前多頭市場的條件下，大部分的金融專家會回答「是」，也就是認定目前的價格水準是合理的。但是，如果市場真的跌到450點，上述的那批金融專家將會用過去的估價關係仍然有效，而新的關係只不過是多頭的幻象而已，來說服自己。

為了說明這個有點諷刺的見解，讓我再次提及1949年，也就是偉大的多頭市場開始的那一年。雖然到該年為止就業法案實施已三年，但是大眾完全沒有將它視為一項穩定性因素，事實上，商業組織強烈反對該法案。更有甚者，十年前的股票本益比創新低，比1871年考爾斯的低點紀錄以來，任何三年期的本益比還低，但是1916年至1918年第一次世界大戰期間除外，因為當時大眾認為那個時期的收益只是短暫現象。1949年9月是多頭剛要起步，股票的本益比低於6倍，現在讓我們來看看某家龍頭投資服務公司在當時對股市做了什麼評論。我把他們的評論簡述如下：「雖然從歷史的角度來看，本益比相當低，股價也很低，但逐漸形成的要素則是大眾的情緒，大眾需要恢復對股市的信心。因為股市存在這些問題，有一段時間我們都奉勸大眾把部分投資

基金以儲備金的方式持有。」最後一句話通常是空頭市場將至的專業表達方式。

現在讓我們拿這份對1949年創本益比新低的分析，與另一家龍頭服務公司對1959年本益比幾乎創新高的反應做個比較。這家公司列出了1929年至1959年間各個不同的本益比，並且指出「股價現正處於估價表上的高價範圍」。接下來又補充說明1960年的景氣榮景可期，盈餘和股利應該會再攀升，「進而支撐新市場再往上衝刺」。這家公司並沒有建議投資人在未來股市強勁的期間，不應過度集中投資股票，應在股票與債券的投資上達成一個較平衡的組合，這是個謹慎的看法，且肯定不會受到抨擊。但我的重點是，第一家服務公司對1949年的超低本益比，及第二家服務公司對目前的超高本益比的評論是多麼脆弱且曖昧！

根據我的經驗，大部分的投資顧問都是用股票的價格來評估股票的價值。在股市，價值標準無法決定價格，而是由價格來決定價值標準。

讓我們回到新經濟條件是否是促成本益比和股利比過去更高的成因這個問題。我假定答案是肯定的，那麼這個事實是否會讓投資人免於經歷一場損失慘重的空頭市場？依我看，可能性非常低。雖然價值的中心水平會提高，但上下震盪幅度可能和過去一樣大，事實上，有人可能預期震盪幅度會更大。因為沒有人清楚的知道新的中心價值是由什麼方式決定出來的，所以價值的決定，可能會由一連串嘗試錯誤的過程才能完成。在這過程中，相信未來價格將上漲的過度投機現象，以

及認為未來價格將下跌的過分悲觀態度，將會比在過去幾年來大部分市場循環週期中所扮演的角色更具影響力。

當前市場的過度投機現象

關於這一點，我終於得到一個有關人性的「法則」（law），而這個法則無法撤銷，也不可能做大幅修改。這個法則就是：沒有經驗或沒有超強能力的投資大眾，可能可以在股市中快速獲利，但卻無法保住所獲得的利潤，且多數人最終都以虧損收場。（即使在股價的長期走勢呈現上揚的趨勢時，這樣的人性法則仍舊不變。）這正呼應了一條更廣為人知的自然法則，簡單的說就是：「天下沒有白吃的午餐」。年輕人可能不知道這句話的來龍去脈，那是在過去的美好時光裡講給小吃店的老主顧聽的。

股市已經發展到有太多人想要白吃午餐的局面。如果過去的經驗確有所指，那麼在電子業及其他類似的產業裡，一些新成立公司的股價水平呈現極不尋常的現象；小型企業以本益比高於25倍、以及淨值3倍的價格（股票發行時價格馬上上漲）大量銷售新發行的普通股的現象；以及Studebaker-Packard [4]的三次新增資股票發行時，投機者居中造成不合理的股價懸殊差異現象，在在顯示目前股市存在著預言未來困境就在眼前的惡質成份。

---

4 編註：Studebaker創立於18世紀初，專門生產馬車、軍用卡車，一次、二次大戰期間為美國政府生產戰車。1954年因發生財務危機而與Packard合併，公司名稱改為Studebaker-Packard。

讓我用我最喜歡的一句諺語來總結我今天的演說：「事情的變化愈大，愈能維持其本質。」我一直認為這句諺語非常適用於股市，尤其是「事情的變化愈大」這幾個字，經濟世界已經經歷很大的改變，而且以後還會繼續改變。現在大多數人都認為股市的重要本質也經歷了與經濟世界一樣的改變，如果我引用的諺語是健全、正確的——我以為之所以被稱為諺語的唯一理由就是它就是正確的——那麼，基本上，股市將會持續保有和過去一樣的本質，也就是，大多頭市場過後必然是一場慘烈的空頭市場，換句話說，明天你要用雙倍的價格來付你今天白吃的午餐。有鑑於過去的經驗，我認為目前的股市水平是極端危險的。

5　價值重生：
罕有的投資機會正逐漸浮現[1]

上週，在一場由特許金融分析學會（The Institute of Chartered Financial Analysis）主辦的研討會中，曾撰寫過多本有關華爾街的經典之作，同時也是成功的專業投資人的葛拉漢，以「價值重生」為題做了個演講，以下是該演講的摘錄。

「價值重生」這個題目暗指價值的觀念在華爾街從以前就一直沒受到重視。價值未受重視，也許可以從曾經穩當建立在投資與投機行為之間的區隔消失殆盡看出來。過去十年來，每個人都變成投資人，包括購買股票選擇權和賣空零股的人在內。我個人認為，價值觀念及安全邊際（margin of safety）的觀念，一直都是真正投資行為的核心，而對價格的預期則是投機行為的核心。

現在，讓我簡短的解說我們在經營葛拉漢—紐曼基金公司時所用的方法。我們註冊商標的方法是，以低於公司營運資本價值（working capital value）的價格買入該公司的股票。四十年來，我們利用這個方法所做的決策，獲得了豐碩的成果，我們也因而決定放棄其他根據常用的估價程序所挑選的普通股，轉而集中購買股價低於營運資本的股

---

1 本篇原文發表於1974年9月23日出版的《巴隆周刊》，經《巴隆周刊》授權許可轉載。

票。我們今天所談的「價值重生」就涉及這種投資機會的再現，一份有關價值線的出版品在上個月就在非金融類別的項目下，列出100檔這類的股票。該出版品的內容指出，在《標準普爾股票導覽月刊》（*Standard & Poor's Monthly Stock Guide*）中，至少有200檔這種股價低於公司營運資本價值的股票。（但不要浪費25美元去訂購「股價低於營運資本的1,000檔股票」的廣告宣傳品，那些負責人為了要讓普通股票檔數達到要求的刊登數目，很不可原諒地竟沒有將負債〔debt〕及優先股〔preferred stock liabilities〕從營運資本中扣除。）

如果有人可以選出包含30 檔低於營運資本的股票組合，且這些股票都符合其他的價值標準，分析師也都相信這些公司具備合理的長期前景，那麼何不把選股範圍縮小在這30家公司上，捨棄更標準的價值評估方法及選擇方式呢？這似乎只要用一般常識就可以做出結論。我想這是個屬於邏輯思考層面的問題，但它也引發了各種實際運用上的問題：這種價值線稱之為「大拍賣股票」（fire-sale stocks）的可取得性會持續多長的時間？如果明天有一大群決策者開始把注意力集中在這類股票上，會發生什麼樣的結果？如果根本沒有這類股票，分析師應該怎麼辦？

這樣的問題確實會涉及到層面更廣的價值評估方法，包括當大多數投資人及顧問都遵循這個原則時，這些深具吸引力的投資契機之可取得性有多大。

一些關於內在價值相對於市場價格的有趣問題，也由當前金融界時有

所聞的接收叫價（takeover bids）所產生。這類事件中最戲劇化的一件就發生在數周前，當時兩家大型公司競相爭購第三家公司，造成ESB公司（ESB Inc.）的股價在一個月內從17.5美元躍升至超過41美元。我們總是把公司對私人經營者的價值，當作是評鑑一檔股票的重要因素，而我們現在有個類似的數字要讓證券分析師好好思考一下：這個數字就是購併者向購併標的投標的出價。從這方面來看，ESB的交易及隨後發生的Marcor交易，給相信大部分普通股的實際價值都比現行的交易價格高出許多的人，起了很大的鼓舞作用。

基於某種個人因素，我想在這裡把接收的另一面提出來，因為這關係到一場久遠且失敗的戰爭，也就是我長期力爭要使股東在面對公司的管理階層時不要太懦弱的戰爭。你們可能記得INCO的第一次投標被ESB的管理階層稱之為「充滿敵意的行動」，且誓言與之決戰到底。最近許多管理層都要求股東投票贊成更改公司章程，以牽制這類購併行為，利用股東反對的立場，使購併更難達成，換句話說，就是讓股東更難為其持股爭取到吸引人的價格，這些懦弱如昔的股東，幾乎都同意管理階層的提議。如果這種行為逐漸普及，真的會危害到投資人的利益。我希望金融分析師對於涉及其中的真意有正確的判斷，且應竭盡所能的勸阻股東不要在這種愚蠢又魯莽的行動中自我毀滅。這件事也許可以當成金融分析聯盟（Financial Analysis Federation）的討論主題，並進而採取正式的行動。

在購併行動中所投標的價格，與原先在市場上呼風喚雨的熱門股，如最具代表性的「最受青睞的50檔股票」（the favorite 50）之間，至少在

表面上有點類似。大型機構在某種程度上扮演企業集團的角色，它們藉由大手筆的購併方式擴張企業版圖。1972年，雅芳（Avon Products）股票的平均本益比為55倍，而在股價高達140美元的高檔時，本益比則高達65倍，沒有任何保守的估價公式可以合理解釋這樣的高倍數。這並非是投機者在迅速發展的多頭市場中所造成的，而是因為持有大量雅芳股份的機構投資人，主動或被動的支持所造成的。

在我看來，機構投資人之所以願意以超乎正常水準的本益比，購買雅芳這一類型的股票，是受到下列三種因素的影響：第一、他們有大筆錢必須處理，且他們決定把這些錢的大部分拿來投資股票；第二、股票發行量較少的公司，其交易操作會受到限制，機構投資人必須選擇發行數百萬股的公司，作為大宗股票交易的對象，另一方面則是因為他們對高成長前景的堅持；第三、他們崇拜績效，特別是退休基金管理的績效。

這裡邊的算術並非如此單純。如果一家公司今年的盈餘將增加15%、如果其本益比維持不變，那麼，快速版的「投資」績效會呈現15%的盈餘，附加小額的股利，如果本益比提高了（雅芳的本益比幾乎每年都提高），其盈餘表現會更好，這些結果與購買這些股票時的價格水平完全無關。當然，在這首幻想曲裡，機構投資人自力更生不仰仗他人，這在華爾街是司空見慣的事情，但不可能永久維持。

這些機構投資人的政策對金融分析師引發兩點很重要的意涵：第一、在一個充滿高成長、高本益比的輕率世代裡，保守的分析師應該怎

麼做？我必須悲觀地說，他們必須做幾乎不可能做到的事——置之不理、順其自然。機構投資人已將原本屬於投資型的「公司」，轉變成投機型的「股票」了。我再講一次，不管是因為公司情況造成股票成為投機炒作的對象，或是因為股票平常就在高價位時成交，一般的分析師根本無法期望在長期獲致令人滿意的結果。

我要講的第二個意涵，對投資大眾及以非機構投資人為服務對象的分析師具有正面意義。個別投資人常常抱怨機構投資人主導了股票市場，讓他們居於不利的地位，因為他們無法和信託公司的豐厚資源競爭，然而，事實正好相反。機構投資人也許比個人更具備從事投機炒作的條件，我沒有十足的能力對這點下判斷，但我確信只要遵循正確的原則及採納正確的建議，長期下來，個別投資人的獲利績效絕對比大型機構投資人好。當信託公司受限只能投資300檔股票，甚至更少時，個別投資人卻可以從三千多檔股票中研究挑選，真正的廉價品不會在大額交易裡出現，就根據這個事實，機構投資人幾乎不配與覓得便宜貨的人競爭。

假設這一切都是正確的，我們必須回到一開始時所提出的一個問題。有多少金融分析師能靠找出股價受到低估的股票，並且推薦給個別投資人，而賺取優渥的報酬？坦白說，我無法說這個領域容得下13,000名分析師，或其中的一大部分，但我敢斷言，在過去推薦股價受低估股票的分析師，絕對沒有多到會因為過度栽培或過度競爭，而面臨削減其獲利的可能性（價值分析師較需忍受孤單寂寞之苦）。

的確，在多頭市場裡便宜貨已經愈來愈罕見了。但這不是因為所有的分析師都開始覺悟到價值的重要性，而是因為普遍性的價格上漲。（也許有人可以算出有多少股票是以低於其營運資本的價值成交的，來決定市場水平是太高或太低。當這種機會完全消失時，過去的經驗指出，投資人應該從股市抽身，轉而積極投資國庫券。）

截至目前為止，我一直論及價值投資的優點，好像我從未聽過諸如「隨機漫步」（the random walk）、「效率證券組合」（the efficient portfolios）、「貝他係數」（the Beta coefficient）或其他新發現的方法似的。我的確聽過這些新方法，首先我想談一談貝他係數，這多少算是一個用來評估普通股過去的股價波動的有效方法。但讓我感到困擾的是，權威人士現在都拿貝他係數與「風險」的觀念相提並論。價格變化無常，但風險則不然，真正的投資風險並不是以在特定時間內，一般市場中股價下跌的百分比來評量的，而是在經濟情況變動或管理階層日益惡化的情況下，品質及獲利能力逐漸喪失的危險性來加以評量。

在《智慧型股票投資人》的第五版中，我以1936年至1939年間的A&P股票為例，說明股價波動與價值改變兩者之間的基本差異。相較之下，過去十年間（1965-1974年）A&P的股價從43美元下挫到8美元的情形，正好與該公司的營業額、獲利能力及內在價值都蒙受損失的情形相同。在我看來，以價格波動來評估投資風險的想法非常矛盾，因為這種想法把股市所呈現的風險，與真正發生在商業界人士的風險給混淆了。

價值投資法應用在優先股一直都比應用在普通股上要來的可靠。在債券分析上，價值投資法特別是用來評估公司是否擁有超出其負債的公平價值（fair value），足以提供足夠的安全邊際，利息支應率（interest coverage）的標準計算方式與價值方法的功用相仿。在債券及優先股的廣大範疇內——某種程度而言，包括在可轉換證券的範疇內——有很多真正具有專業品質的工作是分析師可以做的。這個領域日益重要，特別是從完善的證券組合應該包含債券在內的觀念開始流行後更是如此。

任何一個稱職的證券分析師，都應該能夠判定一檔優先股是否有足夠的數據支持，足以確保它是值得考慮的投資標的。過去十年來，這件事偶有受到忽略，Penn-central的負債結構就是最顯著的一例。1968年，Penn-central的債券得以用和優良公共事業股票相同的價格出售，這在我們專業的紀錄上，是個不可原諒的污點。檢視Penn-central過去幾年來的紀錄，特別是其特有的會計系統和其根本未繳納所得稅的事實，我們早就該察覺到應該脫手的警訊了，更不用說是其價格早已遠低於86美元的高檔。

當前有一種狀況是，所有的債券都以高殖利率出售，但很多公司都有過度擴張負債的情況。它們之中又有很多公司在其債券契約裡，似乎都沒有健全的保護措施，以防止自己發行新負債來交換普通股。（Caesar's World公司用流動債券交換股票的操作方式就是一明顯的例子。）依我看，這些廣被採用的花招，好像是拿多把匕首刺入可憐債權人的血肉之軀。

因此，證券分析師可以好好的奉勸一大票值得勸戒的人，轉移到債券投資的跑道上。即使是在聯邦制的負債結構中（在這個結構中，安全問題並不是爭論的焦點），美國政府的各種間接證券所形成的多元化現象，包括免稅優惠，都讓投資人有很多機會可以提高殖利率。同樣地，我們也看到很多可轉讓證券以接近普通股的平價出售；在典型的情況下，優先股比普通股提供更高的殖利率，在這種情況下，根據一般的常識，我們就會將普通股轉換成優先股。（例如：Studebaker-Worthington及Engelhard Industries的優先股與普通股的比較。）

讓我引用一位身經多次多頭及空頭市場的八十歲老將所說的話做為總結：身為分析師，你要做你可以做得好的事，而且只做那些事。如果你真能用線圖、占星術、或你個人獨特又有價值的天賦異稟來戰勝市場，那麼這些就是你應該辛勤耕耘的地方。如果你真的擅長挑選接下來12個月極可能獲利的股票，那麼就朝這個方向去努力；如果你能夠預測經濟面、技術面或消費者的喜好，且善於評估其後續發展對各種證券價值的影響，那麼就專心致力在這種專業活動上。在每一種情況中，你必須用誠實、不誇張的自我檢驗，以及持續不斷地檢驗績效的方式，來證明你具備了創造有價值的成果的條件。

如果你相信價值法本身很健全（就像我一直都相信的）、行得通且可獲利，那麼就專心致力於採用這個方法。堅持到底，不要被華爾街的時尚、幻象和汲汲於追求快速賺錢的心態誘入歧途。我要強調，成功的價值分析師不一定要是個天才或是極端優秀的人。他只需具備：第一、中等以上的聰明才智；第二、正確的操作原則；第三、堅強的個

性（這點是最重要的）。

但是，身為金融分析師，不管你選擇遵循哪種方法或理念，你都必須堅守在道德面及聰明才智面的正直原則。華爾街曾經受人讚揚的道德標準，在過去十年來，幾乎喪失到為投資大眾及金融界本身帶來莫大損害的地步。七十幾年前，當我在這個城市就讀小學時，我們要在習字簿裡抄寫不同的格言。第一句話就是：「誠實為上策」。至今，這句格言仍是最好的策略。

6 普通股的未來[1]

在我1914年踏入華爾街之前，前輩摩根先生的一句名言：「它會波動。」（It will fluctuate.）已經預測了普通股的未來。我敢大膽預言，普通股在未來幾年會像過去一樣，會狂漲，也會狂跌。而投資人就像投機者一樣，機構投資人就像個別投資人一樣，將會經歷對股票著魔和醒悟的階段。

為了支持我的預測，讓我引用發生在我金融經歷中的兩個關鍵性小插曲。第一個插曲正好發生在五十年前，1924年時，史密斯（E. L. Smith）所著的《普通股：長期投資標的》（*Common Stocks as Long-Term Investments*）出版問市。他在書中指出，過去半個世紀以來，整體而言，投資股票已經被證實比投資債券更為有利，這與普遍盛行的信念正好相反。一般認為這些發現為1920年代接踵而至的多頭市場，提供了理論上及心理層面上的辯護。道瓊工業指數從1924年中的90點，到1929年9月衝至381點，然後從這個高點一路暴跌，於1932年跌到令人羞愧的41點，我永遠都會記得這個暴跌的經驗。

那天的市場水平是道瓊工業指數成立三十多年來最低的一次，對奇異電器和道瓊工業指數來說，一直到二十五年後才又重新看到1929年的

1 本篇原文發表於由投資管理與研究協會（Association for Investment Management and Research）出版的《金融分析師期刊》1974年9/10月號。經《金融分析師期刊》授權許可轉載。

高檔。

這裡最顯著的一個例子是接踵而至的大災難：一些聽起來完全合理的
過去經驗，在相關的情況已經改變之後，卻仍然被盲目採用了很長一
段時間。道瓊工業指數在90點時，投資股票的確吸引人，但漲到200點
時，投資股票的引人之處則有待商榷，而衝至300點或更高時，投資股
票就一點也不吸引人。

第二個插曲，我認為這個插曲具有其歷史性意義，發生在市場即將從
1929年至1932年股市崩盤之後的長期復甦階段結束之時，1948年，聯
邦準備局（Federal Reserve）公布了一份大眾對普通股態度的報告。該
年道瓊以165點的低價或7倍本益比的價格成交，而評等最高的債券，
報酬率只有2.82%。然而，超過90%的受訪者反對購買股票，其中半數
認為股票風險太大，另外半數則對股票不熟悉。當時正值普通股在股
市剛開始上揚，即將走向股市有史以來最大漲幅的前夕——道瓊指數
從165點一路飆漲到去年（1973年）的1,050點。大眾對金融事務的態
度不足以作為投資策略的指標，人們對於這個不變的真理還有更好的
說明嗎？我們輕易地就可以從1974年和1948年的現象中得到肯定的答
案。

我認為股票的未來大致上和其過去的發展一樣，尤其是在適當的價格
水平買入普通股時特別令人滿意。有人可能會認為這是一個過於草率
且膚淺的結論，因為沒有把最近幾年注入經濟面的新因素及新問題考
慮進去，特別是未將通貨膨脹、空前的高利率、能源危機、生態環境

污染，以及推動減少消費與零成長運動等因素考慮進去。最近幾年，華爾街在道德層面、各式金融操作及普通的商業觀念，都出現近乎醜聞的作為，造成大眾普遍對華爾街萌生不信任感，或許我應該把大眾對華爾街的不信任感也加在我的列舉項目中。

當然，我們在形成當今投資策略的過程中，也應將這些對普通股的未來價值的不利因素納入考量。但若依這些因素就斷定，從現在起不管普通股的價格水準降到多低，都不會是理想的投資標的，那就不合道理了。

真正的問題從過去就一直存在：這是購買普通股的理想時機、理想的價格水平嗎？我認為應該把這個問題再拆成兩個小問題：（a）大體而言，道瓊工業指數或標準普爾500現在的水平是買進股票的理想價位嗎？（b）即使指數可能沒有出現吸引人的價位，但投資人是否能夠選出某些個股，並且在賣出時獲至令人滿意的成果？

我剛剛所做的區分顯然和當前的情勢有關，因為機構投資人普遍偏好大型且高成長的公司，而造成最近「雙層市場」（two-tiered market）的產生，這導致各股票的本益比差異懸殊，從10倍到1倍不等。除了在1929年最高檔的瘋狂時期，藍籌股大行其道之外，在我的經驗中，這種情況不曾發生過。

我對上述兩個問題的答案是這樣的，以現行價格平均水平而言，就以道瓊指數850點、標準普爾500指數93點為例，影響當前有價證券的價

值與價格最直接的因素，幾乎可以確定是整個債券及票據市場所建立的高利率環境。機構投資人的態度所造成的明顯缺失之一，發生在不久前的1973年初，當時機構投資人支撐指數的創紀錄價格水平，但卻沒有把當時最高評等的債券利率為7.3%，不久前更超過8.5%的事實列入考慮。（利率註定在1974年超過8.5%。）1964年，最高評等的債券平均利率是4.4%，以我看來，本益比的倒數與債券的利率有關，似乎非常合乎邏輯。如果這篇論文能以其最簡單的形式受到認同，我們必須做以下的結論：當債券的利率是4.4%時，道瓊1美元盈餘的價值為17美元，那麼當最高評等的債券利率是8.5%時，1美元盈餘現在的價值只有17美元的52%，也就是8.8美元。這表示，目前道瓊的本益比9倍是合理的。如果這些盈餘數字是採用1973年的86美元的紀錄，那你會得出道瓊工業指數目前的價值只有775點，你也許會用各種不同的立場來質疑這個結果，你可能會預期未來的債券利率會下降。但是當目前8.5%的利率是個不變的事實時，利率是否會下降是極不確定的。而如果債券殖利率明顯下降，那麼債券價格，特別是低利率、高折價的債券，就會和股票價格一起上漲。因此，只有在利率下降時，這類債券才可以創造出比道瓊工業指數較佳的獲利。

換個角度來看，我希望道瓊工業指數或標準普爾500指數至少將三分之四的盈餘報酬率回歸給最高評等的債券，讓債券投資具備競爭的吸引力。這表示盈餘報酬率是11%，且把我們帶回到價值約775點的道瓊工業指數，這是我們比較1974年初與十年前的情況所得到的價值。

再者，我計算過去二十五年的成長率，得到道瓊工業指數的年成長率

只有4.5%。如果這個成長率會持續下去，再加上股利的組合，可以創造出約10%的整體報酬率，其中包括4.5%的成長率，以及5%的複合股利殖利率，這個計算方式讓我目前對道瓊工業指數給予775點的價值評估顯得太寬厚了。同樣的計算方法應用在標準普爾500指數上，以目前的價格水平而言，得到的結果比道瓊稍差。過去二十五年來，標準普爾425指數及500指數的成長率約5%，與道瓊工業指數相較，標準普爾這個成長率的優勢被其過高的本益比給抵銷掉了。

選擇個別普通股

我要把在紐約證交所掛牌的股票分成三類，以便進行個股評估。第一類是過去12個月來以高於本益比20倍的價格成交的成長型股票；第二類是以低於本益比7倍，也就是收益殖利率15%或稍高一些的價格成交的、較不受青睞的個股；第三類則是本益比在7倍至20倍之間的個股。我所統計的1,530檔紐約證交所掛牌的股票中，有63檔股票（約佔總數的4%）是以本益比高於20倍的價格成交，而在這63檔股票中，又有24檔的本益比高於30倍。相較之下，超過500檔（超過三分之一）的本益比低於7倍，其中約有150檔（約佔總數的1%）依過去12個月的盈餘為基礎，以低於本益比5倍的價格成交。

如果在未來，這些本益比賴以為計算根據的盈餘是可信賴的，不需考慮與公司成長有關的特殊因素，那就證明紐約證交所的許多股票現在都能與利率8.5%的債券競爭，且佔有優勢。在這個選擇的大範圍內，

有很多適合退休基金投資，許多股票的價值的確是被低估的，這些股票特別適合長期投資，而不適合做短期投機性的購買。在本益比低於7倍的個股當中，有如Firestone（營業額達30億美元）的一般大型公司，也有如Emhart一般的中型企業，Emhart連續配發股利達七十二年之久，最近剛以低於其流動資產淨額的價格出售。

帳面價值評估法

造成紐約證交所（及其他）很多股票以超低本益比成交的情況，現在又發展出另一個現象，也就是重新建立帳面價值（或稱淨值）做為選擇普通股的起點或可能的指標。在目前股市的大領域中，對於證券投資，我們可以回歸到一個非常落伍卻又相當有用的準則，即站在私人企業對私人所有者的角度來看，公司的價值與股票的市場報價無關。如果該公司生意興隆且未來前景看好，那麼它應該具備淨資產價值，因此，如果能從股市中以大幅低於淨值的價格買進股權，這樣的機會是很吸引人的。

而實際上，上個月在紐約證交所掛牌的上市公司中，約有一半是以低於帳面價值成交的，約有四分之一（約400檔股票）的成交價低於淨值的三分之二。有趣的是，所有的普通股中，約有三分之一的股票在過去12個月中，分別是以高於淨值及低於淨值的價格出售。過去五年來，超過一半的股票，其股價繞著其淨值上下波動，而在這些成交價低於帳面價值的股票中，本益比大部分也都很低。

我敢大膽的說，這種情況促使簡單的證券投資方法變得可行，且適用於每個人，包括小額投資人到大型退休基金經理人。這是買進精挑細選（符合財務實力的額外標準等）普通股的方法：買進股價為帳面價值三分之二或更低的股票，然後持有直到股價回升到淨資產價值再出售，這不是投機性的買賣行為，而是有50%獲利的投資。我們無法肯定的預測這種簡單的投資方法將來是否可行，但我涵蓋1961年至1974年的研究結果顯示，大部分時間都有這種值得充分利用的機會出現，且從假定的操作實驗中，總體成果非常豐碩。

既然我把紐約證交所掛牌的股票分成三類，現在應該談談我對第一類及第三類股票的看法。以中等本益比的價格成交的股票，也許有其個別的機會，但我對這一類股票沒什麼特別興趣，而被歸類在第一層的高成長型股票，過去的經驗是一個真正的挑戰。很顯然的，若能以帳面價值，或是帳面價值的2倍價格買進股權，會是絕妙的私人投資或市場型態的投資。當然，問題在於這些股票大都以高於帳面價值5倍的價格出售，有的甚至高於10倍。去年的倍數甚至比現在高出許多。以這樣的價格水平來看，這些股票都具有只在意價格水平，而無視於公司本身任何缺點的投機性特色（早在1958年我就在一場對金融分析師聯會的演講中，提出這個論點，收錄於《智慧型股票投資人》的附錄中）。過去18個月來，因為這類成長股中有許多股票的股價下跌（我不需要再舉例了），投資大眾已經清楚認知到附加在這種高成長型股票的投機性風險。

但是，我想在這裡舉個例子探討最近股市新發展出的一套學術理論，

如果這個理論與實際情況相符，那麼它在實務上就有相當大的重要性。這套新理論就是效率市場假說，其終極論調提出兩項聲明：（1）每家公司的公開資訊幾乎隨時反映在其股價上，因此包括公司內部人士在內的投資人，都無法藉由找尋更多額外的資訊，來獲致一致的利潤；（2）因為市場擁有每一檔股票的完整訊息，所以行情板上所顯示出來的股價都有其「正確性」、「合理性」或「恰當性」。這兩項聲明暗示了證券分析師在價格及價值之間尋找差異的結果，只是徒勞無功或至少是事倍功半。

儘管有些時候，研究人員會挖掘出不為大眾所知又未反映在股價上的重大消息，不過我對第一項主張並沒有特別的意見。但我完全無法同意市場因為擁有正確價格所需要的完整訊息，所以行情板上的報價都是正確的說法。以雅芳為例，1973年其每股股價是140美元，而1974年每股是32美元，若說雅芳的股價在這兩年都是正確的，這樣的說法有意義嗎？是否有股市心理學之外的事件，讓這家公司的價值下跌77%，跌幅金額高達60億美元？股市可能擁有雅芳的完整訊息，但卻欠缺評估這些資訊的正確判斷力。

三百多年前，笛卡兒在撰寫《方法導論》（*Discours de la methode*）時，就對這個情況做了總結：「握有正確情報是不夠的。」我則補充：「握有充分的情報，但最重要的是要能妥善應用。」

我可以向讀者保證，現今在紐約證交所以低於本益比7倍的價格交易的500多檔股票中，以任何有意義的措辭來說，許多檔股票的價格是「不

正確的」。這些股票的價值顯然都應該比當前的成交價更高，任何稱職的證券分析師都應該能從這一類股票中挑選出一套迷人的投資組合。

通貨膨脹及投資策略

現在讓我們來談談通貨膨脹。通貨膨脹可能持續的預期心理，是否使得以目前市價或想像得到的價格水平買進股票變得不受歡迎呢？奇怪的是，這個問題本身應該已有答案了。彷彿就在昨日，每個人才說過即使股價居高不下，股票肯定比債券更有利，因為股票本身具備很重要的保護措施，持有人可免於受到未來通貨膨脹的影響。

但我們應該承認，過去數十年來，所有的股票早已無法提供眾所期待的保護傘，使投資人免於通貨膨脹的威脅。我要提出一個本能的臆測，也就是較高的價格水平會創造出較高的企業資產價值，也因而創造出相對於原始成本較高的獲利率，這點並不是由統計學證明出來的。就整體的帳面權益報酬率而言──如果是用再生成本（reproduction costs）來計算，通常被大幅低估──最好維持在10至12的水平之間。讓我們回顧歷史，在1948年至1953年間，當道瓊的成交本益比僅在7倍時，這個報酬率的確有下降的情形。

的確，道瓊工業指數和標準普爾425工業指數的盈餘確實從1947年至1951年開始，到1969年至1973年為止，增加了3倍。但在同一時期，這

兩種指數的帳面價值都上漲了4倍。因此，我們也許可說在這段戰後期間，盈餘增加純粹是因為未分配獲利的再投資而使淨值增加所致；而在那二十八年間，沒有任何一項增加幅度高於一般價格水平上漲2倍的增幅。換句話說，通貨膨脹對普通股的盈餘並沒有助益。

這是讓我們不要在每個市場水平都過度熱中於股票的好理由之一，長期以來我都抱持這種小心謹慎的投資哲學。但當前的情況又如何呢？面對持續的通貨膨脹，我們是否該阻止投資人購買獲利率高達15%的績優公司股票嗎？我會回答「不」。

什麼才是機構投資人或個別投資人真正的選擇？投資人可以選擇把資金投資在年殖利率不錯的短期債券上，並期望未來的通貨膨脹終將為所有的股票，包括本益比很低的股票，創造出較低的市場價格水平。在投資人相信目前的股價高於其真正價值的情況下，這樣的選擇非常合理，否則就只是對未來市場走勢所下的賭注罷了。或者，投資人也可能選定一種全新的投資策略，將資金從股票或債券抽出，轉而投資不動產、黃金、商品、名畫等實質的東西。我要在此提出我的三點觀察。

第一、若把例如數十億美元的大筆資金投資在不動產以外的有形資產，一定會帶動價格水平上漲，並且產生典型的投機性循環，最終則是無可避免的崩盤；第二、我們已經清楚知道投資不動產的危險性，許多透過借貸及發行普通股籌措資金，投入不動產的新興投機企業已經遭遇各種困境，並且讓它們的投資人在股市中虧了許多錢。

我的第三點觀察則是正面的。雖然不一定會發生，但我相信所有投資人都應該認知到未來的通貨膨脹率會和最近的11%通膨率不相上下，甚或更高，而且所有投資人應該把我稱之為「具體目標因素」（concrete-object factor）的觀念，引進整個理財策略中。我的意思是說，投資人不應該因持有大筆現金及約當現金，諸如銀行存款、債券及各類應收帳款而感到滿足。不管短期投資或長期投資——誰能夠真正判定呢？——若能透過普通股的投資組合方式，從土地、建物、機器設備及存貨等有形資產中，至少取得一點間接權益是較為明智的做法，這點在執行普通股的投資策略中倒是滿容易做到。我的重點是這個觀念值得引介作為分析個人財富資源的特定評量標準，這個策略不僅適用於退休基金，也適用於其他投資組合。

從我對股票的未來所採行全面性看法，應該可以清楚的看出，我未把能源危機、環境壓力、外匯穩定性等大眾關心的問題，納入決定財務決策的核心因素。這些因素被納入價值—價格方程式的方式，與其他相反因素，包括（1）低利潤率及（2）高負債及高利率，被納入方程式的方式大同小異。這些因素對未來的影響力也許要由經濟學家和證券分析師來評估，但大概與過去類似的預測工作具有相同的正確性，但也可能同樣地不具正確性。

機構優勢、效率市場及證券分析的前景

資金經理人是否對證券存有偏見？我認為過去十年來，這類偏見的確

存在，且對股價水平造成一股強大的力量，使股價水平無法達到債券殖利率的水平。也許這得歸咎於高殖利率本身，因為它使債券市場中的數十億美元，轉而以更高的本益比向以前的持股人購買股份。因為機構投資人對股票的覺醒已受到重視，近幾年的偏見現象不僅會迅速消失，而且還會由偏見變成偏愛，像我這樣的老手現在就發揮功用，警告投資人勿對低價格水平的股票存有偏見。

假設有2,000億美元的法人資金投資在股票，加上11,000名隨時要「戰勝平均指數」的證券分析師，對投資績效會造成什麼影響呢？讀者要原諒我在這裡引用海因（Heinrich Heine）[2]的一個對句，那是他在一百五十年前，對某個調查委員會任用了45位德國教授所寫的對句：

四十五位教授

祖國，妳已被毀滅！

假如45位教授就造成如此嚴重的威脅，那麼11,000名分析師呢？

嚴格來說，機構投資人大舉參與股票市場所造成的影響，及無數財務分析師積極建立各類股票的適當評價所做的努力，應該可以穩定股市的波動，也就是說，至少在理論上可以減少股價不合理的波動。

然而，我必須承認，雖然機構投資人大舉參與市場活動，但我並沒有

---

2 編註：德國作家，曾任杜塞多夫大學經濟系教授。

看到這種結果，價格波動的幅度反而比機構投資人大規模參與市場之前要大得多。原因為何？我唯一能想到的理由是，各機構投資人及其財務分析師不如一般大眾謹慎，且不如一般大眾有眼光。他們似乎都受誘於不足採信的理論，即對「績效」的崇拜，他們也把曾經涇渭分明的投資與投機之間的區隔給拋諸腦後。（我不禁要問，是否在不久的將來，部分銀行機構得面臨一些法律問題，因為它們在1968年至1973年間所做的「信託」投資，其結果無法符合謹慎的人治法規所訂下的嚴厲法律要求。）

讓我拿美國航空公司（American Airlines）這個具體例子，來說明我認為機構投資人並未對股價的穩定性及合理性有所貢獻的說法。《標準普爾股價指南月刊》指出，美國航空公司及其他企業的持股機構並非銀行及其信託部門，而是由約2,000家保險公司及投資基金所持有。1970年，募款機構（canvassed institutions）持有美國航空公司430萬股的股份，佔總持股的22%。美國航空公司在1970年對外公布每股1.3美元的虧損，接著在1971年對外公布盈餘為13美分，到1972年提高到20美分。我們所謂的效率股票市場也反映了這個盈餘的成長，股價從1970年每股13美元的低價，在1972年大幅躍升到每股49.84美元的新高，該價格是那一年獲利的250倍。

我們的金融機構當初有做出什麼舉動來抵制這種不正常的股票投機熱嗎？它們是否趁股票大漲時，出脫持股獲利了結，同時將股價明顯被高估的股票從投資組合中剔除呢？

事實正好相反，《標準普爾股價指南月刊》指出，在這段期間內，機構持股增加到670萬股，換句話說，就是有整整50%的股權由143家公司共同持有。而且，最新（1974年）的數據顯示，117支基金仍持有570萬股，佔總持股的20%。（在此同時，美國航空公司對外公布其1973年的虧損為4,800萬美元，股價從1972年的每股50美元暴跌至1974年的每股7.50美元。）

這個故事顯示機構投資人對「效率市場」及正確股價的貢獻微乎其微。

愈來愈多的投資機構已經認知到它們無法從股票投資組合中，獲得比市場平均水平更好的結果，除非它們擁有超越一般水準的財務暨證券分析師。邏輯上來說，這種情形應該會使得部分機構投資人以標準普爾500的結果做為可預期的標準，接下來他們也許會採用標準普爾500或425家公司作為投資組合的成份股。若果真如此，客戶可能會質疑他們付給金融機構的標準費用。（順帶一提，假如投資機構確實改用標準普爾指數做為投資組合這個半開玩笑的預言成真，我們可能會滿諷刺的回到五十年前就已存在的股票投資形式。第一個投資基金實際上就是投資股票的信託和固定信託，這種投資組合從最開始就固定下來，永遠不做更改，除非在不得已的情況下才可以更改。）

若將我上述所提的固定信託建議稍作修正，就可為財務分析師的工作預留更多餘地。這個修正最開始是實際或模擬標準普爾指數（或更單純地用道瓊工業指數）做為股票投資組合的基礎。營運經理人或決策

者有權拿其他股票來替換標準普爾指數上的股票，但一定要能證明替代股的內在價值比被替代的高。這樣的結果或許可以大幅改善實質投資績效。無論如何，這個方案將讓財務分析師的專業知識有所發揮。

的確，本篇文章強烈暗示，相較於許多股票目前以非常低的本益比成交，道瓊工業指數及標準普爾指數的價位是太高了。如果這個觀察是正確的，那麼任何一個有能力的分析師，現在就該把握良機，從這些指數中挑出一些值得用來當作替代股的股票，推薦給特定的公司以賺取報酬。

請大家牢記在心，在我舉股票投資的例子時，儘管因為機構投資人投資股票的夢想破滅，我絕非要向任何投資人提議持有百分之百的股票部位。相反地，我認為每個人的投資組合都應該隨時保持最少25%的債券部位，及最少25%的股票部位作為互補，剩餘的50%資金也許可分成兩種形式持有，一種是以最標準的債券與股票五五對分（視股價大幅波動而調整），另一種是採行某種一致性及保守的政策，當債券比股票更有利可圖時，就把債券的持有部位加重到高於50%，反之，當股票較債券更有利時，就加重股票的比率。

股票輕易就佔上風，是因為其他的投資標的不具備假定中的流動性嗎？這個問題有各種不同的答案。首先是把資金轉投入短期或長期債券，並不會降低流動性；其次我敢說流動性本身在真正的投資計畫中僅居次要地位，而且有太多的價值因素都因為快速變現的需求而被犧牲掉了；但是，第三若把非以獲利為目的的投資標的，如畫作、商品

等等當做普通股之外的投資選項，我無法說這類投資該考慮多大程度的流動性。我有預感在各位做投資決策時，有沒有獲利收入——相對於債券每年的利率收入是8.5%——應該是比流動性更重要的考量因素。

指數化經濟及管理型經濟

「指數化經濟」（indexed economy）帶來什麼樣的啟示呢？我已經闡明通貨膨脹對股票的影響。我覺得指數化經濟，根據傅利曼（Milton Friedman）新近發表的說法，太不切實際且太抽象，不值得我們在這裡費心加以討論。我們在公會合約中，將指數化經濟納入生活成本調整，包括某種程度的退休計畫。Remington-Rand公司在費雪（Irving Fisher，當時是該公司的董事之一）的堅持下，曾發行過指數型債券，依據生活成本指數的變化來調整息票付款（coupon payments），這種想法可能會重新流行，雖然可能性不大。但是，我們有愈來愈多種債券是隨著當期債券殖利率，或銀行放款利率的改變而更動息票利率。花旗銀行發行的6億5,000萬美元的浮動利率票據將在1989年到期，屆時這個防水閘就要因此而開啟了。

四十年前，羅斯福總統時代開始以來，我們對管理型經濟有點熟悉，所以應該相當習慣這種經濟型態對包括股票在內的事物所造成的影響。基本上，政府干預經濟已經對普通股的價值造成兩個相對的影響，政府擔保不讓貨幣恐慌及1935年之前十年的大規模景氣蕭條再度

發生，使普通股蒙受其利。但政府對商界運作設下複雜的限制及負擔，卻傷及企業應有的獲利。截至目前為止，政府干預似乎對股票的價值，或至少對其價格頗為有利，只要看一下1949年前後的道瓊或標準普爾指數線圖，就可看出這種結果。相較之下，1969年至1970年及1973年至1974年的兩次價格下跌，就像價格大躍升中的微幅衰退。

經驗顯示，上述問題所隱含對股票的各種威脅和過去普通股所面對、且已一一克服的障礙，並沒有太大不同，我預測未來股票仍會克服這些威脅。

但是，我必須談及另一個股票價值所面臨的威脅，才能在此把這個主題做個結束。這個威脅是，近幾年來，因為財經界自身的行為模式，使大眾對其失去信心。我堅信，華爾街內部勢力對股票價值及股票的未來所造成的損害，遠比華爾街外部來得大。吉朋（Edward Gibbon）[3]及高斯密（Oliver Goldsmith）[4]兩人寫到：「歷史幾乎就是記載人類罪行、荒唐事跡及不幸的紀錄。」這句話也適用於1968年至1973年間的華爾街歷史，但與人類的不幸比較起來，這句話更強調人類的罪行及所做的荒唐事。

我沒有時間一一列出輕率又無效率的商場行為、金融組織或個人所犯下卑劣又沒有道德的行為；更遑論以貧窮或無知作為掩飾其不當行徑

---

3 編註：1737-1794，英國歷史學家。
4 編註：1730-1774，英國小說家。

的藉口。我在此只舉出一個令人難以置信的例子：你們之中有人曾聽說產業界因為接到超出產能的業務，導致整個產業界幾乎走向破產邊緣嗎？這就是1969年發生在一向自負甚高的紐約證交所的事情，其後面的辦公室陷入混亂、證券遺失等情事不斷發生。在同一段期間，許多公司的財務弊端，更使得整個情勢陷入一片憂慮當中。

要讓大眾重拾對華爾街的信心，可能要費時多年，且需要新的立法來幫助，在此同時，股價可能會下滑。但是，我認為真正的投資人應該要感到高興，而不是沮喪，因為他們可以將新累積的儲蓄，投資在前景看好的股票上。對退休基金經理人而言，特別是握有一大筆資金且每年皆有增額可投資的經理人，這種獲利前景是特別值得期待的。五年前，他們怎能想像得到能以8%或9%的利率買到最高評等的債券，或以15%甚或更好的獲利率買到一家表現穩健公司的股份？這些良機提供了比新近出現的荒謬想法——以更高的價格水平在機構間不斷更換股票，以期獲致25%市場升值——更有利可圖的投資方法，如果真有此做法，還真是一個自力更生的操作方法。

讓我引用維吉爾（Virgil）這位我最喜愛的詩人的一句話作為結語。這句話銘刻在華盛頓農業部內的一座大樓梯上所掛的巨幅畫板之下，內容是這樣的：「O fortunate nimium...Agricolae！」這是維吉爾對與他同時代的羅馬農夫所說的話，但我要把這句話寫給現在及未來數年的普通股買家：「哦！令人羨慕、幸運的投資人，只有你了解你目前所處的優勢！」

第三篇｜細談投資這一行

對於證券分析師，我們沒有一套評分方法，當然也就無法得知他們的平均打擊率。或許他們的表現不至於太離譜，然而，如果我們準備一生都致力於提供客戶具體的建議，但在任何情況下，卻無法對客戶或對自己證明這些建議是對的，那也實在是有違常理。無疑地，優秀分析師貴在能充滿自信的提出長期因他建議而使績效亮麗的總成績單。

——《分析師期刊》，1946年第一季

葛拉漢在傅爾布萊特委員會——參議院銀行暨貨幣委員會（the Senate Committee on Banking and Currency）——前作見證時，對華爾街的運作方式提出了珍貴的見解。議員傅爾布萊特（James W. Fulbright）是投資界的生手，因此他提出了許多我們很多人也想問葛拉漢的問題。葛拉漢用簡單又直接的說法讓我們了解他和其他專業投資人在做什麼、如何運作，及他個人所了解的運作過程。 無論何時，只要我們逮到葛拉漢講話（不是寫作），他總是能引發大家熱烈討論，他就是這麼一個受歡迎的老師。在參議院的見證及本篇的其他章節裡，葛拉漢為當時的社會帶來革命性的見解。他希望證券分析師的工作能受到專業性的認可，而他自認有一套做法來達成這個期望。

在葛拉漢開始為證券分析師奔走，爭取開設訓練、考試及資格審核課程之前，證券分析師說穿了只是一個工作名稱罷了。葛拉漢深知從事這份工作必須具備特殊技能，更有必要訂定評估標準及道德規範。除非這些都做到了，否則沒有人會尊敬這個行業，他不辭辛勞的為此事奔走，但仍遭到很多人的反對。如今，感謝葛拉漢的堅持及其學生的努力，能夠頂著合格財務分析師（Certified Financial Analyst, CFA）的頭銜已是一種無可非議的驕傲。

7 邁向科學化的證券分析[1]

主席、各位會員、各位女士、先生，全國聯會賦予我極大的榮耀，在這個年度會議裡，指派這麼一個顯要的職務給我。當然，我應該立即導入這個莊嚴的主題；但我擔心在場的各位和我本人此時此刻都欠缺嚴肅的感覺，西方式的好客文化已經到了令人無法忍受的地步了。在添惠經紀公司（Dean Witter）所舉辦的雞尾酒會中，我聽到一位女士對她的先生說：「湯姆，你有膽就再多喝一杯酒！你的臉已經開始出現意識模糊的樣子了。」至於我，我是個帶著聖經在芝加哥完成特殊訓練的在職證券分析師，我的朋友問我：「吉姆，你帶著聖經做什麼？」我說：「按照行程表，5月15日星期六，我們要在紐奧良停留。我聽了很多關於那個城市的傳聞，歌舞秀、女人、酒類及賭博，在此停留一定很過癮。」我的朋友又問：「你帶著聖經到底要做什麼？」我回答他：「假如紐奧良真如傳聞中那麼棒，我可能會停留到星期日。」

現在，你們好比是在這裡做禮拜，因為我要開始我的講道了──「邁向科學化的證券分析」。

由於這個星期的會議經過精心設計又充滿熱誠，每個人可能會因而以

---

1 本篇是全國財務分析師聯會第五屆年會之會議紀錄，原文發表於財務分析師聯會出版的《分析師期刊》 1952年8月號。經授權許可轉載。

為證券分析師及證券分析這個行業，終於蓬勃發展起來了，且開始享有他們應有的自尊與權力。不過，我現在站在這裡的目的，不是要恭維聯會對這些事情一直以來令人印象深刻的努力，反而是要召集各位，一起付出更大的努力，來成就更寬廣的事業。從我大學時代開始，最喜愛的座右銘是歌德（Goethe）藉由奧瑞斯提斯（Orestes）說出的字句：

當你凝視前方，看清前頭還有許多事情有待完成時，過去所做的小事很快就會消逝於無形。

大約一年前，我就已經選定今天的題目，只是正巧與上一期的《分析師期刊》探討「科學對證券的影響」所要傳達的主題不謀而合。《分析師期刊》特別強調科學對我們所投資的各種產業界的貢獻，而我們今晚的主題則是尋求將科學概念帶入證券分析的過程及結論的方法。我確信你們之中沒有人希望我解釋一套已經成熟定案、有條不紊的「證券分析科學」。就像我恰如其分的題目所建議的，你們必然可以滿意於快速地審視這個領域、滿意於未來有更多的問題等著你去解決，以及可能會滿意於在這個迷人的領域中，對同業們有所助益的許多建設性的觀念。我要預先為我這一席談話的內容無法語帶幽默向各位致歉。在這個領域裡，要兼顧娛樂性及科學合理性似乎不太可能。

科學方法

就像沃夫（H.D. Wolfe）在上一期期刊中的文章「科學是個值得信賴的工具」裡指出的，科學方法的要素中，包括廣泛的觀察、對各種事件的紀錄、建立理性及合理化的理論或公式，及透過合理可靠的預測方法建立其理論與公式的有效性。現今存有各種科學化或半科學化的方法與主張，而以其為基礎的各種預測性質也互不相同。

從一個極端的角度，以這個麥克風為例，電機工程師小心謹慎的將麥克風裝置好之後，他可以預測透過麥克風所說出的每一個字都會有立即擴音的效果。這個預測非常精確，結果之鑑定也是立即就能揭曉，毫無爭議。但從另一個相反的極端，以心理分析為例——我們偶爾會拿心理分析來和我們自己的證券分析做比較——在這個學問裡，預測及其結果之鑑定就無法非常精確。一個為其家人支付心理分析治療費的門外漢，對疾病的本質、治療法、治療時間以及治癒程度等，都會有一知半解的情形。他唯一能夠肯定預測的是，每小時所花費的治療費用。存在這兩個極端例子中間的是精算科學，依我的看法，精算科學與證券分析走向科學化的關聯，要比其他科學更為緊密。壽險的精算師在預測死亡率、投資儲備金的盈餘報酬率，以及支出與獲利的因素時，大都是仔細分析過去的經驗，但也預留空間把未來趨勢及新興因素納入考量。除了這些預測功夫外，他們也借助數學計算方法，才得以算出各類保單的合理保費。壽險精算師的工作及其所得的結論，對我們最重要的部分是，他們的處理方式並非以個案分析，而是將大量類似的案件集中，然後分析其可能之「總和結果」。多樣化

（diversification）是精算科學的精隨。

因此，我們針對「科學化的證券分析」提出的第一個問題就是，證券分析是否具有精算的特性、是否具備多樣化這項基本要素。合理的回答可能是，多樣化對某些特定形式或特殊目的的證券分析的確是不可或缺，但是對其他證券分析則不然。讓我們把證券分析試圖要做的事情加以分類，然後再看多樣化的要素如何應用在每一分類上。在此同時，我們可能會提出關於每一分類的科學方法及預測運作的其他相關問題。

我建議將我們工作的最終結果分成如下四類：

1. 挑選安全的有價證券，債券型。
2. 挑選股價被低估的有價證券。
3. 挑選成長型有價證券，也就是大眾期望其獲利能力的提高速度會比一般平均速度要明顯高出許多的普通股。
4. 挑選「近期良機」，也就是在未來12個月內，價格漲幅會超越平均漲幅的普通股。

上述的分類方式並不包括其賴以為基礎的股市分析及預測。讓我簡單說明一下，如果證券分析要走向科學化，必須憑自身的條件達到科學化，而不是依賴市場的技術。「如果市場分析呈現好結果，那麼市場就不需要證券分析；如果市場分析呈現不好結果，證券分析根本就不想要它。」這句話輕易的就把我前面的說法完全推翻掉。但是，對於

一大群頗有聲望的證券分析師的利益所繫的活動領域來說，這句話可能太過於傲慢。股市分析與證券分析互相結合，也許比只靠證券分析會有更好的作為，這種說法至少是可理解的，而且還頗值得採信。只不過這個重擔就落在那些想以明確且服人的方式，把這個課題架構起來，並向我們示範的有心人士身上。當然，迄今所發表的文章寥寥無幾，更遑論要大家承認科學在這兩種分析的結合中所應有的定位。

四類證券分析

現在回到證券分析的四大分類。挑選安全的債券及優先股，如果不是最令我們分析師感到興奮的工作，也一定是最受尊重的工作。不僅是因為挑選債券及優先股本身就有其重要性，而且還能對分析師工作的旁枝細節，提供有用的類推及洞見。債券分析強調的是債券過去的表現，再輔以未來的變動及可能危機的保守觀點，其主要仰賴安全邊際，也就是企業的負債對總企業真正價值的比率。債券分析需要更多樣化的資料，以確保能夠呈現出具代表性或代表整體平均的結果。這種經金融機構實際操作過的觀點，使得債券投資成為健全完整的科學化過程。事實上，債券分析現在已是精算科學的一支了。投保1,000美元的終身壽險，每年需繳保費34美元（或許應該是35美元），和借1,000美元投資在長期債券，每年也同樣須支付35美元，這兩者之間有一些有趣的異同之處。據統計，35歲的人其死亡率大約是0.004%，這樣的「死亡率」或許可應用在財務及營運系統都十分健全的企業上，以估算高等級的債券投資所須承擔的風險。這樣的數據，假定是

0.005%來講好了，或許可以適切的用來測量最健全的公司債券與美國政府公債之間的風險與殖利率的差別。

債券投資如同一個科學化的過程

當國家經濟研究局（the National Bureau of Economic Research）及其他機構所主導的公司債券研究終於完成，以及大量的統計資料及發現，讓證券分析師得以利用參考時，債券投資應該要具備更多科學化的特色。我一直都認為我們這一行最嚴重的弱點就是，對我們利用各種理論原則及技術所發起或推展的投資成果，無法提出一份詳細的紀錄。我們從他處取得了無數的統計數據，包括操作成果，但我們卻在把自身工作成果彙編成一份適當的統計數據方面嚴重落後。對於這一點，稍後我會提出建議。

選擇股價被低估的證券

我把「選擇股價被低估的證券」列在第二類，因為它和第一類投資安全的債券或優先股有邏輯上的關聯，安全邊際是這兩類投資的主要觀念。如果分析師能夠確切地找出企業的整體價值比其所有證券的市值高出許多，那麼這就是典型受到低估的普通股。債券的選擇與此非常相似，因為我們也要選擇企業的價值遠超過其負債的債券。能夠找出被低估的普通股所得到的報酬，遠比債券高出許多，因為一般而言，

極大部分的安全邊際，終將轉換成真正買到股價被低估的股票買主的獲利。

關於這一點，我要提出一個廣泛且具挑戰性的觀念。從科學的角度來看，就整體而言，普通股基本上可視為是被低估的證券型式，這個觀點來自於個別風險與整體風險之間的基本差異。大眾認定普通股的股利報酬率與盈餘殖利率一定要比債券高出許多，因為平均而言，每一股普通股遭受虧損的風險要比債券高出許多。但是從歷史紀錄來看，對一個多樣化的普通股組合而言，這樣的比較並不真實，因為整體而言，普通股已經有一個定義明確的向上偏差或長期上揚的走勢。話說回來，這種現象可解釋為國家的成長加上未分配盈餘再投資，再加上自本世紀以來強勁的淨通貨膨脹趨勢所致。

火險費率及意外險費率

火險及意外險費率也有異曲同工之妙。保戶所支付的火險保費，大概是他們自己所精算出來會暴露於失事所導致虧損的2倍，因為他們負擔不起承受個別風險。同理，普通股的整體報酬也是其整體風險虧損的2倍。從一張自1899年以來的道瓊工業指數的基礎線圖（Keystone chart）可以看出這個有趣的關係。上面與下面的兩條線恰巧每十年就上升三分之一。你會發現這就像是以2.9%的複利計算美國儲蓄債券E系列（U.S. Savings Bonds, Series E.）的獲利一樣，意味持續投資道瓊工業指數成份股的投資人，其在本金價值（principal value）上的增加，

和儲蓄債券所獲得的利息一樣；此外，道瓊股票的投資人從其持股中
獲得年度股利，就像是附加在政府公債利率上的紅利一樣。

我之所以這麼說是因為我相信上述的說法有其科學的有效性及心理學
的危險性。其有效性有賴於股市的債券殖利率與股票本益比之間維持
相當程度的差距。如同1920年代發生的情況，如果有人把這個論點扭
曲成「不管普通股的成交價有多高，都值得投資」這樣的口號，那麼
我們就會發現自己是以科學家的心態進行投資，結果卻落得以粗心、
時運不濟的賭徒命運收場。若說大多數「正常的」多頭市場的最高檔
特色是傾向於把股票風險與債券風險相提並論，或許是個公平的論
斷。高價值的股票在理論上或許有某些合理的辯說，但是身為分析師
的我們，有件很重要的事必須銘記在心：當你為普通股付出百分之百
的價值時，不久之後你將發現自己付出的金額太高。

價值被低估的個股

現在我們將話題轉到價值被低估的「個股」，這是我們更熟悉的話
題。我們在這方面所做的事，已經包括廣泛的觀察及藉由結果來檢驗
預測或假說是否正確的科學程序。有關股價被低估的理論必定要能解
釋其起因，事實上，各種解釋眾說紛紜，而且都衍生自所謂的「股價
病理學」，其範圍從明確的起因，諸如股利過低或盈餘暫時挫減，到
較微妙又特殊的情況，諸如資本結構中包含太多普通股或銀行有太多
現金，都涵蓋在其中。其中還有無數數不清的緣由，包括重大訴訟案

件、異業合併，或使用目前已失去信譽的控股公司架構等等。

股價被低估的起因

現在，我們已相當了解股價被低估的起因，而且可以提出科學研究報告，但我們卻不了解如何導正被低估的現象。被低估的股票有多大比例是在修正差異？為何會修正？要如何修正？整過修正過程需要多久的時間？這些問題使我們想起在本演講開始時所提出有關心理分析的問題。但是我們確實了解一件重要的事，那就是以多樣化為原則買進被低估的股票，確實能創造出穩定的獲利，我們也因而有了更有價值的領域進行科學化研究。在這裡，以理智及系統化的方式持續多年追蹤的歸納研究方法，幾乎可以確定是有益的。

挑選成長股

證券分析的第三個目標是挑選成長股。目前這個挑選程序的科學化程度為何？我們可以讓其達到何種科學化程度？我又在製造難題了。大部分成長型公司都與科技性的進展有密不可分的關係；既然要挑選這類股票，證券分析師就要和這類公司一樣緊抓住科學的腳步。在排滿會議的一週裡，你必須實地檢視四十多家工廠，無疑地，你的注意力會集中在新產品及新製程的研發上，而這些會大大左右你對不同公司長期前景的判斷。不過，在大部分的案例中，這種情形根本上是個

「質化的」方法，除非你的工作確實是根據可靠的測量數據，也就是對未來盈餘的預估非常精確，且這類預估盈餘的資本化程度的比率或倍數是根據過去保守的經驗推算出來的，否則你的工作能算是具有科學性嗎？我們可以為未來的成長標上一個明確的「價格」，以低於此價格買進表示明智；反之，以高於此價格買進則算是太貴或是投機性的交易？無法實現預期的成長所造成的風險為何？在市場評估前景看好的情況下，重大下挫的變動會帶來什麼樣的風險？在這些問題得到可靠的答案之前，這個行業必須進行大規模的系統化研究。

科學化之前的股票投資

在此同時，我不得不感覺到，成長型股票投資仍處於未完全科學化的階段，它比挑選安全的債券或被低估的證券更具吸引力，但較不明確。在成長型股票的領域中，安全邊際的概念已失去它在其他兩類證券分析中所扮演的明晰性及首要性。沒錯，成長就擁有其安全性，有些人會進一步宣稱，除了成長之外，沒有其他東西代表真正的安全。但是，在我聽來，這些話反而比較像是口號，而不是經由科學化所形成且證實的陳述；再者，在成長型股票的領域中，選擇所扮演的重要性太過顯著，使得多樣化要素屈居次要或甚至是曖昧不明的地位。這情形就好比把所有的雞蛋放在一個或少數幾個材質極佳的籃子裡。因此，在這一類的證券分析中，精算的要素或許會消失，且對真正的科學化過程及成果造成不利的影響。

關係倒置

成長型股票的概念和被低估證券的理論之間，確實存在著一層基本卻又顛倒的關係。成長型的魅力就像潮汐，我們假定漲潮的一方是成長型的公司，而退潮的一方是非成長型的公司。就某種意義上來說，我們可以採用不受青睞之公司的最低企業價值（minimum business value）為標準，十分科學化的計算出這個影響所造成的扭曲結果。為了便於說明，我們把這個概念應用到三家加州的公司上。魯斯兄弟公司（Roos Brothers）是加州的零售商，其股票傾向以低於其分析後所推定的價值成交，其理由與把高級石油公司（Superior Oil）或科恩郡地產公司（Kern County Land）的股價評估到過高的局勢是一樣的。

最後我發現經紀公司的分析師及顧問公司的標準工作項目，根本就是選擇短期內會上揚的股票就好了。最普遍的假定是，如果盈餘或股利提高，股價就會上揚；因此分析的過程就只要找出短期內盈餘或股利很可能提高的股票，然後把這些股票推薦給顧客就好了。各位都知道這個工作會遇到三種基本危機：預期的增長沒有如期出現、目前的成交價已經折價了，以及其他因素或未知因素導致股價偏離該走的趨勢。

尋找自我評估

這個小標帶出我的結論，以及我要提出的一個具體提議。證券分析已

經發展到採用已確立的統計工具，來進行持續不斷地自我評估。我們應該蒐集無數分析師所做的研究及建議，根據其目標加以分類（或許就採用本篇提到的四大分類），然後竭盡所能來評估這些研究及建議的正確性及其成就，其目的並非要展現誰是優秀的證券分析師，誰又是不夠格的；而是要顯露哪些方法是正確又有效，哪些是無法通過經驗測試。

這個提議最早是在六年前我以「苦思者」的筆名，在《分析師期刊》中發表的文章裡提出來的。當時，我就寫道：「若無法對個人及團體提供明確又可信的測試結果建議，證券分析師就無法達到專業化的地位。」紐約學會（New York Society）目前正著手為符合要求的證券分析師，建立一個類似專業分級或頭銜的制度，可以肯定的是，這個舉動終將讓我們這個行業發展至成熟專業的局面。對聯會及其任命的各學會而言，屆時將是系統化的蒐集整理歷史個案的成熟時機，如此一來，過去的分析師所累積的知識及技巧將得以傳承給未來的分析師。

一旦這項工程順利推展，我們虔誠希望證券分析這個行業可以被歸類為科學的學科。

8　影響股票買賣的因素[1]

主　席：下一位證人是葛拉漢先生，他是位於紐約的葛拉漢—紐曼公司董事長暨總裁。葛拉漢先生，我們很高興今天早上有你出席，我們非常期待聽聞你的證詞。你要用宣讀的方式，或只要摘要概述就好？

葛拉漢：如果可以的話，我希望用摘要概述就好。

主　席：可以，沒問題。

葛拉漢：不過，首先是否讓我做項更正？

主　席：請說。

葛拉漢：我主要是要更正我並非葛拉漢—紐曼公司的總裁，而是其董事會的主席。如果可以的話，我想要補充說明，我同時也是蓋可保險公司的董事長。蓋可的規模雖然比其競爭對手全美通用木材保險公司（General Wood's Allstate Insurance Co.）要小，但卻較有生氣，而且我們對施樂百公司（Sears, Roebuck）模仿我們的利潤分享計畫（profit-sharing plan）表示欣喜之意。

我想在我的證詞中討論三個要素：第一、從存在於價格與價

---

1 本文是葛拉漢在美國參議院銀行暨貨幣委員會第八十四屆國會第一會期（1955年3月11日）的證詞。原文摘自《股市研究》（*Stock Market Study*）。

值之間關聯的角度，來探討目前股價水平的問題；第二、自1953年9月以來，造成股市持續上漲的原因；第三、對未來過度投機性的現象，哪些是可行的管控方法。

依照目前的價格水平，我的研究結果顯示，績優產業股基本上並沒有被過度高估，但它們的股價絕對不能說是低廉，而且他們就處於即將邁向不正常高價格水平的險境當中。

我想對這點詳加說明，當我在證詞中討論績優的產業股時，別人會批評我沒把股市是由數百檔、具有不同股價模式的股票所組成的這項事實列入考慮。我認為去年股票市場的股價模式較其他大多數市場更為一致，而且各種類型的股票，不管是指標股或小型股，其股價上漲幅度都相當平均。

針對造成股市自1953年9月以來持續上漲的原因，我要特別強調投資與投機心態的改變，遠勝過其他基本經濟因素的改變。我要指出這樣的改變具有危險的成份，因為對較好事物的心態改變，很可能連帶導致對較差事物的心態產生改變。

最後，針對未來過度投機性的現象，有哪些可行的管控方法，我很贊同聯邦準備理事會在投機行為大為增加的同時，提高保證金的額度。

總的來說，我覺得保證金交易對大眾而言代價太高，只有透過經驗豐富、能力高超的人來操作，保證金交易才能算是健全的行為。

如果暫時調整資本利得稅會有利於推升短時間內的股票供給，我對此也有我的看法。

我希望以此點為開端，開始回答問題，而不要再對我的證詞有太詳盡的說明。

主　席：非常謝謝你，葛拉漢先生。請問你自己的公司只投資具代表性的績優股，或另有其他投資方針？

葛拉漢：我們從未買進熱門股。我們的公司是屬於專業型的，主要是強調買進股價低於其內在價值的證券，以及傾向著重於一般熟知的特殊情況（special situation）。

主　席：可否請你詳述一下以供我們參考。你知道你的聽眾是一群對此事幾乎一無所知的委員會成員。請你告訴我們何謂特殊情況，你們又是如何找到這種特殊情況？你們如何判定股價是否被低估？

葛拉漢：股價被高估的證券與特殊情況之間有些微的差異，我會試著把這個差異說清楚。

首先是關於我們所熟知的華爾街的特殊情況，也就是股票一旦經過研究之後，如果具有增值的機會，其增值的原因不會與一般性的股價波動有關，而是與公司事務的發展有關，特別是指資本結構調整、公司改組、購併等。

舉例來說，典型的特殊情況是實施託管（trusteeship）的公司進行改組，由於託管的緣故，其股價通常較內在價值為低。

公司改組完成之後，才會建立合理的價值，購買這類股票才會有獲利。這類情形還有其他例子：公用事業公司分拆成多家公司，就是很有趣的同類型股票的例子，因為這些控股公司在普遍受到投資大眾排斥的情形下，傾向以低於其組成公司價值的價格出售這些子公司，而當它們分拆之後，其組成公司在市場上的價值，則大幅度超越控股公司的股票價值。

關於非特殊情況的被低估股票，則是藉由分析一家公司的資產負債表及損益表，找出成交價格遠比內在價值低的股票，一般來說，這種情形即可認定該公司之價格要比其他私人公司的價值低許多。

主　席：你如何評估管理階層？

葛拉漢：在評價指標公司時，管理階層是最重要的評價因素之一，同時，管理階層對小型股公司的市價也會造成相當大的影響。就長期來看，管理階層這個因素不必然可以完全決定小型股公司的價值，因為管理階層如果相對較弱，公司內還有其他的力量會改善其管理階層，繼而增加公司的價值。

主　席：你何時會找出特殊情況且大量買進？通常你會試著要取得一家公司的掌控權嗎？

葛拉漢：不會，這是非常特別的例外情形。過去幾年來，我們投資超過400家公司，我們有興趣取得控制權的，不超過3、4家。

主　席：如果你們認為公司的管理階層太差了，你們就會嘗試取得控

制權，是嗎？我是說在這種案例中，管理階層太差是取得控制權最主要的基本因素嗎？

葛拉漢：這可能會是我們尋求控制權的因素之一，為的是希望能改善管理層的情況。

主　席：你們如何進場購入大量股權，而不至於對市場造成太大的波動？你們是用自己的名義購買嗎？或是，你們的進行程序為何？

葛拉漢：嗯，我們有兩種程序。一個是在公開市場持續買進，為期一段時間；另一個是出價一次買進特定或非特定數量的股份，而這種出價投標完全公開，所有股東都有機會接受。

主　席：我的意思是，假定你們專精於找出各種特殊情況，在仔細分析考量之後，我想你們會認定該檔股票是被低估的，且是個絕佳的特殊情況。你們開始進場買進，而洩漏了你們的計畫，大家也因此知道你們在做什麼。我想知道你們如何進行的？

葛拉漢：這種情形可能會發生，但通常不是這樣的。參議員，請讓我舉個例子來說明。在我寫的《智慧型股票投資人》一書中，我舉了一個股價被低估的例子——北太平洋鐵路公司（Northern Pacific Railroad）的股票，我們第一次分析該檔股票時，其成交價是20美元，其後又下跌到14美元。我們決定買入一筆為數可觀的股票，我應該說是在我閱讀我的書一、兩次之後，我說服自己應該買入該檔股票。我們進場買進約5

萬股，幾乎沒有影響到股價。

主　席：那家公司有很多股份嗎？

葛拉漢：共約250萬股。

主　席：那是家相當大的公司。

葛拉漢：的確如此，不過對我們而言是一大筆投資。但是還有其他的例子，對較小的公司而言，在公開市場上購買其股份就不可行，出價投標的方式可能較為適合，就像一般所稱的，以某種公開方式購得股份。

主　席：你們並不特意隱藏你們對特殊情況的興趣嗎？難道你們沒想要透過信託公司或其他帳戶進行交易？

葛拉漢：我們的絕大多數成交案都和其他人一樣，是透過經紀公司購得股份的，經紀公司代表我們，沒有任何隱藏。

主　席：據你所知，有很多買主是暗中買入股票的嗎？

葛拉漢：你也許可以說所有在公開市場被收購的公司——我指的是公司的主控權在公開市場為他人取得——幾乎都有某種程度的隱藏，也就是說沒有人會公開說明他自己及其團隊將在公開市場購得控制權。從商業的角度來看，公開消息顯然非常不智。有時候，消息是會傳開，但通常都是非正式公布的傳言。鮮少案例是透過聲譽不錯的銀行或信託公司進行收購，而收購人的名字有時會被洩露，有時則不會。

主　席：我們間接得知市場上有這種行為發生，我想知道其進行的過程，以及你們是否也從事這種行為，或是否已經做過這種事。請你描述一下你們，當然不一定是指你本人，如何在不洩露身分的情況下取得控制權，其他人又是怎麼做到的？

葛拉漢：除了我先前提過從公開市場取得控制權這種尋常的方法外，另一個方法是透過銀行或信託公司以高於市價的價格，向股東提出擬購買其股份，並在不出具客戶身分的情況下，聲明此收購行動是受信託公司之客戶所託。

主　席：信託公司在交易所購買股票無需揭露受益人的身分，不是嗎？它們不需要說「我們替瓊斯先生或史密斯先生買股票」，對吧？

葛拉漢：當然不用，參議員。

主　席：所以說，挑選一家確實在股市進出買賣的公司當作你的代理人，為你買賣股票，可能是最慣用的方法？

葛拉漢：是的，那就不是信託公司，而是經紀公司。

主　席：經紀公司是否必要揭露其委任人？

葛拉漢：不需要。相反地，華爾街的基本原則之一是經紀公司與客戶之間的關係是機密，除非政府當局依法要求經紀公司提出客戶名稱，否則不應洩漏客戶身分。

主　席：這倒是很重要的特例。那麼，信託公司呢？如果大通國家銀

行（Chase National Bank）購買股票，而交易所的總裁要求大通銀行告知是為誰買的股票，它們要據實以報嗎？做法是否和經紀公司一樣？

葛拉漢：紐約證交所的總裁只能對紐約證交所的成員行使職權。

主　席：那麼這其中就有個差異點。證交所的總裁有其管道得知經紀商的受益人是誰，但無法得知信託公司的受益人，這樣說對嗎？

葛拉漢：沒錯，對證交所的總裁而言，情況的確如此。

主　席：誰有此控制權呢？證管會嗎？

葛拉漢：保守來說，我不確定證券交易章程是否賦予證交所總裁權力，讓他有權要求經紀商洩露其客戶名稱或交易內容，但我假設證交所在調查其本身所涉及的投機操作時，有權要求經紀商提供這類資訊。

主　席：我了解證交所成員為達紀律目的，有權要求取得這類資訊，不過，我不敢百分百確定是這麼一回事。

葛拉漢：我相信確是如此，但我也不十分確定。

主　席：當一家公司的控制權成為大眾爭取的目標時，想要繼續持有該公司股票的股東會想要知道他們是否應該加入戰局，或出清持股。在這種情況之下，買主是誰對這些股東應該很重要，不是嗎？

葛拉漢：假如你指的是代理權的戰爭，那麼致力於取得絕大多數選票的人，其身分絕對是非常重要的，而且代理權的法規要求委託人的身分必須完全公開。但是對購買股票的人而言，卻是兩回事，且股市的理論就是允許大家以匿名的方式購買股票。如果每次買賣股票都得公開身分，恐怕會讓很多人感到困窘難堪。

主　席：當然，這不是慣常的做法，但是在調查過程中，必須隨時應要求而揭露身分，不是嗎？

葛拉漢：據我所知，洩漏股票購買者的身分幾乎只限定在犯罪調查時。我想不起任何購買者身分被洩漏的案件中，有任何例子是純粹因為這些人剛好買了股票，即使他們的身分可能已為當局所知。

主　席：你還記得勞倫斯波特蘭水泥公司（Lawrence Portland Cement Co.）？你們是否曾試圖取得該公司的主控權？

葛拉漢：沒錯，我們的確聯合了一群人計畫購買，這群人在當時都是數一數二的持股人，我們出價希望能購入特定數量的股份。

主　席：結果呢？

葛拉漢：結果失敗了。股價驟升到遠高於我們的出價，而我們沒有購得任何股份。

主　席：你認為這是因為股東得知你們對這家公司有興趣，而且也相當信任你們的判斷，所以股價在你們購得控制權之前就飆漲

了？

葛拉漢：不，事實正好相反。其實是那家公司自己進場哄抬股價，促使股價遠高出我們的出價。

主　席：若非如此，我不知道整個購買行動會有什麼發展，你無法在公開市場上購得你要的股份，對吧？

葛拉漢：的確沒辦法，但我們提出了一個總括的價格，讓股東把他們的持股賣給我們，當時我們的價格是高於市價的。

主　席：你們出價多少？

葛拉漢：我想是每股26美元？

主　席：那是什麼時候的事？

葛拉漢：大概是四年前。

主　席：現在的市價是多少？

葛拉漢：我不知道。

主　席：股票是否分割過呢？

葛拉漢：其股價上漲且公司名稱也改了。

主　席：現在叫什麼名字？

葛拉漢：飛龍波特蘭水泥公司（Dragon Portland Cement）。

主　席：有人告訴我，該檔股票在經過分割後，目前股價每股130美

元，這證明你的判斷是正確的，是嗎？

葛拉漢：是的，我真希望當初可以買到這檔股票。

主　席：你們真的一張也沒買到嗎？

葛拉漢：真的一張也沒買到，因為我們的出價是屬於條件性的出價，我們出比當時市價還高的價格，希望購入他們的持股，只要他們先存入足夠數量的股數。但就像我之前提過的，該公司的高階主管不希望我們成功，所以進場推升股價，致使股價高出我們的出價。結果沒有人把當初設定的股份存入，我們也只好將整個計畫喊停。

主　席：我不知道你是否願意就這件事進一步說明？

葛拉漢：我對這件事沒特別強烈的感覺，但不知其對委員會有多大的幫助，如果委員會覺得有幫助、值得利用，我沒什麼好反對的。

主　席：我不想因這件事而使你難堪，我知道這整件事還算合法合理，唯一的目的是因為在場的人都曾經討論過一般性的原則，但我相信他們之中沒有一人是所謂的積極型交易員。我想你是個積極型交易員吧？

葛拉漢：以一般觀念來說，我們不認為自己是交易員，不過從技術層面而言，你可以這樣稱呼我們。

主　席：我的目的是把大眾在市場中實際遵循的程序呈現出來。希望你不會在乎被問及個別的案例，我不希望逼迫你討論這些

事。

葛拉漢：我一點兒也不會感到不適，我們對我們公司的成就感到非常驕傲。

主　席：我以為你可能會對討論飛龍水泥案例的細節感到些許勉強。

葛拉漢：參議員，我並非是一條不乾脆的飛龍，只是對一些細節不是記得非常清楚，我個人對該事件並非很積極。

主　席：你可以想到其他意圖取得控制權的類似案例嗎？

葛拉漢：你是指類似勞倫斯水泥的案例嗎？

主　席：是的。

葛拉漢：最近是有一件。

主　席：請說。

葛拉漢：我記不起那家公司的名稱，我記得是在波士頓的一家信託公司……

主　席：是大西洋灣暨西印度蒸汽船公司（the Atlantic Gulf and West Indies Steamship Co.）？

葛拉漢：不是，那是不一樣的案例。你希望我舉我們自己經驗的案例，而大西洋灣暨西印度蒸汽船公司則是完全不一樣的情形。當時，我們與我們打算收購的公司的最大股東簽有一份協定，希望收購該股東的大部分持股，我們同時也對其他股

東提出以相同價格收購他們的持股，該價格在我們開始談判當時是遠高於市價的。

主　席：你們的交易標的是一宗可討價還價的未上市公司，還是上市公司的股票？

葛拉漢：是上市公司的股票。整個談判是由我們和最大的股東所達成，所有的條件則適用於其他股東。

主　席：是直接和股東談判的嗎？

葛拉漢：沒錯。

主　席：是否成功？

葛拉漢：成功了。

主　席：你們沒有聘請中間人居中協調嗎？

葛拉漢：沒有，我確信那次談判是以我們的名義出價的。不同的是在我們已經安排好要大量買進這家公司股票時，我們覺得該件事應該有一份正式的紀錄，而我們也確實做了。

主　席：所以這件事該算是取得公司控制權的成功範例？

葛拉漢：沒錯，能以談判協商的方式開啟一件收購案是較為理想的方式。

主　席：有關匿名收購股票，特別是取得公司的控制權，從大眾的觀點來看，你認為是否存有任何嚴重的問題？

葛拉漢：參議員，我觀察這件事情達四十年之久。不管收購者的身分是否被洩漏，我想不出任何一個情形是因為有人出價購買控制權而受到傷害的。每件收購控股權的案例中，投資大眾一直都是受益者，他們的持股因有人收購而股價上漲。

主　席：你認為這個程序沒有可議之處嗎？我不是要和你爭論，只是要請教你。

葛拉漢：參議員，有好長一段時間，我有機會好好思考這個問題，在我看來，從大眾的立場來看，真正的爭論不在於避免有人提出高於過去市場慣有的價格。

主　席：你的公司是開放型或封閉型？

葛拉漢：技術上來說，我們是開放型公司，但實務上，我們是封閉型公司。讓我詳加解釋說明。

主　席：我很高興你能解釋說明。

葛拉漢：我們是根據1940年投資公司法（Investment Company Act of 1940）登記設立的開放型公司，這意味當我們的股票價格低於資產淨值時，必須依法隨時買回。但是，多年來我們一直沒碰到這種情況，我們的股票一直以高於其資產淨值的價格成交；再者，我們從未將股份賣給投資大眾，多年來也未曾增加資本額。所以實際上，我們的營運像是一個封閉型公司，也就是資本額固定不變。

主　席：你們的資本是多少？這是商業機密嗎？

葛拉漢：不是。參議員，不管在何種情況下，這些資料都不是機密，我們的數據都必須對外公開，它們都存檔在證管會。我們共有5,000股股票，每股當期資產價值為1,100美元，且每股市價更遠超過這個資產價值。

主　席：每股市價超過資產價值？

葛拉漢：沒錯。

主　席：不過，據我所知，股票幾乎很少買賣？

葛拉漢：的確，這些股票很少買賣。但若以一年或兩年的時間來算，買賣的數量還不算少。

主　席：你們公司何時開始營業？

葛拉漢：我們公司在1936年變成有限公司形態，不過早在1926年就開始營運了。

主　席：你認為你們公司之所以如此成功的主因是什麼？

葛拉漢：參議員，那得先假定我們做得相當成功。

主　席：你不認為你們公司算是相當成功？

葛拉漢：我承認，我們都認為我們相當成功，但我不想自認為我們公司的成功是理所當然的。

主　席：我鄭重表示我認為你們的確塑造了成功的典範。

葛拉漢：我想我們的成功歸因於建立了一套買賣證券的健全原則，而

且我們在各類市場交易都遵行這套原則。

主　席：我想投資大眾無法買到你們公司的股票，是吧？

葛拉漢：他們不能無限量購買，但是可以在店頭市場買進小量股份。

主　席：你們的股票在店頭市場交易？

葛拉漢：是的，先生。

主　席：行情是多少，1,100美元？

葛拉漢：現在每股應該值1,250美元或1,300美元左右。

主　席：高於資產價值？

葛拉漢：完全正確，參議員。

主　席：對開放型公司而言，其股價高於其資產價值算是慣常現象嗎？

葛拉漢：對任何投資公司而言，其股價高於其資產價值是不太尋常，但的確有一些例外。最廣為人知的例子就是利曼公司（Lehman Corp.）的股價，有很長一段時間是以高於其資產價值的價格成交的，不過，該公司是封閉型公司。對開放型公司而言，只要其對外發售股份，就不能以高於其資產價值的銷售溢價出售，這是很明顯的。有些公司，例如州立街道投資公司（State Street Investment），採納和我們類似的原則且不對外發售股份，其股票就以超過其資產價值的價格買賣

的。

主　席：你個人親自控管你們公司嗎？

葛拉漢：不是，比較起來，我只是個小股東。

主　席：是嗎？

葛拉漢：是的。

主　席：那麼是你的家族操控公司嗎？

葛拉漢：不是，比較起來，我們的股份也是算少的。

主　席：你們公司是否由哪個家族或個人控管？或者股份是平均分配
　　　　持有？

葛拉漢：我們的股份的確分配得相當平均，目前最大的股份是由一個
　　　　和我們沒有親戚關係的家族持有。

主　席：如果有人想出脫持股，他們可以跟你要求什麼價格？

葛拉漢：他們可以要求資產淨值的價格。

主　席：他們當然不會要這個價格，因為可以拿到更好的價格。

葛拉漢：沒錯，我們已有多年沒有買進自家的股份了。

主　席：是什麼激發你籌組投資公司？這家投資公司是你創立的，是
　　　　嗎？

葛拉漢：是的。我在1914年進入股票經紀業，接著擔任一家股票交易

公司的初階人員，1923年時，我深信要是有套健全的投資原則就可能投資成功，所以我在同年開始了一家私人基金公司，這家公司在1926年左右經歷一次更動。

主　席：什麼是私人基金公司？

葛拉漢：私人基金公司是不透過廣告、傳單或其他方式向大眾發行證券的公司，只邀朋友投資。

主　席：當時公司的規模多大？

葛拉漢：開始時資本只有50萬美元左右。

主　席：股東只有你和你的朋友嗎？

葛拉漢：是的，我的股份非常少，因為我當時沒什麼錢。

主　席：你那時開始買股票，對不對？

葛拉漢：股票和債券。

主　席：如果可以，我很希望知道這家公司的發展史。

葛拉漢：參議員，如果你覺得這些訊息有任何用處……

主　席：是有用處，因為我們想要多少了解一些信託公司是如何發展的，但我不希望讓你覺得困窘。如果你認為揭露這些訊息讓你在競爭者間或其他方面處於不利的情況，你可以不說。

葛拉漢：不，參議員，我反而因為把所有的秘密公開而遭到指控。我寫了幾本書，書中公開了我所有的秘密。

主　　席：我特別希望知道1932年發生在你們公司的事件。

葛拉漢：我們的情況不很樂觀。

主　　席：最初你是以50萬美元開始營運的，那麼到1929年，貴公司的情況如何？

葛拉漢：我們經營的相當成功，我們的資金在1929年初成長到250萬美元。

主　　席：我想是因為股票上漲吧？

葛拉漢：股票及債券都上漲。

主　　席：你們在1929年做了些什麼？

葛拉漢：1929年，我們賠錢。

主　　席：很多嗎？你們跟著市場走下坡或是看著市場走下坡，或是還有其他情形？

葛拉漢：單就1929年一年，我們做的還算不錯，反而是在1930年至1931年間，市場的跌幅遠超過我們的預期，我們經歷了真正的困境。我們預測到1929年的股市會下跌，財富也因而大幅縮水。我不認為我們的財富縮減幅度和先前提過的通用木材（General Woods）的退休基金一樣，但縮減的幅度也相當大。如果投資人在1929年投資我們公司，要一直等到1936年他的投資才能打平。

主　席：你說你們公司有一次更動，貴公司何時登記註冊為投資公司？

葛拉漢：1941年，在投資公司法案核准通過之後。

主　席：1936年發生了什麼事？難道沒有任何變動？

葛拉漢：為了一個非常特殊的原因，我們將公司改組為有限公司，一開始是以共同帳戶（joint account）操作，個人則以合夥人的身分作報告。

主　席：你是指所有參與這個基金的人？

葛拉漢：是的，報告他們所持有的股份。但在1936年以前，財政部聲稱我們公司就像有限公司的形態，必須繳納稅金，不管我們是不是有限公司的形態，以我們當時的運作情形而言，的確面臨很多問題。所以，我們的律師告訴我們：「你們最好把公司改成有限公司的形態，把這件事情一次解決掉，否則財政部將會抓著你們不放。」

主　席：就是原本由朋友組成的公司，對吧？

葛拉漢：正是。

主　席：這就是1936年所發生的事嗎？

葛拉漢：我們私下建立起的友誼也增加許多。相較於1923年，我在1936年多了許多朋友。

主　席：你何時結識他們的？是在經濟不景氣期間嗎？

葛拉漢：之後就沒有那麼多了。

主　席：繼續此一話題。你們在1936年改組成有限公司，然後在1941年向證管會登記註冊。你們何時開始對投資大眾出售股票？或者你們曾經出售過股票嗎？你說你們共有5,000股？

葛拉漢：是的，請容我這樣說，我們原本有更多股份，也就是說我們以名目帳面價值及每股設定價值（stated value）100美元的價格賣出了5萬股。

主　席：那是什麼時候的事？

葛拉漢：我們發行一系列股票讓舊股東優先購買，總共籌得500萬美元的資金，包括每股價值約100美元的5萬股股份。但是我們發現——參議員，您對這一點可能會有興趣——有許多股東只持有1股，一群我們未曾聽聞過的人投資我們公司一百多美元，只為了取得我們的報表，找出我們正在進行的投資，進而仿效。為了對付這種狀況，我們進行了一次股票反分割（reverse split-up）行動，我們發行以1股抵原先10股的股票，把每一股的市價提高到1,200美元或1,300美元左右，從那時起，我們就不再有那麼多的1股股東了。

主　席：你管理這家投資公司的報酬是多少？你是這家公司的經理，是嗎？

葛拉漢：我是三個經理之一，另外兩個是傑洛米‧紐曼先生（Jerome

A. Newman），他從1927年起就一直是我的合夥人，和他兒子
霍華德（Howard A. Newman）。

主　席：大眾知道你們的報酬嗎？

葛拉漢：是的，我們的報酬相當可觀。我們的薪資介於2萬5,000美元
和1萬5,000美元之間，另外我們有一個利潤分享方案，任何
一年每股只要能賺到40美元的股利且分配給股東，超過40美
元以外的盈餘部分，整個管理階層可以拿到其中的20%。

主　席：你們的盈餘大部分是資本利得嗎？

葛拉漢：是的，大部分是。事實上幾乎全部都是。

主　席：我希望你明白，如果你不想說或不想討論，特別是你的報酬
部分，我不會追根究底。我只是想藉此了解我所認定的典型
成功人士，如果你願意，我希望你隨意表達。

葛拉漢：關於這件事，我正想要做兩點說明。第一、對於投資大眾都
已知道的事，我會毫不猶豫的告訴你；但是，第二、我想把
我們當成是成功公司裡的典型經理人是一個誤解，我們公司
的佈署安排是相當另類的。

主　席：我想要澄清你所說的誤解，因為這是我們邀請你來的原因。
為什麼不能說你們是典型的呢？我希望你解釋一下什麼是典
型的情況？

葛拉漢：我們與典型的情況之間的不同點在於，第一、我們的薪資報

酬要比其他投資公司慷慨許多。我們在盈餘超出設定的標準
之後所分配到的20%是相當大的比例。

主　席：但這也得看你們分配出去的股利是多少。你所說的每股40美
元，我覺得是頗為慷慨的股利目標。

葛拉漢：那還只是基本的股利目標，去年我們分配的股利是每股340美
元。

主　席：這比通用汽車（General Motors）所配發的股利還高。

葛拉漢：是的，我想把兩件事說清楚，先生。第一、我們的薪資報酬
的確比同行的標準報酬要慷慨得多；第二、我們相信，且我
認為我們的股東也相信，我們之所以賺到此報酬是因為扣掉
給我們的報酬後，我們為他們賺得的盈餘是非常可觀的。

主　席：我也是這麼想，否則你就不會在那裡了。我一直想了解這一
行的全貌，你幫了我們一個大忙。你能否用稍微不一樣的方
式，讓我們得以將你們的情況與一些知名公司的經理人做個
比較。假如你把這份回答作成紀錄讓我們參考，我們會非常
感激。

葛拉漢：可以。我們自己的情況和典型的投資公司的差異非常大。讓
我舉最大的投資公司麻州投資人信託（Massachusetts Investors
Trust）為例。

主　席：請說。

葛拉漢：它們的資本額可能是我們的百倍，而它們的支出則還不到我們的一百倍那麼大。依照比例來說，他們的支出負擔和我們比較起來幾乎是很少的。受託管理人的報酬約是資本額的0.25%。

主　席：等一下，是資本額的0.25%，還是盈餘的0.25%。

葛拉漢：是資本額。

主　席：每年0.25%？

葛拉漢：不，我想我講得有點誇張了。過去有段時間曾有這麼高的報酬，我想現在比較少了。因為當資本額增加，給受託管理人的報酬所佔的比例就減低了。坦白說，我不應該談論這個的，因為我對整個狀況了解不足，但我確信，相較於它們所經手的龐大資金，它們給的酬庸比例算是相當保守。

主　席：投資在你們公司的資本額中，管理階層的報酬佔多少比例？能否請你以比較的方式說明這個問題？佔1%嗎？

葛拉漢：讓我們這樣說好了：過去幾年來，在尚未扣除報酬之前，我們每年賺到的盈餘約是資本規模的20%，其中約3%是給管理階層的報酬，剩餘的17%是給股東的。

主　席：你是說盈餘的3%？

葛拉漢：不，是資本所賺的盈餘裡的3%。

主　席：我不懂。你們每年所賺的盈餘是投資的資本額的20%，對

嗎？

葛拉漢：平均來說，大致正確。

主　席：在這20%中，你們管理階層拿到多少比例？

葛拉漢：我們約拿到15%，因為須先扣除4%。

主　席：你們拿到盈餘的15%？

葛拉漢：是的。

主　席：我了解了。

葛拉漢：不是20%減15%，剩下5%，而是20%的15%……

主　席：是剩下20%的85%給股東？

葛拉漢：正確。

主　席：我了解了。也許這是個傻問題且你們可能未曾做過，不過你們是否曾把它換算成佔每年投資資本額的比例呢？

葛拉漢：我現在給你的數據，就是以投資資本額的百分比算出來的。

主　席：不，那是盈餘而非資本。

葛拉漢：我們賺了資本額的20%。讓我再次簡短說明一下。以典型的資本獲利結果來說，股東得到他們所投資資本的17%，而我們拿到約當他們的資本額的3%。

主　席：我了解。那麼典型或一般的投資公司所付的報酬是低於1%，

對嗎？

葛拉漢：是的，完全正確。

主　席：所以，你們的報酬比同業平均高3倍或更高？

葛拉漢：沒錯。

主　席：我認為你們的確值這個身價，你們比一般經理人把公司管理得更出色，不是嗎？

葛拉漢：我們相信的確如此，我們的股東也相信如此。

主　席：我認為你一定採取相當不一樣的方法。其他大投資公司並不尋找特殊情況，它們只進場買進熱門股、藍籌股及債券，對吧？

葛拉漢：一般來說，的確如此，但也不完全正確。較大的投資公司，特別是像利曼公司這類大型公司，一直都對特殊情況有頗高的興趣，而且也將一定額度但不是很大額度的資本，投資在特殊情況上。

主　席：剛剛你說到「大」公司，利曼有多大？

葛拉漢：利曼可能超過1億美元。

主　席：1億美元的投資資本？

葛拉漢：1億美元的市值。

主　席：跟你的公司比較起來呢？

葛拉漢：我們公司是650萬美元。

主　席：650萬美元的市值。這並不是最原始的投資金額，而是目前市場所評估的資本額，對不？

葛拉漢：是的。我們所賺到的盈餘實際上都已全數還給股東了，所以在某種意義上，我們目前的價值幾乎和我們的原始投資金額差不多。

主　席：我想你們並沒有特別去尋求增加投資資本的管道，是不是有特殊的原因？

葛拉漢：參議員，最根本的原因是，我們認為管理龐大資本不見得比管理中等資本所得的結果更令人滿意。

主　席：為什麼？

葛拉漢：如果你投資的是特殊情況及股價被低估的證券，這些證券的市場都不是很大。所以，要無限制的買進又不影響市場價格是不可能的，假如我們的資本是現在的10倍，我們將很難用同樣的方式處理這麼龐大的資金。

主　席：我認識一些人，他們在我的家鄉阿肯色州擁有一些被低估的股票，他們可能想找你談一談。

葛拉漢：參議員，我們一向樂於聽取任何建議。

主　席：那些被低估的股票根本沒有市場可言。我相信你在你的聲明中說過，只要現在市場有太高或是太低的現象，你就不能說

它是太高或太低。我認為你的意思是，那是一段需要特別小心的時期，而且你不認為可以馬上進場買股票吧？

葛拉漢：讓我們這麼說吧，參議員，數量上而言，市場大抵還算正常，但從品質上來看，我認為股市處於高檔，且逐漸步入危險的處境。

主　席：我想這是可理解的說法，每個人都應該明瞭。如果這個說法是正確的，那就表示市場不大可能再走高或走低？市場大抵已處在停滯的中心點了？

葛拉漢：正好相反，參議員，你說的也許是對的，不過也有可能是巧合。從現在算起一年——對不起，參議員？

主　席：我想你是指價格與盈餘與收益之間的關係是處於不明顯的被低估或被高估的情況，是嗎？

葛拉漢：大部分代表性的股票的確如此。

主　席：在高估或低估中總有些例外吧？

葛拉漢：確實如此。

主　席：請你了解我不是要告訴你什麼。我用不同的方式覆述你的話，只是為了徹底理解你說的話，我根本不知道市場到底是高還是低。我只是試著用我理解後的語言覆述你的看法。

你是否注意到前幾天高伯瑞先生（J. K. Galbraith）的證辭：市場與投機者已與現實脫節，市場自己營造狂熱只為了資本

利得？你是否注意到那個證辭？

葛拉漢：有的，我確實注意到了，先生。

主　席：你同意他的說法嗎？

葛拉漢：是，一般情況而言，我同意他的說法。

主　席：這倒有趣，因為他是學院派，你是實務人士，而你卻同意他的論點。

葛拉漢：參議員，我應該說我自己在某種程度上也是學院派。

主　席：我倒不知道這個。

葛拉漢：我在哥倫比亞大學有個財務學助理教授的頭銜，我教授一門評估普通股的課程。

主　席：我在一個叫「Ed Murrow」的電視節目看過你，不過我不知道你是教授。我以為它們邀請你，是要你以實際操作者的身分告訴它們一些實務經驗，我誤會了。

葛拉漢：它們是因為我是實務操作者而聘我當教授的。

主　席：這倒是難得一見，不是嗎？

葛拉漢：是的，哥大的商學院大概有四、五位這種實務界的教授。

主　席：我了解了。你贊同市場過熱且與現實脫節——如高伯瑞教授所說的——是一個危險因素，我認為蠻有趣的。你認為現階段市場會走向這種趨勢嗎？

葛拉漢：是的，毫無疑問的，是有一些傾向。

主　席：那麼如同高伯瑞教授所說，我相信你必定認為市場上有太多投機性活動？

葛拉漢：嗯，「太多」是個難以下定義的辭彙。關於投機活動的總體數量，如果市場繼續以現階段的方式持續下去，我倒不太擔心結果如何。我擔心的是愈來愈多投機性活動所累積起來的效應。

主　席：我不確定你的說法和高伯瑞教授的說法有何不同。我想高伯瑞教授是以小心謹慎的方法說出他不認為價格水平太高的看法，但過去一年來，價格飆升的太快了。商業世界、生產力或其他事物的發展，沒有一項可以拿來證明價格急速飆升是合理的。就如高伯瑞教授所說的，是價格飆升的速度及所營造出的過熱情緒讓他覺得煩惱。就如你所知道的，他建議提高保證金額度，你也建議提高保證金額度嗎？

葛拉漢：在這方面，我想要避免一些責任：我在我的聲明中指出，如果聯準會擔心投機行為會愈來愈猖狂，那麼它們就應該毫不遲疑地進一步提高保證金額度。我不認為我有必要為我的朋友馬丁（Bill Martin）[2] 做決定，但我想聯準會在這方面和任何人一樣都有正確的判斷。

主　席：這是個很適切的回答，我看不出有什麼不對，這不是你的責

---

2 編註：1951-1970年聯準會主席。

任。但有些人認為把保證金額度提高到100%的做法，既不公平且差勁。

如果取消資本利得稅，你認為投機行為是會增加還是減少呢？

葛拉漢：總的來說，這可能會增加投機行為。

主　席：果真如此，就有可能提高價格水平，是不是呢？

葛拉漢：那是我所能想到的發展情況。的確有一些非凍結性股份還握在長期持有人手上，但我個人認為，最終的結果會提高對投機性行為的熱忱。

主　席：你的公司現在是在買進還是賣出股票，這樣問你是否不公平？你有絕對的自由不回答這個問題。

葛拉漢：我們已經持續拋售根據股價低估原則所建立的投資組合中的股票，並且把錢投入在沒有市場風險的特殊情況中。

主　席：過去一、兩年當中，對於依賴國防合約為主的事業，你們是否碰巧特別研究過其中任何一個行業？

葛拉漢：沒有，我們沒有機會作深入研究，我們只具備一些一般性知識。

主　席：是否可請你說明你對國防事業的了解？

葛拉漢：嗯，飛機製造公司大都仰賴國防計畫，當然這只是一般常識。

主　席：有一家仰賴國防合約為所有業務來源的公司，過去6個月來，其獲利比前一年或類似時期內增加了4倍至5倍，就政府合約與這家公司的關係來看，你對這件事有沒有任何看法？

葛拉漢：參議員，我在聲明中並沒有指出我在戰時擔任「戰時合約價格評定會」的研究委員會主席，該評定會是一個重新協商的組織，我們考慮重新協商的原則，包括飛機製造公司的利潤。僅是利潤增加的情形並不能用來暗指合約不夠深謀遠慮，但也暗示有調查的必要。

主　席：你不認為利潤在12個月內增加4倍到5倍，是一件很不尋常的事？

葛拉漢：我不記得有任何這種獲利倍數的特殊例子，如果確有其事，我確信負責重新協商的人會謹慎加以檢討。

主　席：你認為重新協商法案（Renegotiation Act）應該重新制定嗎？你知道的，這個法案在12月底就終止了。

葛拉漢：我相信是應該重新制定，或改用一些類似方案。

主　席：行政部門並沒有提出重新制定吧，是不？

葛拉漢：參議員，我並非行政部門的一員。

主　席：我知道它們在上周末提出來了。沒錯，這個消息也出現在聯盟的文件上，我竟把它忘了。如果這些聽證會沒有發生其他事，也許那是值得的。不過，你支持重新制定這個法案吧？

葛拉漢：是的，確實如此。

主　席：我注意到有個情形一再出現在許多事例中，有太多事例顯示在1954年間，許多公司的產品數量減少，獲利卻大幅提高：值得注意的是，我們的大公司之一，杜邦，今早就發生此情形，同樣的情形也發生在通用汽車，你願意對這種情形做個評論嗎？當然，在某些事例中，就像通用汽車的數據顯示是超額利潤稅（excess-profits tax）所造成的差異，但我相信在很多事例中，超額利潤稅所造成的差異僅是個微不足道的因素。在我們龐大的產業界裡，你認為到底發生了什麼事，可以解釋這種情形？

葛拉漢：嗯，當然，第一點就是你所提及的——大公司在1954年呈現高獲利（約當1953年的盈餘總額），最主要的原因是因為超額利潤稅的廢除；但某種程度而言，這種情形是因為近幾年來，各大小規模的公司已較能掌控成本。我認為這個因素更能說明小公司的處境，因為小公司遭受的最大苦難就是不斷付出成本。

主　席：這樣的情形是否意味缺乏競爭力呢？

葛拉漢：我不這麼認為，原因之一是，現在的利潤率已經不比往年來的大了。以通用汽車為例，其去年的稅後利潤率大約是8.2%，我想在1936年，扣除較少的稅款後，其利潤率約是14%至15%，但其稅前的利潤率約與現在相同，可能比現在高一些。

主　席：對於通用汽車把減輕的稅額當成利潤，而非降低價格的做法，你不覺得有什麼要批評的嗎？

葛拉漢：參議員，你可能覺得我對這件事情的看法很怪異，不過，我認為通用汽車不願意大幅調降產品價格，是因為降低售價的做法會對競爭情況帶來毀滅性的影響，而且它們可能……

主　席：為什麼？

葛拉漢：嗯，原因是這樣的：通用汽車必須要獲得相當豐碩的利潤，如此一來，其他汽車公司才得以生存下去。如果通用汽車的獲利很少，其他的汽車公司可能會自這個行業消失。

主　席：為什麼你要犧牲目前正身陷於飢荒的窮困農民，而去貼補其他的汽車公司呢？

葛拉漢：參議員，我並沒有這樣說。

主　席：雪佛蘭汽車（Chevrolets）的售價其高無比，假如它們可以降個800美元，可能帶來很大的助益。

葛拉漢：我想再把我的看法解釋清楚一點。我並非在表達什麼該做或什麼不該做，只是要跟你說明我所認為的通用汽車策略，在目前的經濟情況及政治情緒下，通用汽車絕不敢冒然將價格降低到足以逼迫其他汽車公司倒閉，而使自己躍居壟斷市場的地步。

主　席：換句話說，你是指汽車市場根本沒有競爭，是不？

葛拉漢：不，參議員，這也不正確，因為，第一、通用與福特之間的競爭非常激烈；再者、通用和克萊斯勒曾經競爭得很厲害，現在彼此之間的激烈競爭又即將展開了。

主　席：我對這類事情完全外行，我一點也不了解。我總以為價格是競爭最主要的因素，如果你不在乎價格，就不會產生競爭，除此之外，其他的一切都只是虛幻的。假如你真要與人競爭且期望擁有市場，我過去總認為第一要務就是賣便宜點。對守舊的人來說，競爭只是廣告策略，目的是要維持高價，這種想法實在沒道理。這聽起來就像德國的企業聯合體系（cartel system）——將市場加以分割且參與每個市場，然後打廣告讓大眾相信我們相互競爭，然而實際上是沒有競爭的。假如通用汽車真要與同業競爭，且渴望取得市場，他會以降價的方式取得市場，不是嗎？

葛拉漢：參議員，我對這件事的看法或許有誤，但和你的看法卻有不小差異。舉例來說，我認為存在於通用和克萊斯勒之間的競爭非常激烈，且對克萊斯勒造成相當嚴重的傷害。去年，克萊斯勒幾乎喪失全部的獲利能力，雖然其事業仍然很值錢，但其汽車銷售的衰退已達到幾乎沒有獲利的地步，此外，克萊斯勒更必須投入龐大的心力改善汽車品質及銷售手法。就我所能看到的，這就是個真正標準的競爭案例。

主　席：我恐怕是表達了錯誤的印象，我並沒有試著要對這件事表達贊同或反對的意見，只是要探究汽車界到底有沒有競爭。我看不出其中有競爭存在，而從你的解說看來，通用要把競爭

者逐出市場所需要做的，只要把價格降到能夠擊敗其他競爭者，但還能支撐下去且不會瀕臨破產的地步就好。傳統的業務競爭就是如此，不是嗎？過去也是如此，不是嗎？

葛拉漢：嗯……

主　席：你認為從社會觀點上，它是一件壞事，而從政治角度來看，它是相當危險的說法，我並不反對。但若要說它是真正的競爭又是另一回事了。你真的覺得這就是競爭，或你覺得讓競爭力量主控一切是不足取的？

葛拉漢：我想用幾句話來概述我的看法：我相信今天的汽車業中的確有相當程度的競爭存在，但競爭的最終目的並非要摧毀較弱的對手。

主　席：這是一種表面化的競爭嗎？

葛拉漢：這是種有限目標（limited-objective）的競爭。

主　席：有些官員或某人創造出「管制價格」（administered prices）的名詞，這就是你所指的意思嗎？他們聚在一起做決策，若把價格降的太低，就會摧毀克萊斯勒，而毀掉克萊斯勒並不是明智之舉，是這樣嗎？

葛拉漢：只要談到經濟原理，你一定要記住最適利潤或最大化利潤這項東西，通用汽車是極有可能藉由降低售價而賣出更多的車子，但同時獲利卻減少。事實上，要身為一般企業的通用汽車不以最大化利潤的價格來做生意是沒道理的。

主　席：假如通用以壟斷市場的方式把其他競爭者逐出市場，它們就可以任意制定價格呀！

葛拉漢：不，參議員，政府會干涉的。

主　席：這就是我一直談論的東西。當你談到政府干預及可能的政治及社會影響時，你正步入一個不同的領域，且偏離了舊時的競爭方式。我並不是說這樣是好或壞，你認為通用汽車可以賺得合理的利潤——我想這是行話——同時還能摧毀其他競爭者，是因為該公司的組織結構及其效率，假如你喜歡這個用詞，或至少是其銷售方式及銷售量，我對這個說法頗感興趣，我以前就聽過這種說法。我推斷你同意這個說法？

葛拉漢：我不是很清楚知道那種情況，不過我想情況可能就是如此。

主　席：我想這件事之所以重要，純粹是因為當經濟起變化，一些超越公司直接獲利的不同觀點便會出現。如果其他公司都破產，我想那會是一項巨大災禍。我同意你在這點的看法，不過在此同時，我又不願因為它們並非搶生意，我卻欺騙自己說它們是在搶生意。如果通用汽車認為競爭是明智之舉且不會損害到自身，那麼它會以競爭獲取勝利。當然，通用汽車若罔顧國家整體利益，那麼其私人得失則是另一回事。葛拉漢先生，希望你不介意，我們的同仁想請教你一些問題。

華勒斯：葛拉漢先生，你們收購公司時，是否和其管理階層商討並取得不對外發布的公司內部消息？

葛拉漢：當收購行為是與大股東──他們同時也是管理階層──取得
　　　　協議之後才決定時，我們通常會得到一份帳目稽核報告及一
　　　　些不對外公布的資料，而公司不對外公布，我想是因為不方
　　　　便罷了。不過為了避免誤解，我應該加以說明，我想不起有
　　　　任何例子，我們取得了足以影響我們判斷的重要資訊，而沒
　　　　有給予和收購相關的股東。

華勒斯：舉例來說，因報表是季報的方式，你可能在兩季之間拿到一
　　　　份未對外公開的獲利報表？

葛拉漢：也就是月報表囉。但如果月報表能產生影響作用，那可是相
　　　　當不尋常的。我舉個例子，當我們透過製造業者信託公司
　　　　（Manufacturers Trust Co.）向大西洋灣暨西印度公司提出擬收
　　　　購其股票時，我們公開了一份年中報表，該份報表是大西洋
　　　　灣暨西印度公司的管理階層提供的未公開報表。我想我們是
　　　　在和證管會討論過後，在它們的建議下公開這份報表的，該
　　　　份報表並沒有提供任何特別有用的消息，只是為了符合一般
　　　　政策規定而已。

華勒斯：一般來說，當你收購大量股票時，這些被收購的對象是否拿
　　　　到和你一樣的資訊？

葛拉漢：只要是重要的訊息，我會回答「是」。

華勒斯：但是，如果你是根據你和公司管理階層商議後所得到的訊
　　　　息，然後在公開市場收購股票，會不會被視為以內線消息進
　　　　行交易？

葛拉漢：不，先生，根據我對法律條文的了解，內線交易僅是用在與股東有信託關係的人身上，也就是公司的高階職員、主管及大股東。

華勒斯：公司的高階職員走漏任何不對外公開的內部消息也不算違法嗎？

葛拉漢：我想把這件事稍微釐清一下，因為我是身處這兩種處境的人。我是數家公司的高階職員及主管，我想對各位參議員來說，能夠了解公司實際運作方式是很值得的。高階職員及主管很自然會注意到每天、每月的大量資訊。要把公司每日的進展作成報告發布在報紙上或寄給股東是不可行的。另一方面，我們實際上並沒有強制高階職員或主管發誓保守秘密，不得將聽聞到的消息洩漏出去。這其中牽涉到的最基本點是，當事關重大時，一般都認為應該要立刻把消息揭露給所有股東，如此一來就無人會因為先得知消息而贏得先機。但是，重要性的等級不一，很難決定哪一種消息應該或必須公告周知，而哪一種又該秘而不宣。

華勒斯：當然，證交法規定，公司的高階職員若以內線消息進行交易是違法的。至少，如果高階職員被發現以內線消息進行交易，其公司或股東可以控告他，以取回屬於他們的利潤。

葛拉漢：是的，那是與6個月的交易有關的法律規定，我想，根據法律的通則，這個規定也適用在其他類別的交易上。

華勒斯：我的了解是公司的高階職員可以洩漏內線消息，而這種不對

外公開的消息可能有利他人以此為根據從事股票交易，對
嗎？

葛拉漢：華勒斯先生，我想你的看法是正確的。這是個可以讓人好好
思考的有趣議題，我個人就有許多想法。

華勒斯：我原本就要問你對現行法律的適當性有何看法。伍德
（Wood）先生在這裡時，我和他談及全國證券交易商協會
（National Association of Securities Dealers），根據我的了解，
他說未上市公司的主管可以根據內線消息做他想做的交易，
並不算違法。我現在要請教你的問題是，上市公司的股票以
內線消息交易，但從事交易的人不是主管本身，而是主管洩
漏內線消息讓別人去從事交易。舉例來說，有宗不為一般大
眾所知的合併案，但公司的高階職員知道這件事，而且他還
知道合併案是否成功、或者他可從盈餘報表得知股利是否會
比原先預期的還高，或是在股利或股票分割方面，他得以知
道內線消息。法律不允許他個人在6個月內從事交易，但我想
請問你，你是否認為法律應該約束他不得把不對外公開的消
息洩漏出去？

葛拉漢：如果能夠制定出一套加強法令的可行辦法，也就是可以在不
抵銷多種不利因素之下而又能達成目標的辦法，我會贊成。
但是，我在這些事情中所得的經驗，讓我是否對這個想法予
以背書感到猶豫不決，因為可能從事情開始到結束之間，我
們的認知會逐漸改變。這種情形在合併案上特別容易發生。
當合併案還只是初步構想時，當然是沒有必要將之公諸於

世。另一方面，當某人和某人坐在一起，要求大家守口如瓶且不洩漏半個字實在很困難，而且從最初的想法到最後，有太多的變數發生，所以在我看來，要約束高階職員不把消息洩漏給其他人似乎相當困難。

華勒斯：現在上市公司的股東人數有多少，約650萬至750萬人？

葛拉漢：這好像是證交所的研究報告所公布的數據。

華勒斯：你認為這650萬或750萬名股東了解且知道，以他們不知道的內線消息作為交易根據是可能發生的？

葛拉漢：有些人知道，有些人不知道。我想一般有經驗的人會認定有些人對那家公司的了解一定比自己多，且根據這些額外消息作交易。

華勒斯：現在，葛拉漢先生，我們只是要做個紀錄而已。你是這個領域的專家，請你為我們解釋一些專業用語。請你告訴我們什麼是「獲利了結」（profit taking）？

葛拉漢：「獲利了結」的意思非常簡單，指的是擁有帳面利潤的人藉由出售股份的方式實現該帳面利潤。一般的推斷是市場有些價格的壓力產生，當賣壓成真時，會導致市場下滑，市場上一直有「獲利了結」的情形發生。

華勒斯：一般而言，獲利了結會造成市場暫時性的價格微跌嗎？

葛拉漢：市場上會有獲利了結就表示市場有夠多的人獲利了結，因而

使價格下滑，而即使市場上揚時，市場上也一直都有獲利了結的現象發生。

華勒斯：這和回檔下跌（sell off）類似嗎？

葛拉漢：回檔下跌單純是指市場上，因為各種不同的因素，致使價格暫時性下滑。獲利了結的原因可能較嚴重，對戰爭的恐懼、在這個聽證會正在發生的某些事情，或其他任何事情。

華勒斯：技術性調整（technical adjustment）是不是回檔下跌的另一說法？

葛拉漢：技術性調整與獲利了結較有關聯。

主　席：你認為我們在這裡做的事已經引起股市的波動嗎？

葛拉漢：我認為是的，先生。

主　席：你真的這麼認為？

葛拉漢：我的確這麼認為。我認為此刻的市場狀況處於相當敏感的階段，很容易受到無數因素的影響而上揚或下跌，而這些聽證會就是眾多的影響因素之一。

華勒斯：葛拉漢先生，我之所以要討論這些問題的原因之一，是上週五市場價格上升到一個相當高的水平，是不？上週五整個市場非常強勢吧？

葛拉漢：是的。

華勒斯：總統在週末期間宣布要延長重新協商法案，是不是？

葛拉漢：是的。

華勒斯：新聞出現許多怪異的報導，不是嗎？

葛拉漢：我從新聞上看到的報導並沒有多大關聯。

華勒斯：那麼你認為獲利了結、回檔下跌及技術性調整大都是跟隨市場高檔之後而發生的，是不是？

葛拉漢：是的。

華勒斯：你難道不認為這些都是構成星期一及星期二市場發生波動的因素嗎？所有因素多少都會影響市場，只是你無法確定哪一個的影響最大。但是有太多因素對市場有所影響，包括股東的情緒及他的胃潰瘍是否在作怪。

葛拉漢：我同意你的說法，我先前的回答，就試著要傳達這個意思。

華勒斯：那麼，這次的討論只是影響市場的眾多因素之一？

葛拉漢：我也許不會用「眾多」來形容，但它是原因之一。

華勒斯：謝謝。

主　席：我對市場注意到我們對市場上發生的事感興趣這一點，相當印象深刻。我看不出為什麼這個討論議程會讓市場下滑，但這卻是委員會受到所有人責難的原因。當我說「所有人」時，至少指的是不久前我們收到的很多電報，我猜大概有15

份或20份，嚴厲抱怨我們造成市場下跌、製造危機等等。你不會同意這個說法吧？

葛拉漢： 不會，我想我可以講點讓你恢復信心的話，參議員。就這麼說吧，假如這次的討論確實造成市場下跌，那是因為市場本來就應該要下跌且也應該要下跌。

主　席： 對我而言，你的觀察似乎非常公正，如果這個聽證會導致市場下跌，那麼這個市場就是個非常脆弱的市場，不是嗎？

葛拉漢： 我同意你的說法。

主　席： 我現在腦海裡浮現一、兩件事。你是否注意到昨天伊科斯先生（Eccles）提出有關資本利得稅的提議？

葛拉漢： 我在今早的報紙上讀到這則消息。

主　席： 是否引起你一絲的注意呢？

葛拉漢： 是的，我自己也有一份提案。我想所有人對這件事都有自己的提案，我想巴洛克先生來此時也會提出他自己的提案，我們都有提案。我想伊科斯先生提的方案基本上非常健全，比現行法律對不同持股期間做了更多的區分。

主　席： 我認為你的提案只是暫時性的設計，我假定接下來就要回歸到我們現有的方案？

葛拉漢： 是的，你講的沒錯。

主　席：這點確實值得好好思量，假如你持股超過五年——伊科斯先生對確切結局並不堅持己見——而所造成的影響就是可能沒有資本利得。你贊成這個說法嗎？

葛拉漢：參議員，整體來看的確如此。你可能還記得幾年前我們就曾採用這種課徵資本利得稅的方式，若持股介於五年至十年之久，稅額下降到約10%，若持股超過十年，則變成零了。所以這種逐漸調降的現象大部分是取決於主觀的判斷，但我認為其主要原則是健全的。理論上，反對課徵資本利得稅是因為其課稅標的並不出現在國民所得或國民生產毛額上，這種理論上的反對，可能可以和這種逐漸調降的做法取得一致性的同意。

主　席：這是一個頗為技術性的問題，不過或許你能夠幫我們。我了解很難做個歸納結論，但請你用最佳的估計告訴我們，相較於配發的1美元股利，1美元的保留盈餘（retained earnings）的市值是多少？用美元計算其市值是多少？

葛拉漢：要回答這個問題得費點唇舌。首先，我曾研究過這個問題且發表過文章：在過去，很容易可以算出配發的1美元盈餘的價值，是一般性的股票1美元保留盈餘的4倍，但買進股票的目的是為了其長期前景，或是在市場上被視為不同類型的股票則不在此列。不過我感覺到，在股利相對於保留盈餘孰重孰輕的問題上，我們正身處過渡時期，且這個過渡階段以相當快的速度發展。我無法說出我們此刻身處何處，但我預測從現在起的數年內，保留盈餘的重要性會大幅高出配發股利。

主　席：資本利得稅率、一般稅率，以及附加稅率間的差異是否大幅
　　　　受到稅賦結構的影響？

葛拉漢：不，參議員。稅賦結構在過去並不會影響稅率的差異，相反
　　　　地，投資人與投機者的行為一直都非常不合邏輯。理論上，
　　　　他們應該會偏好績優公司的保留盈餘，因為那些盈餘只在最
　　　　初被課一次稅，然後在最後再繳一次資本利得稅即可，而配
　　　　發的股利則必須馬上繳交兩次重稅，但是，投資人對股利根
　　　　深蒂固的期望是如此強烈，所以在稅賦結構中，投資人尚未
　　　　自我修正以符合實際生活，而現在該是開始自我修正的時候
　　　　了。

主　席：我了解。你是指投資人會慢慢跟上現實生活的腳步？

葛拉漢：他們改變的腳步一直很緩慢，我想這是極端不智的。

主　席：你的說明非常清楚。順帶一提，你認為發行股票選擇權主要
　　　　是希望藉由資本利得來報償高階主管，而不是用薪水來做為
　　　　報償，是嗎？

葛拉漢：參議員，這是毋庸置疑的，公司發行股票選擇權就是希望用
　　　　資本利得來報償高階主管，這是大家公認的目的。

主　席：不，有些來此做證的人就不承認。他們說：「喔，股票選擇
　　　　權只是激發員工的忠誠度，跟保留盈餘沒什麼關係。」你不
　　　　贊同這種說法吧？

葛拉漢：我不贊同，參議員。

主　席：我通常都同意你的看法。

葛拉漢：參議員，我無意為了贏得你的贊同而修正我的觀點。

主　席：我並沒有說你是這樣做，我只是對你的智慧深感佩服。

葛拉漢：謝謝你，參議員。

主　席：我曾當過教授，也許那是我的弱點。你注意到了，今早施樂百公司就想出了利用資本利得來報償一般員工的方法，我之前完全不理解這個方法，這是退休基金計畫帶來的影響嗎？

葛拉漢：這個方法的前提是你的公司要像施樂百這種類型。假如你的公司是一般公司，讓我補充說明，因為這非常重要。假如你從紐約證交所的上市公司中隨機選家一般的公司，然後套用施樂百的計畫，長期下來，該公司的報酬率不僅比施樂百少，而且我想它不可能繼續採用那套計畫，因為每年的結果都不一樣，股價也不一樣，一般公司就是沒有膽量採用這類型的計畫。

主　席：像通用汽車這類的公司就可能採用吧？

葛拉漢：我想是的。

主　席：你知道其他基金公司是否有引用這套計畫，也就是在不支付一般稅率的情況下，把其稅前所得的10%存入退休基金中，作為對員工的真正報償。

葛拉漢：唯一的差異是你提出的10%這個數字，10%是個相當高的比

例，不過也不表示史無前例。我希望可以想到其他公司，但是我知道已經有多家公司以高出盈餘10%的比例，作為高階主管及一般員工的報償。

主　席：我想今早的聽證會沒有提到給高階主管的報償。

葛拉漢：高階主管也包含在裡面，但他們的報償金額限定為一年500美元，或總有個上限金額。

主　席：我意思是，除了退休基金之外，他們還有紅利及股票選擇權。

葛拉漢：沒錯，參議員。

主　席：這樣加總起來可能超過10%。

葛拉漢：是的。

主　席：你對這點有什麼看法？

葛拉漢：我有兩個看法。第一、我認為那是建立勞資關係及公平處理獲利的絕佳方法。就如我一開始就說的，我們的蓋可公司也運用類似的方法，對我們及我們的員工都有很好的結果。當然，稅賦是另一回事。在國會所採用的計畫裡，稅賦狀況都非常良好，而且我確知鼓勵各公司及員工運用這種計畫會產生什麼結果。我個人認為即使得將部分營收繳給財政部，這種發展中型資本家的計畫是非常值得鼓勵的，或者，無論如何，一定會讓員工在退休時成為快樂且富裕的員工。

主　席：到目前為止我同意你所說的。假如你只看這點，那倒是一個不錯的計畫。對於無法調整所得以符合資本利得，且必須支付稅賦的人，你怎麼說呢？你怎麼回答他們呢？難道你要說「嗯，那真糟糕。」或者，部分員工獲得報償金卻只需繳資本利得稅，而部分工作內容幾乎相同的員工卻需繳另一種稅率，你如何解釋，假如你換做是我，因政府政策而受到他們的指責，你會怎麼對他們說？

葛拉漢：我會說我們現在談的只是關於員工報償的一小部分。當然，施樂百公司的報償並不小，因為是員工讓公司有如此輝煌的成就。但是如果你拿一家將其盈餘的10%用作員工報償金額的典型公司，那麼員工得到的額外收益及所得總額就不會只佔它們盈餘的極少部分了，至少是它們盈餘的小部分，而且我認為它們觀念上應該要接受稅率優勢，因為這是這種制度下必然出現的結果。

主　席：假設它們拿出50%呢？假設它們降低每個人的薪資，將這部分的差額補到這50%的報償金，然後放入退休基金。假如你接受這個原則，為什麼你不以資本利得為給付給員工的基準呢？

葛拉漢：不，我不會接受這種毫無設限的應用原則，據我所知，現行的法規是有設限的。提撥到員工退休基金的獲利總額及利潤分享基金的總額，我相信每年的上限是整個報償金的15%。

主　席：請你概略為我們說明，你對未來幾年經濟發展的看法。你察

覺到任何景氣循環的顛峰嗎？或者我前幾天讀到一篇你在紐約投資界的同事所發表的看法，他認為景氣最後勢必會有一場風暴，你接受這個看法嗎？

葛拉漢：難到不會嗎？

主　席：我從一些紀錄上看出一個觀點，就是我們最後一定會經歷狂熱買進的階段。請你告訴我們你對未來幾年的看法，你是怎麼想的？

葛拉漢：我會告訴你們，不過你們不能把它看的太認真。

主　席：我相信你是會犯錯的。

葛拉漢：事實上，我從未專精於經濟預測或市場預測。我經營事業大都根據一項原則，也就是如果你能不靠未來的任何觀點做出決定，那麼你就是處在最佳狀況。不過，身為所謂的經濟學家，我一直都在研究這個問題，我很樂意提出我的看法。

我想我們很可能會經歷一定程度的經濟衰退，未必是非常嚴重的。在自然的發展過程中，各事物包括存貨、消費者信用狀況、住宅供需情況、資本貨物狀況等，整體而言，它們都有其週期性，而依我之見，大致說來，它們都不會無限期的以目前的速度持續發展。當然，我現在僅以一個有經驗，且保守的經濟學家的角色來表示我的看法，我預料歷史會重演，或者說，歷史的模式會重複出現。

另一個未知的因素是政府干預。在我看來，我們的政府現在

似乎是下定決心要透過兩黨進行全國性的干預，以防範商業活動嚴重衰退及伴隨而來的大量失業。我也可以說，在大量失業的情形下，因為生產力提升，我們仍然可以提高國民生產毛額，且整個社會出現繁榮景象。而且我相信我們正接近一個很有趣的階段，在這階段裡，政府對於就業問題的用心將會受到檢驗。去年，我們預料這件事會受到檢驗，結果卻沒有，我們當時都非常驚喜。我想，這類檢驗在未來五年就會發生，而且我想你會看到，政府會竭盡所能的採取重要行動，以防止大規模的失業發生。

主　席：你認為政府應該在起伏不定的經濟中，注入安定的要素嗎？

葛拉漢：我們的政府會嘗試這麼做的。

主　席：這就得看政府的政策是否明智？

葛拉漢：是的，我想你應該是以結果如何來判斷明智與否。

主　席：你如何判斷明智與否呢？

葛拉漢：在大部分的事情上，我是有個檢驗明智與否的優先方法，但在經濟學上，我想除非你已經經歷過，否則很難斷定明智與否。

主　席：我想我不應該請你回顧發生在1920年代的事，並判斷政府的行政部門中誰是明智的，是嗎？

葛拉漢：我想是不應該。

主　　席：你的商品儲備計畫（commodity reserve plan）為何？我知道你有這麼個計畫。

葛拉漢：我可以用幾個字來解釋，這關係到你提問有關我們的經濟體系未來的問題。過去二十年來，以穩定整體的原物料價格水平，而非個別商品的價格水平，來穩定經濟的概念已成為我的註冊商標。此概念的目的就是要允許個別商品有波動的空間，但是根據一籃子重要商品的價值建立一個狹窄的波動範圍，從而擁有真正的穩定性。我在這概念中注入了一個相當重要且激進的因素，也就是商品必須做為通貨的健全支撐，因為它們代表我們需要及使用的東西，如此一來，它們就成為商品儲備，而且會像黃金儲備自我融資一樣的進行自我融資，其結果就是，藉著妥善地穩定原物料價格的一般水平，我們可以在一般經濟裡注入相當程度的穩定性。

主　　席：我想我不太了解這些商品所涉及的限制條件？

葛拉漢：大致而言，這些商品都是可儲存商品，可在商品交易所交易的商品，但也不絕對都是。

主　　席：農產品也包括在內嗎？

葛拉漢：農產品就包括像大麥、玉米、棉花、糖及橡膠。

主　　席：橡膠及棉花可以無限期儲存嗎？

葛拉漢：經過輪作，它們就可以無限期的儲存。

主　席：我忘了說一件事。關於政府政策及干預，你認為在經濟體系中，稅賦政策是干預要素中非常重要的一環嗎？

葛拉漢：可能是。也就是說政府可以透過減稅計畫對經濟進行重大程度的干預，另一個方法可能是透過提高消費稅。

主　席：你昨天聽到伊科斯先生的證辭了嗎？我不是把他當成模範，只是要節省描述那情況的時間，因為描述那件事確實很花時間。你記得他昨天有關稅賦的提議嗎？

葛拉漢：我已經忘記了。

主　席：沒關係。我再問一個問題，然後就結束。當你發現了一個特殊情況，假設你決定用10美元購買，而其價值是20美元。然後你建立了一個部位，可是你得等到很多人都認為它值30美元時才能獲利了結，這其中的過程是如何發生的，是藉由廣告方式，或其他方法呢？

葛拉漢：這是我們公司玄妙的事情之一，我及其他人都對這個感到不解。我們從經驗中得知市場終將趕上價值，市場總有辦法實現價值。

主　席：但是，你有沒有推波助瀾？你是否打廣告宣傳，或做其他事呢？

葛拉漢：剛好相反，事實上，我們儘量維持作業上的機密性。

主　席：即使在買進之後？

葛拉漢： 即使在我們已經購得股份之後。

主　　席： 為什麼？

葛拉漢： 基本上是因為我們不想讓其他人知道我們公司的業務，而且我們也不熱中於說服投資大眾去買進我們擁有所有權的公司的股票。我們過去不曾這樣做，將來也不會這麼做。

主　　席： 這倒是頗不尋常，因為你要賺取資本利得必須靠很多人來決定它是價值30美元。

葛拉漢： 在我們的經驗裡，我們一直都非常幸運，我們不須做任何廣告宣傳，就發現大眾決定股票價值30美元。當然，我們偶而會介入經營政策的制定，也許會建議在過程上作某些改變，但那主要是因為我們是握有大量股票的大股東。 主席：我想我大概就問這些了。我確信還有很多事情我們想要請教你。不過，你還得去忙其他的事，而且時間也晚了。

對你撥冗前來，又主動提供這許多訊息，我謹代表委員會表達感謝之意。我知道，對你而言，必須談到這些事情，一定不是件非常愉快的事，但是我們找不出其他可以讓我們了解這些事情的方式。我真的很感謝你協助我們對於市場的了解所作的貢獻。

葛拉漢： 如果我有所貢獻，我不介意那種不舒服的感覺。

主　　席： 假如你想到任何其他的建議，而你認為我們應該要知道，我們很歡迎你寫信告訴我們。非常謝謝你撥冗前來。

葛拉漢先生預先準備的聲明稿全文如下：

葛拉漢─紐曼公司董事會主席葛拉漢先生的聲明稿

我的名字是班傑明・葛拉漢，家住紐約州史卡斯戴市（Scarsdale），是葛拉漢─紐曼公司的董事會主席，該公司是一家登記立案的投資公司，或可說是投資基金公司，本人同時也是哥倫比亞大學商研所的助理教授。

這份聲明稿主要針對下列三大項目做說明：
1. 從價格與價值的關係談目前的股價水平
2. 1953年9月以來導致市場上揚的因素
3. 對於過度的投機性行為的一些未來可行的控制之道

關於目前的股價水平，普通股的股價看起來很高而且確實很高，但它們實際上並不如看起來的高。根據標準普爾420檔工業股指數顯示，工業股的市場價格水平遠比1929年的高峰還高。與1929年的195高點相比，目前的數據是300多點。但現在的道瓊工業指數則是410點，只比1929年的382高點稍微高一些，不過由於指數中某些股票已經被替換，因此其間的差距會更大。但是，鐵路股及公共建設股整體來說要比它們在1929年的高點更低。

當然，普通股價值的真正評量方式不是靠參考價格走勢而來，而是要看價格與獲利、股息、未來前景及資產價值之間的關聯。

目前普通股的評估概念大都傾向於預估未來的獲利及股利的平均值，然後將此結果應用到合適的資本化比率（capitalization rate）或本益比上。因為這些要素都是經由預測或判斷得來，對單獨個股或數家股票而言，在任何時候，適當的價值為何容許有理智的不同意見的空間。當然，當市場自悲觀的谷底躍升至樂觀的頂峰時，沒有見識或投機性的意見甚至還佔有更大的比例。

依照過去經驗來判斷現階段的股價水平，我做了兩組比較：一個是與道瓊工業指數有關；另一個與藍籌股奇異電器有關，奇異電器是道瓊工業指數的成份股之一。我把1929年、1937年及1946年的高價和目前的價格與前一年、前五年及前十年的盈餘做比較。這些訊息和其他的資料都列在附表上（見表6及表7）。

道瓊工業指數現在的本益比要比它們在1929年、1937年及1946年的高檔來的低。同樣的情形也發生在奇異電器這檔個股上。很顯然的，我們所提到的個股（整體而言足以代表大型工業股），要達到它們以前的高檔還有一段長路要走。另有一點要指出的是，現在的高等級債券利率比以往的多頭市場的利率還低，但1946年除外。較低的基本利率大抵可以用來說明每1美元的股利或盈餘具有較高的價值。

許多研究報告都探討這些關係，結果顯示市場仍處於安全地帶，但這

道瓊工業指數與奇異電器普通股之本益比

表6 道瓊工業指數

日期	成交價 （美元）	前一年的 本益比 （倍）	前五年的 本益比 （倍）	前十年的 本益比 （倍）	穆迪最高評等 的債券殖利率 （%）	下一個 平均低點
1955（3月）	414	15	15	18	2.95	—
1946高點	212	20	21	22	2.46	（1946）163
1937高點	194	19 1/2	43	21 1/2	3.42	（1938）99
1929高點	381	25	28 1/2	34	4.69	（1932）41
1927高點	202	14 1/2	16	16	4.58	—

表7 奇異電器普通股

日期	成交價 （美元）	前一年的 本益比 （倍）	前五年的 本益比 （倍）	前十年的 本益比 （倍）	下一個平均低點
1955（2月）	167(*)	23	28	38	—
1946高點	52	26 1/2	30	31	—
1937高點	65	42	84	51	（1946）33
1929高點	101(**)	45	60	85	（1938）27 1/4
1927高點	36(**)	23	29	34	（1932）8

(*)此數字已乘3倍以反映1954年股票分割
(**)此數字已除4以反映1930年股票分割

類比較並沒有考慮到過去空頭市場高檔之後的下跌幅度所造成的影響程度。因為道瓊平均指數的價格從1929年到1932年間的跌幅高達90%，這不僅證明1929年的381點實在太高了，更表示市場已進入遠低於381點的危險地帶了。

我發現以高等級債券利率的2倍水平，將十年平均盈餘資本化，是一個預估道瓊工業平均指數中心價值的有用辦法。這個方法的假定是，一組股票過去盈餘的平均值是預估未來獲利的一個相當準確的基準，不過通常傾向採用較低的結果。該方法也假設採用高等級債券資本化比率的2倍數據，這樣我們就能容忍績優債券與績優股票之間為人詬病的風險差異。雖然這個方法易招致理論派的嚴厲反對，但事實上這個方法從1881年起就能合理地正確反映道瓊工業指數的中心價值。有趣的是，我們用這辦法找出1929年的中心價值是120點，這正好是1929年的381高點和1932年的41低點的幾何平均數。同樣地，1936年的中心價值是138點，比1938年還高，而這大約是1937年的194高點與1938年的99低點的平均值。

我們把這個機械式的方法應用在1955年初的市場，得到道瓊指數的中心價值是396點，僅比它們的現值低一點而已。如果這樣的數據是可靠的，就應該是讓我們恢復信心的指標。以價值來看，市場現在並沒有比1926年早期、1936年早期或1945年晚期還高。如果我們觀察的十年期是1945年至1954年的十年，而這段期間是我們取得平均盈餘數值的來源，那麼我們並沒有包含任何一個真正衰退蕭條的時期，這樣取得的中心價值的正確性可能會招致質疑。因此，在某種程度上，這個中

心價值之評估的正確性，與我們是否有能力避免新近經歷的景氣蕭條
進一步有很大的關聯。如果我們認真的設法超越景氣循環，那麼現在
的市場還不算太高，這或許是個公正的說法。

雖然這樣的發展涉及相對過去可說是革命性突破，我倒覺得這是有可
能的。我們可以合理地斷定未來的嚴重蕭條是絕對可以避免的，若不
是藉由全國商業界的自然活力，就是藉由政府的干預及可能的通膨變
動。以上的分析絕非是對目前股價水平的不利分析，然而，為了為這
個主題做整體性的結論，我要重提我在1945年10月當道瓊平均指數處
於185點時，我對股市所做的分析。該分析發表在1945年10月18日的
《商業與金融記事報》（*The Commercial and Financial Chronicle*）。我
在此完整引述該篇文章的總結，並在此聲明這個總結表達了我對當今
股市的看法：

> 三種用於判斷當今股價水平的不同方法產生了各種分歧的意見。
> 第一個方法，也就是根據歷史的方法，顯示市場顯然處於高水平
> 且禁不起巨大挫折；相反地，以數據及公式作為評估基礎的第二
> 個方法，則是支持目前的水平，並且暗示我們對多頭市場的熱中
> 可能將價格推升至比現在更高的水平；第三個方法則透過對未來
> 發展的猜測及推算，而提出許多沒有確定判斷及結論的資料。

> 對投機者及謹慎的股票投資人而言，這份分析有什麼實際意義？
> 讓我們把投機者定義為在市場的波動中尋求利益，短線進出，完
> 全不在乎內在價值的人；而謹慎的股票投資人則是（a）只買股價

充分受到基本價值支撐的股票；而且（b）當股市的投機面持續增加時，會毅然決然減低持股的人。

我們相信，由投機面主導的階段已經來臨。因此，謹慎投資人的原則會要求他們大幅降低普通股的持股，當然，正確的出脫策略要根據其個人部位及所採用的方法而定。對股票的投機者，我們無法對他們提供有用的建議。我們認為在政府可能干預市場的情況下，投機者認為市場達到比目前的高點還高的機率各半，或者更看好上漲。不過對於他們最後是否能緊握他們從比目前的價格水平還高的市場所賺取的利潤，我們認為絕不會比過去的多頭市場好；而在過去的多頭市場，他們也都沒有緊握獲利。

對於市場自1953年9月往上攀升的原因，總的來說，我贊同紐約證交所的富斯頓（Funston）總裁在委員會的一份問卷調查中所做的答覆。但是，我會比他更強調投資與投機性的情緒因素在股價大幅波動時所扮演的角色。

我個人認為，股市往上攀升的根本原因是，投資人的心態從疑惑轉為信心，從強調普通股所需承擔的風險，轉而強調普通股所帶來的機會。

自從1949年以來，道瓊工業指數的盈餘就沒有重大突破。但事實上，相較於1953年之前五年的水平，大多數次要公司的盈餘在1953年至1954年間大幅下降。但是，在1954年之前，因1953年中期景氣下挫，

大眾都預期會有重大的回檔，且準備面對盈餘大幅度縮減，結果縮減的程度竟是非常輕微，特別是國民生產毛額及可支配所得，這種情形把整個情緒逆轉過來，造成大眾不再害怕大蕭條的假象。

這種情緒上的改變也改變了大眾對股票的評價，特別是大家認為合理的本益比倍數。事實上，道瓊指數的本益比從1948年至1950年間的8倍，上升到1953年的10倍，到現在的14倍，比1936年至1940年的平均值稍低一些。

我的研究結果是，單單情緒因素，不受任何看得見的價值改變影響，就可造成價格從100美元衝到250美元，或100美元衝到300美元的變動。有趣的是，AT&T從1922年開始就每年固定配發9美元的股利，而其盈餘的波動非常小，但其股價從1922年的15美元上漲至1929年的310美元，而在1932年下跌到70美元，自那時開始其股價就在110美元低點及200美元高點之間波動。

在小型公司當中，現在的情況是更複雜了。1953年之前的本益比相當低，但這些公司在1953年至1954年間的盈餘卻很慘澹。這群大幅落後藍籌股的公司的股價，一直到1954年7月才止跌回升。最近小型公司股價的上漲幅度已超越藍籌股的腳步了。廉價股以極快的速度消失，且在小型公司的市場中，還有許多過度投機的例子。不過，整體而言，典型的小型股現在已不像1946年初期那般受到高估。

關於不當的投機性行為的未來可行控制之道，我相信委員會會小心地

考慮。投機性行為尚未到太離譜的地步，如果真的太離譜，可能會造成更大的危機。假設可以找出有效又可行的方法，那麼就必須事先立法通過才是明智之舉，而不是在燃眉之急時才開始討論。

我們應該了解，政府在股市所採行的任何干預行動，都有風險也會受到爭議。你無法確定你打算做的事是正確的，又不會造成任何傷害。在這方面，你們的困難就相當於大眾在決定買賣與否或靜觀市場變化時所面臨的窘境是一樣的。然而，除了要擔心干預行動所帶來的危機，還要負擔一定程度的責任。舉例來說，聯準會在修改保證金額度時多少得要考慮投機行為的情況。

總的來說，在聯準會對投機性行為的擴大情形愈加關切之際，我傾向於支持在保證金交易上作嚴格的控管，而且要盡快把保證金額度提高到百分之百保證金的限制，也就是完全不能借貸。我的理由是，基本上，讓非專業人士借錢投資股票或其他標的，是很不正確的做法，對投機者及整體經濟都是不正確的。當然也該讓商業銀行負擔一點責任，以全面防止它們直接把錢借給大眾從事股票的投機行為。

在抑制賣出股票方面，資本利得稅上已發揮很多功效，不過也有人力促取消此項稅賦，或分兩段式課徵此稅，以釋出那些擁有大幅利潤的持股，藉以增加股票供給。這個主張有些優點，而且我想特別針對這個主張作出一些建言，但很可惜的是這些主張通常都是由華爾街——我很自豪自己是其中的一份子——提出來的，既不完整且偏向一方。

1913年現代所得稅開始實施時，就已經開始課徵資本利得稅，因此資本利得稅對投機性市場上所帶來的衝擊，絕不是一件新鮮事。沒有證據顯示資本利得稅造成股價過高或價格過度波動。反對資本利得稅的嚴厲論調強力指出，資本利得稅從理論上看非常不公平，而實際上也相當不健全。但也有論調堅決反對取消課徵資本利得稅，轉而從其他獲利收入上課徵重稅。我相信我們願意改善現行的資本利得稅制度，但相較於我們所承擔的整體稅賦，基本上我不認為此稅賦是不公平的。最後，減輕資本利得稅可能鼓舞投資人出脫持股賺取豐厚利潤，大大增加了普通股的供給，但同時也可能會因為提供新稅賦優勢，而刺激了投機性買氣高張，沒有人有辦法預言這種措施的結果是好是壞。

如果政府只在一段限定的時期內課徵資本利得稅，且只為對付特別的股市危機，那麼我個人認為，反對降低資本利得稅的勢力是可被克服的。譬如，持有至少兩年的股票，其稅率可以從現行最高的25%大幅降到12.5%，而這種降稅的措施必須只適用於一段特定的時間，比如說6個月。在我們認為必須增加普通股的供給時，我相信這樣的安排可以得到預期的結果。從財政部的角度來看，儘管降了稅，其結果卻極可能帶進大筆稅收，因為降稅提供了出脫已經有獲利的股票的誘因。不管其對股價水平會帶來何種影響，誠實無欺的投資人絕不會因這樣的降稅讓步而受到傷害，即便這項措施只施行一段時間。

我的提案必須要有國會立法通過，就如同資本利得稅做任何改變都需要立法通過一樣。也許最好的方法是賦予總統權力，讓他有權依據聯

準會理事委員會的建議，做一定程度的稅率更動，我們在稅法上已有授權總統的先例。

總之，雖然國會不應該干預股市，但我會說，國會偶而仍必須給予股市特別的關注，而我們此刻或許就處於需要特別關注的時候。

第四篇 ｜ 投資策略

第9章　證券分析面臨的問題

歷史教訓往往在事後才得以彰顯。當事過境遷，我們才能引經據典地說明何以事情一定會發生。此舉實在沒什麼助益。丹麥哲學家柯嘎（Kirkegaard）曾說，人生只能在事後被批判，但卻必須迎向未來。我們的股市經驗也是如此。

——葛拉漢，《商業與金融紀事》，1962年2月1日

本篇摘錄葛拉漢於1946年至1947年間在紐約金融機構的授課內容，該機構當時是由紐約證交所擁有並經營管理。後來，紐約證交所決定停掉這門課，並出售該機構。有人將葛拉漢的授課內容謄寫、排版、重製成一套10篇的講稿，取名「證券分析面臨的問題」，售價5美元。葛拉漢當時所談的投資議題的確很符合時代潮流，像是如何分析一家由製造戰時用品轉型為製造和平時期物資的公司。在分析公司時，一定要將美國政府在戰時屯積貨物及膨脹成本的貢獻納入考量。 無疑地，閱讀這些演講內容有時會像在濃密的矮樹叢裡劈荊斬棘一般。許多讀者可能只想瀏覽本篇，對感興趣的主題再深入探究。而願意一步步耐心細讀投資個案的人必定能夠從中獲得葛拉漢永恆智慧的寶藏。葛拉漢的話語似乎可以跳出紙張，直接進入讀者的心靈，他在紐約金融機構及哥倫比亞大學所開的課永遠是座無虛席。 請注意本篇所選的內容是經過編輯的，有些只略做修改。我對讀者可能看不懂的句子及縮寫做了補充說明，並以括號標示。我也刪除了部分範例，尤其是已經過時且對現代讀者毫不相干的稅務議題。文中出現的特殊符號（※）表示該處的部分文章被刪除了，想要閱讀未經修改原稿的讀者，請至www.wiley.com/bgraham查詢。

9 證券分析面臨的問題[1]

第1堂課

首先，歡迎各位來參加這系列課程，這麼多學員註冊，對這個機構及演講者都是一種恭維，但同時也造成一些問題。我們大概無法以隨興或圓桌討論的方式來上課，然而我希望你們儘量提出好的問題，但我也要保留縮短討論時間或不回答問題的權利，以便讓課程能順利進行。我相信，你們會諒解我們的難處。

我希望你們為這堂課所付出的學費和時間能夠獲得實質的利益，但我要補充的是，這堂課的目的只在於提供說明性質的範例及討論，而不是要提供證券市場實務操作的法則。我們對這系列課程中所講的內容不負任何責任；而我們公司對在課堂上所提及或討論到的股票不見得一定會有興趣。這也是我們開課多年來經常會遇到的一些教學上的問題，所以我們希望儘快將之拋諸腦後。

這堂課的主題是當前證券分析所面臨的問題，其涵蓋領域相當廣泛。事實上，自從我們的教科書《證券分析》1940年的修訂版發行以來，我一直希望根據這六年來的經驗，將內容做一番更新。

---

1 本文摘錄自葛拉漢於1946年至1947年間在紐約金融機構的授課內容。

證券分析的主題可以用許多不同的方法來區分，每一種方法可分為三部分：第一、證券分析的技巧；第二、安全標準及普通股價值評估；第三、分析師與股市的關係。

另一種區分證券分析主題的方式是，先把分析師想像成一位調查員，他的任務是去蒐集所有的相關數據，並以最能被認同、最具啟發性的形式呈現出來；然後，再把分析師想像成判斷價值的法官或評審。我認為第一種分類相當有用，因為在華爾街有種很好的行業，其主要工作就是去消化這些數據，但自己不對這些資料下判斷，而是讓別人去做。

這種只消化數據的方法或許非常有用，因為此地的市場狀況會對證券分析師的股價判斷造成很大的影響，所以，我擔心我們絕大多數人都無法像優秀分析師般做出精準的判斷。我們都覺得自己一直扮演著市場專家及證券專家的混合角色，我一直希望這種情況能夠有所改善，但我必須承認目前尚未見到任何大幅改善。分析師最近在華爾街的活動還是和從前一樣，也就是說，一隻眼盯著資產負債表及損益表，另一隻眼盯著股價行情波動。

在這第1堂導論課中，我們最好先討論有關證券分析的第三部分，也就是分析師與股市的關係。也許，這部分會比其他部分有趣，而且我認為這部分更適合做為導論的題材。

證券分析師對市場的正確態度，應該就像一個男人對妻子一樣：他不

該太在意妻子到底說了什麼，但卻絕對承擔不起充耳不聞的後果，我們大多數人都會發現自己面對股市就很類似這種狀況。

回顧過去六年的股市波動表現，根據過去的經驗，我們可以斷定它的表現和我們所預期的很接近。首先，六年間股市有漲有跌，不同的個股有不同的表現形態。我想利用在黑板上標出自1938年底以來某些股票的波動變化，簡單地說明這種情形，藉此機會指出一些可能讓證券分析師感興趣的幾個特點。

我認為，分析師應該從這過去六年來的股市行為中認清兩項重要的基本要素。第一項就是股市的連續性原則；另一項就是我所謂的虛幻式選股（deceptive selectivity）。

首先，在連續性原則方面，若你研究一段長時間的股市變化，你會發現一項令人吃驚的事實，亦即證券市場不會永遠偏離既定的軌道，而是會維持在一個連續性的軌道上。當我說不會偏離既定的軌道時，我的意思是說，當股市大漲到某一點之後，它不但會大幅回檔，而且會跌回到我們已習慣的水平。由於股市裡的基本狀況會不斷改變，因此我們絕不可能碰到整個股市會突然間偏離到一個新的領域，並永遠停留在那裡。我想各位可能期望股價會發生這類新的偏離現象。過去三十年來，也就是我觀察證券市場的期間裡，我們經歷過兩次世界大戰；我們曾經經歷巨幅的繁榮與通膨緊縮，現在更是生活在原子彈的時代裡。因此，你或許會以為股市已經經歷過真正的永久轉型，所以認為過去的紀錄對判斷未來的價值可能不太管用。

當然，這些觀點頗符合1940年以來的情況發展。過去幾年來，股市已上漲到史無前例的高水平，依過去的經驗看來，這種水平是相當高的，因此一般證券分析師多半認為股價已發展到有別於我們過去習慣的新價值水平。這也可以說，所有個股整體而言都比過去更值錢。但有項看法似乎不太正確，那就是說，由於這些股價已經比從前高出那麼多，所以過去的經驗，包括過去的水平及行為模式，都可以作廢了。

以具體方式表達連續性原則的方式之一就是：當你觀察整個股市時，你會從經驗中發現到，股市大漲之後必然會跌，這是非常明顯的，而且會跌到遠低於前一波的高水準之下。因此，你永遠有可能以低於前一波，而非這一波的最高點價格買進股票。簡言之，這意味那些依據歷史基準或分析基準判斷，而表示對買進高價位股票沒興趣的投資人，可以依據過去經驗來假定自己有機會在價格較低的時候買進——不只低於目前的高價位，而且還低於前一波的高價位水平。總而言之，假如你願意，你可以用過去的高點做為股市投資人的風險評估點，我相信過去的經驗可以向你證明它是一個很實用的指標。因此，讓我們來看這張道瓊平均指數的線圖，你會發現過去的震盪區間中，從來就不曾單次或經常性地出現過價格水平突然偏離的現象。這就是我在過去幾分鐘裡一直強調的事。[2]

另一種顯示連續性原則的方法是觀察道瓊工業指數的長期盈餘。這裡

---

2 原編者註：原文的附圖已流失，葛拉漢指的是一張1946年以前的道瓊工業指數線圖。

有一張回溯到1915年，長達三十多年的數據資料，最特別的地方是看到道瓊工業指數的盈餘一直維持在每股10美元左右。它們的確一直都維持這樣的盈餘，舉例來說，1917年，它們的盈餘上升到一股22美元，但1921年卻沒賺半毛錢。數年後，它們又回到10美元左右。1915年的每股盈餘是10.59美元，1945年也差不多如此。這段期間裡的變化似乎只是繞著一個中心數字上下波動而已；但有關連續性的觀念只有這些嗎？

我要談的第二件事是選股。這裡有一種極端誤導證券分析師及顧問的觀念，在最近一次股市驟變的前幾個星期，我注意到許多證券商的投資顧問都說，既然目前股市已不再繼續上漲，現在該做的就是選股買進，如此一來才能繼續從股價波動中獲利。當然，假如你對選股的定義是挑選日後會大漲或比其他股票漲更多的股票，你自然會獲利。但這種定義太淺顯了。這些顧問的言論實際要表達的是，假如你買了未來明顯有高獲力前景的股票，你在股市中到處可以獲利；但如果你買到其他股票就不會如此。

歷史證明了這是一種看似合理、實則嚴重誤導的觀念；這就是為什麼我會說選股的觀念是虛幻的。最簡單的解釋方法就是從道瓊指數裡挑出兩檔股票，國家酒廠（National Distillers）及聯合飛機（United Aircraft）。國家酒廠在1940年至1942年間的平均股價要比1935年至1939年間低，這也難怪一般人都不太看好該公司的前景，主要是因為大家都覺得戰爭對威士忌這類上流社會的奢侈品產業不利。

同樣地，聯合飛機在1940年至1942年間的股價表現比一般股票優異，因為普遍都看好這家公司會賺錢，而且也的確是賺了錢。但假如你也和大家當時的做法一樣，根據這兩種截然不同的公司前景來買賣這些股票，可能就大錯特錯了。因為國家酒廠從1940年的低點上漲到最近超過了5倍，目前的成交價幾乎是1940年的4倍。而購買聯合飛機股票的人即使在股價最高時也只能賺些蠅頭小利，但現在則大概已經賠掉三分之一的本金了。

選股原則也可以用其他不同的方式來探討。

※

我之所以要這麼詳細解說這兩件事的原因，就是想讓你們了解，對華爾街人士及對他們的客戶看似淺顯的事情，其實一點也不淺顯。你不可能只靠著做一些簡單而明顯的工作，也就是挑選出前景明顯看好的公司，不管是汽車業、建築業、或幾乎人人都看得出會持續多年榮景的公司組合，就期望獲致良好的證券分析成果。那種方式太過簡單、淺顯了，最重要的是，它的效果並不好。我認為有效的選股方法就是採用價值差異的證券分析技巧，而且這種技巧必須行之有年且經過充分測試。這些技巧經常會出現股價被低估的指標，或至少會顯示，與其他股票相較之下，這檔股票絕對更具吸引力。

我想以1940年版《證券分析》一書中的三組普通股比較資料為例來做說明，這些數據是到1938年底為止，也就是大戰前夕。第一組所包含

的是因為股價高，而被說成是投機性的普通股；第二組所包含的是因為過去表現不穩定，而被說成是投機性的普通股；第三組所包含的是通過數量化觀點的投資測試，而被評為具吸引力的投資。現在讓我公布這些股票的名稱，並簡述它們的現況。第一組包括奇異電器、可口可樂及瓊斯曼維爾（Johns-Manville）。這三檔股票的股價在1938年底的總合是281美元，最近的低點是303.5美元，也就是上漲了8%。

第二組（對於這一組，我們除了認為它們不可能被分析得很好之外，沒什麼特別的意見）在1938年底的總合是124美元，最近的低點是150美元，也就是上漲了20%。

據說從數量化的觀點來看頗具投資吸引力的第三組，在1938年底的成交價是70.50美元，這是每股的成交價，而它們最近的低點是207美元，也就是上漲了190%。

當然，這些表現可能只是巧合。你不可能用一、兩個例子就證明了某項原則，但我認為以投資價值測試的方式求出的平均值，是一種相當好的結果分析方式，這和我在華爾街所看到的大多數分析中十分強調一般前景的方式截然不同。

※

我最後要把話題轉到股市在最近一波漲勢中最弱的部位，那就是新發行的普通股。這些股票的總發行量並不大，不過幾億美元而已，因為

發行新股的公司都是些較小型的公司。但我認為這些股票的發行對華爾街人士所持有的部位影響甚大，因為所有購買這些股票的人，我很肯定地說，都是一些不知道自己在做什麼的人，所以他們的投資往往會受到心情、態度突然轉變的影響。假如你真正仔細研究過去12個月來股票發行的狀況，我很肯定你一定會同意證管會在1946年8月20日所發表的一段聲明（很不幸地，該聲明只出現在附註當中）：「雖然在股票申請上市登記書及公開說明書上已清楚載明股票的風險性，許多新股的價格仍然迅速飆漲到遠高出任何合理預估報酬的範圍，這足以證明盲目衝動是殷切需求股票的明顯因素，登記制度並不能改善這種情況。」

這話說得沒錯。最讓人訝異的是，表現越差的股票成交價越高。這是因為大多數較健全的股票早就被大眾買走且持有，而這種股票的市價是依據買賣雙方的正常交易活動所決定的。我認為，新股票市價的決定權大多落在股票銷售員手上，他們可以對任何股票訂定任何價格；這也是為什麼新股票的價格會高於其他績優股的原因。

我想我應該提供某檔新近上市股票的公開說明書的摘要供各位參考，該公開說明書的摘要發表在9月13日，差不多一星期以前的《標準公司記錄》（*Standard Corporation Record*）上。我不認為這檔股票確實已售出，但它想賣一股16美元。該公司的名稱是北方雕刻製造公司（Northern Engraving and Manufacturing Co.），其資本結構如下：流通在外股票共25萬股，其中有些是要以16美元賣給股東的，這表示該公司的市值約為400萬美元。

新股東從這400萬美元中拿到的是怎樣的股票？首先，他獲得了價值135萬美元的有形資產，因此，他付出的價錢是該公司投資金額的3倍之多；其次，他的盈餘很快就可以計算出來，從1936年到1940年的五年期間，平均每股盈餘是21美分，至1945年底為止的前五年，平均每股盈餘是65美分。換言之，該檔股票是以戰前盈餘的25倍價格成交。當然一定還有其他因素才可能導致這樣的價格，而我們發現至1946年6月30為止的前6個月，該公司的平均每股盈餘為1.27美元。套用華爾街的說法，該公司成交價的本益比是6.5倍，這是因為該年盈餘為2.45美元，而16美元正是該盈餘的6、7倍之多。

當其他所有的數據都顯示這個價格高得離譜，單單以6個月的盈餘數字做為公開發行股價的基礎，當然是夠差勁的。但這個例子的狀況在另一方面讓我覺得很特別，也就是該公司和所屬產業特性之間的關係。該公司生產金屬名牌、圓盤、錶面、儀表板等產品。這些產品是拿到訂單才生產的，且只用在汽車、控制器及儀器等製造業。

我們並不打算在股票投資的課程中特別強調產業分析，我也不想在此多做說明。但我們必須假設證券分析師具有某種程度的產業知識，他們一定要自問：「就投資的資本與銷售額而言，這種靠汽車及其他製造商下單生產的公司能有多少獲利？」

截至1946年6月底為止的前6個月，該公司的稅後盈餘是營業額的15%，而該公司過往是3%或4%。我想大家應該都知道，這6個月的平均盈餘只有在所有產品都能賣出，且可以在市場上獲得極高利潤的條

件下才能產生的。很明顯地，即使在生意不錯的狀況下，我認為這是一種銷貨利潤微薄、淨值不高的產業，因為它除了為客戶製作較小型零件的專門技術之外，沒有其他特殊之處。

我相信這例子足以說明最近新股公開上市的情形。我還可以舉出其他無數個範例，但我只想提出一個我認為值得介紹的個案，因為它和其他狀況恰巧相反。

泰勒飛機公司（Taylorcraft Co.）是一家小型飛機製造商。在1946年6月，它們以每股13美元的價格出售了2萬股給投資大眾，公司獲得1美元的溢價。然後該公司投票決定將股票1股分割成4股。現在的成交價約在2.5美元到2.75美元之間，約當發行價格是11美元左右。

假如你仔細觀察泰勒飛機公司，你會發現一些特別的現象。該公司目前出售的價格約300萬美元，這還是市場較弱時的價格，該公司至1946年6月30日止的營運資本只有103,000美元。首先，即使將出售股票所得的實際金額包含進去，它的營運資本才只有這麼多；第二，該公司並未將196,000美元的超額利潤稅列為流動負債，目的是為了規避722條款的規定。但是，據我所知，每家公司都會提出722條款的退稅申請以降低超額利潤稅，該公司是我所知唯一未將超額利潤稅列入流動負債的公司。

它們也列出一年以後才到期的預付帳款13萬美元，但這筆錢不需列入流動負債。最後，該公司還列出低於市價的股本及盈餘公積共計230萬

美元。即便如此，我們還是看到了工廠將資產增列了115萬美元，這表示我所謂的武斷式工廠資產增列（arbitrary plant mark-up）約佔了股本及盈餘公積的一半。

泰勒飛機公司本身還有一些其他有趣的現象，假如你把該公司和其他飛機公司比較，還會發現到許多更有趣的事情。首先，泰勒飛機公司已有好一陣子沒公布報表了，顯然是財務狀況出了問題，因此故意提出無須向證管會登記就可以出售的價格來出售股票。但最特別的是，這家因財務困難而設法以出售股票來度過難關的公司，居然又同時把1張股票分割為4張。我覺得這種做法，也就是把股票從11美元分割成3美元，是華爾街股票交易中所能見到最不明智的舉動。

但真正讓人吃驚的莫過於把泰勒飛機公司和其他像是柯帝斯萊特（Curtiss Wright）之類的公司做比較。在分割以前，泰勒飛機公司及柯帝斯萊特公司的股價並沒什麼差別，但這點並不重要。柯帝斯萊特公司和聯合飛機公司很類似，因為柯帝斯萊特目前的股價比1939年平均價格要低很多，聯合飛機當時的股價是8.75美元，現在是5.75美元。同時，柯帝斯萊特公司的營運資本也從大約1,200萬美元擴大到1億3,000萬美元，結果這家公司卻是以遠低於營運資本三分之二的價格，在市場上成交。

柯帝斯萊特公司剛巧是這產業中最大的飛機製造商，而泰勒飛機公司則是最小的一家。有時候規模小較佔優勢，而規模大反而較吃虧，但令人難以置信的是，當同業中的大型公司必須以營運資本大幅折價的

價格出售時，一家財務困難的小公司的價值居然遠高過其有形資產的投資。

當泰勒飛機公司以這種估計數字來增加其固定資產淨值時，聯合飛機及柯帝斯萊特等大型公司雖然擁有面積遼闊的廠房，卻把廠房的價值貶到幾乎一文不值。所以，這兩類型公司的處境是完全相反的。

我提供各位這種對比狀況，不僅要說明近兩年股市的脫序現象，也顯示出證券分析師經常會很武斷地認定某檔股票較其他某些股票更有魅力。我認為今天的市場情況和以往沒什麼差別，也就是對價值的認定有很大的分歧，雖然不致於發生在絕大多數的個案中，但數量卻多到足以讓分析師產生興趣。

當我提到柯帝斯萊特公司僅以營運資本的三分之二或更少的價格出售時，不禁讓我回想起二次大戰。我覺得現在提這個時點剛好，因為它能夠讓你們了解股市連續性的觀念。

二次大戰期間，飛機業剛剛興起，萊特航太公司（Wright Aeronautical Co.）在這產業裡扮演重要角色，它謹慎經營得很成功，賺了不少錢。1922年時，似乎沒有人對萊特航太公司抱任何信心。你們之中有些人可能還記得我在《證券分析》一書中談到這家公司，當時該公司的營運資本每股約18美元，而每股股價只有8美元，想必市場對其前景感到十分悲觀。後來，你也許知道，該公司的股價漲到每股280美元。

有趣的是，柯帝斯萊特公司在二次大戰後又再度被認為是一家毫無吸引力的公司。該公司雖然很賺錢，卻再度以僅值資產價值一小部分的價格出售。我並不是預測柯帝斯萊特公司的股價在十年內會像萊特航太公司自1922年以後那般上漲，這種機會可能很渺茫。因為，假如我的數字沒記錯，萊特航太公司在1922年只有25萬股，而柯帝斯萊特公司卻有725萬股，這一點非常重要。但只因為這些公司目前的發展性受到懷疑，居然變得如此不受歡迎，這真是件有趣的事。

我想講另一件與柯帝斯萊特公司有關的事情，這將會引導我們進入分析技術的領域，而分析技術將是我下一堂課要談的主題。當我們察看柯帝斯萊特公司過去十年的盈餘時，發現該公司每年的盈餘表現都很好，但真正的盈餘應該更高，因為這些盈餘已經被扣掉大筆的保留款，而該款項最後會以流動資產出現在資產負債表上，這在目前的分析技術上是很重要的。

在分析一家公司在戰爭期間所公布的資料時，你應該以資產負債表的方式來處理，或至少要用資產負債表來做檢查，這點很重要。這就是說，把期末資產負債表的價值減掉期初資產負債表的價值，然後再加回股利，這項針對資本交易進行調整後的總值，可以讓你知道公司在某期間內真正實現的盈餘。在柯帝斯萊特公司個案裡，我們可以看到用單一報表所顯示的盈餘，與採用期初期末盈餘與保留盈餘差異比較法所顯示的盈餘相差了4,400萬美元。單單這些超出或弄清楚的盈餘，每股就超過6美元，而目前的股價差不多也只有這個數字。

第2堂課

凡是熟讀我們教科書的人都知道，我們之所以推薦資產負債表比較法是有好幾個原因，其中之一是可據以檢驗其公布的盈餘。在戰爭剛結束的期間，這一點尤其重要，因為公布的盈虧往往受到一些異常因素的影響，只有研究各階段的資產負債表才能找出真相。

我在黑板上列出一個簡單的比較範例來說明這一點。這並不是什麼特別的例子，我想起這個例子是因我發現到傳威（Transue and Williams）及布達（Buda）這兩家公司在今年初的成交價都很高，也就是每股33.5美元；我研究這兩家公司的資料後發現，買方很容易依例行作業程序去研究它們在《標準統計》（*Standard Statistics*）之類的刊物上所公布的每股盈餘，而受到誤導。

現在，讓我們談談程序這個議題。比較資產負債表是一種相當簡單的觀念，你用期末股東權益減去期初股東權益，差額就是利得（gain）。這項利得應該把不相關的項目加以調整扣除，並加回已分配的股利，然後就可以算出資產負債表所列期間的盈餘。

在傳威的個案中，最後的股東權益是2979,000美元，其中6萬美元來自出售股票所得，所以調整後的股東權益應是2919,000美元。標示的盈餘（indicated earnings）是43萬美元，也就是每股3.17美元，如此一來你就可以隨時將之轉換到每股基礎上。加回9.15美元的股利之後，資產負債表上的盈餘就是12.32美元。假如你觀察我從《標準統計》報告

中所獲得的數字，你可以看到它們十年期的盈餘數字達到14.73美元，所以這家公司一直以來在某些地方實際損失了2.41美元。

布達公司則恰巧相反，我們可以用1945年7月31日或1946年7月31日為例。但由於1946年7月31日的資料昨天才出爐，所以用1945年7月的資料來說明會比較簡單些。

我們發現該公司的股東權益增加了4962,000美元，也就是每股25.54美元，但每股股利則只有4.2美元；資產負債表標示的盈餘是每股29.74美元，但損益表上卻只有24.57美元。所以，如果你認為資產負債表中的儲備金項目是股東權益的一部分而非公司的負債，這家公司的盈餘要比其所公布的還要高出5.17美元。

假如你要問為什麼這兩家公司會有不同的結果，當然，你可以在保留盈餘的處理方式上找到答案。傳威公司公布的盈餘是扣除保留盈餘之後的（1942年至1945年其保留盈餘已累積到124萬美元），這樣做主要是為了轉押匯（renegotiation），而它們幾乎每年都把轉押匯的實際費用放在儲備金項目下，結果造成實際費用超出預算。因此，傳威公司所設的儲備金就必須保留下來支付費用，這些款項不但有實際支出，而且還不夠用。我或許該修正我這方面的說法：傳威公司可能把它們的儲備金稱之為應急儲備金，但實際上它是為了轉押匯而保留的，而正如我所說的，這儲備金是不夠用的。

而布達公司的情況剛好相反。布達公司準備了非常充裕的轉押匯儲備

金，直接由最近的盈餘支出，此外，它們也設置了應急儲備金，而這些顯然都沒有列入真正的負債中，因為1946年7月的應急儲備金還剩下約100萬美元。

在傳威公司的個案中，它們的儲備金很高，但到1945年底卻降到1萬3,000美元，這表示傳威公司非常需要儲備金。

現在，讓我們暫停一下，你們對這家公司何以會產生不同盈餘的解釋，及何以布達公司的真正盈餘超過其公開資料，而傳威公司的真正盈餘卻低於公開資料，有沒有任何疑問。[3]

第3堂課

幾天前我開始注意到一件與戰時會計制度有關的事情，也就是大家所熟知的LIFO法則，LIFO的意思是後進先出（Last-In, First-Out）。我假定你們大多數人都熟悉會計原則，LIFO法則對某些公司的資產負債表很重要，但對它們的損益表並不是那麼重要。

LIFO是一種會計法則，大約是在1942年新的所得稅法公布之後才開始適用。該法則可以不考慮先購進的商品要優先出售或優先用來生產，

---

3 原編者註：第2堂課所剩下的時間裡，葛拉漢用同樣的方式比較了柯帝斯萊特公司及聯合飛機公司的資產負債表，接著以丹佛及里約大鐵路公司（Denver and Rio Grande Railroad）為例討論鐵路資產的折舊議題。讀者可連結至www.wiley.com/bgraham找到完整的內容。

而是可以假設後買進的商品優先出售或使用。如此一來，商品進價上漲時庫存的價值會降低，因為你無須在進價上漲時將公司已有的庫存價值調升。使用這項法則的結果是：（1）將庫存成本降到低於市場價值，有時甚至低很多；（2）也因而使呈報的獲利下降；及（3）或許這是最重要的，可減少應付的稅額。

因此，只要你願意，你可以在資產負債表上顯示實際上被低估的庫存價值；或者，如果你想以更保守的態度來思考LIFO，它是一種能吸收庫存價值下跌而不致產生現金損失的安全措施。

以聯邦百貨公司（Federated Department Stores）為例，該公司在剛出爐的報表中公開了一些有關LIFO的細節，因為它們覺得有必要採用LIFO來解決眼前的稅務問題。該公司表示，自1942年以來，它們採用LIFO而非一般的先進先出法則（First-In, First-Out, FIFO），在降低庫存金額與應稅利潤方面所產生的獲利高達3875,000美元，讓它們省下259萬美元的稅額，也使它們五年半的稅後利潤降低了大約115萬美元。

它們所提到的困難是，百貨業實際上根本無法確定你所賣出的產品是什麼時候進的貨。因此，百貨公司會嘗試採用一種名為「零售物價變動指數」（index of retail price changes）來確定LIFO對它們會計帳會產生怎樣的影響。現在它們和財政部之間有了一些爭議，因為財政部認為LIFO的相關法規並不允許公司使用指數所計算出來的平均值來當做LIFO的估計值，因此它們必須回頭去使用FIFO的老方法。

當你仔細推敲LIFO的意義時，會發現它相當有趣，因為它和數周前我們所討論的戰時工廠設備折舊攤提的意義非常類似。在那種狀況下，你應該還記得公司有機會把它們新近採購的固定資產帳面價值調降為零，並能獲得抵稅的好處，而這樣做的結果多少會降低它們的盈餘。採用LIFO也會獲致完全相同的效果：你可以調降庫存的帳面價值，節省大筆稅金，但也因而降低帳面上的利潤。

對分析師而言，我認為最重要的是過去五、六年來，LIFO已成為公司會計制度中新增的保守法則之一。這個方法有助於公司降低景氣衰退時的可能損失；我認為我們應該承認這個做法對證券的價值所產生的正面效果。[4]

※

南太平洋公司的股價比北太平洋公司高出許多的最好理由是，南太平洋配發的股利是每股4美元，而北太平洋則只配發1美元，顯然這樣的股利政策對市場價格產生重大的影響。

在未來，我們必須經常思考的一個問題是，股利對於適當的股價會有多大的影響；事實上，股利的確會對市場價格產生重大影響，特別是股票買主皆為投資人更是如此。

4 原編者註：第3堂課的內容已做大幅修訂。在這堂課的剩餘時間裡，葛拉漢很詳細地討論LIFO法則，然後又談到股利對股價的影響，以及鐵路公司的盈餘對區域性經濟成長的衝擊。讀者可在www.wiley.com/bgraham網站找到完整的上課內容。

兩年前，我們在此地開了有關股價評估的課程，我們曾經比較瑞丁
（Reading）鐵路公司及賓州（Pennsylvania）鐵路公司。我們發現兩家
公司公布的盈餘及財務實力幾乎相同。但瑞丁只願意配發1美元的股利
給股東，而賓州公司則配發2美元至2.5美元左右。這樣所造成的結果
是，賓州公司在1945年的平均股價為20美元，而瑞丁則為24美元。我
想，在那之前，這兩家公司的盈餘比例大約相同，但股價的比例卻是2
比1。

最近我也剛好從幾家保險公司看到股利政策對股價的驚人影響。如果
你比較新阿姆斯特丹意外保險公司（New Amsterdam Casualty Co.）和
美國富達擔保公司（the United States Fidelity & Guaranty），你會發現
除了其中一家的股票數量、資產及營業額是另一家的2倍之外，這兩家
公司在企業特性及資產等各方面都是幾乎相同的，每股盈餘也幾乎相
同。但美國富達配發的股利是2美元，而新阿姆斯特丹則配發1美元，
所以一家股價是42美元，另一家則是26美元。

無疑地，南太平洋公司與北太平洋公司所配發的股利就足以解釋市場
的關聯，而無須涉及分析師會自問的其他問題。

分析師是否會利用這兩家公司在各方面幾乎具有相同價值，但股利政
策不同造成它們的股價有天壤之別的事實來獲利，這是我們以後要考
慮的問題，但現在先不要操這個心。真正的問題是，你是否能期待在
正常的運作下，股利政策會依盈餘而自動調整，而市場價值也會依盈
餘而自動調整，而不是被一個主觀的股利政策所決定。這是一個很難

有結論的問題，但我很希望日後有機會加以探討。

※

學　員：我所聽到的一種評論是說，由於南太平洋公司的活動範圍大部分是在德州等西南部成長比西北部快的區域，有些鐵路類股分析師因而對南太平洋公司的偏愛程度遠超過北太平洋公司。[5]

葛拉漢：這問題是有關兩個區域未來發展前景的比較，這的確和鐵路股的分析息息相關。但我必須指出，我從研究中發現，基於盈餘及整體費用狀況而產生的價值差異，遠比可能隱含在不同區域內的差異性更值得信賴。

第4堂課

有位學員交給我一個問題，我很樂意為他、也為全班同學做答。他引述了《證券分析》第691頁的一段話：「基於多年的觀察判斷，如果投資人對公司的未來前景能保持一般的警覺性與良好的判斷力，且當市場在統計上呈現過度高估時能避免進場，那麼投資於明顯被低估的普通股會獲致相當程度的全面勝利。」

---

5 原編者註：葛拉漢做了很詳細的回答，這是他最後的總結，足以說明他的想法。讀者若想閱讀葛拉漢的完整答覆內容，請進www.wiley.com/bgraham。

那是他引述我們的話，而他提出的問題是：「在讀畢傳閱的一篇《金融記事報》上的文章之後，有人認定你認為道瓊平均指數在185點就統計上而言是太高了。一般而言，你認為要超過多少才算偏高，而在哪種範圍內才算是正常？」

這的確是一個很直接、很重要的問題，但我要先做一個更正。我記得那篇發表在1945年10月《金融記事報》的文章裡，我們討論了當時的股價水平，但並沒有做出185點就統計上而言是太高了的結論。我們的結論是，以歷史角度來看，這價位水平非常高，這是很不一樣的說法。我們曾指出，過去市場上從來就沒有能超越這個水平而不陷入險境的例子。

至於以統計的角度來考量，我認為到去年為止，道瓊平均指數185點還算是正常的價值，而且以統計的基礎來看，應該沒有特別的理由害怕那樣的股票市場。但我們的論點是，以歷史角度來看，我們卻有害怕的理由，而且我們也想對那個理由提出警告。我們越能夠確定道瓊工業指數的中心價值，就越能肯定目前的水平或更高一點的水平附近可能存在一個未來的中心水平。我們在那篇文章以178點這個數字做為所謂的「評價值」。基於這個理由，以現在的一般水平而言，並沒有必要特別提醒投資人不要購買被低估的股票。

我們想要補充提出的唯一警告是：假如你仍在股市的漲跌中浮浮沉沉——這絕非不可能的事，你就沒有特別的理由相信，市場會在何時跌到它早該止跌的平均價值。過去的股市經驗顯示，股價在多頭市場中

會飆得過高，同樣地，在空頭市場中會跌得過低。假如我們現在正經歷相同的狀況，以歷史經驗類推，股價應該更低才對，這是因為在空頭市場中股票的成交價會低於其實際價值，就如同在多頭市場中成交價會高過實際價值一樣。

這是否意味著一個人若相信市場會繼續下跌就應該避免去揀便宜的股票？這的確是另外一個大問題，且是見仁見智的問題。我們的意見是，對投資人而言，把錢投資出去要比企圖摸索股市的底線妥當。假如你能在不錯的時機，事實上應該是最具吸引力的特定狀況下，把錢投進股市，我想即使股市繼續下跌，甚至你買的股票在買進之後繼續下跌，你也應該這樣做。這問題回答起來要花很長的時間，但卻是一個很有趣的問題。

我還要再加上一段概念性的說明：我在上周碰巧注意到一則我們在第1堂課中曾做負面短評的泰勒飛機公司的新消息。你們都知道該公司曾在去年夏天以非常離譜的條件出售了一些股票。我發現它們現在正面臨財務困難，連資產信託管理人員都已經指定好了。這倒也是股票價值分析中最不尋常的例子。

我們今晚的主題是要討論未來盈餘在證券分析中所扮演的角色。在前兩堂課中我們只探討了過去盈餘的分析。當然，坊間已有太多有關這類議題的著作，我們並不想從頭開始全盤討論這個議題，而是假定你們已經熟悉《證券分析》一書裡有關未來盈餘的一般要素，並能夠做進一步研究，尤其是對過去幾年在股市中可能已發生的情況。

我想以班上至少有兩位同學特別感興趣的主題做為開始，那就是「獲利能力」這個名詞的定義，這個名詞已經被濫用到我準備在華爾街推行禁用該名詞的程度。當有人斷言某檔股票的獲利能力有多高時，我保證他的聽眾一定不明白他在說些什麼，而且我相信連說這話的人很可能都不知道它的意義。

我建議用兩個名詞來定義：一個是「過去」的獲利能力；另一個是「未來」的獲利能力。過去獲利能力的定義非常明確，指的是所討論期間的平均獲利。假如沒有設定期間，它所指的是過去五年、七年甚至十年的期間，也就是指過去獲利能力的意思。

而未來獲利能力指的是未來一段期間內的平均預期獲利。我想大多數人都會用同樣的期間，我的建議是五年期，而當我們談到公司的未來獲利能力時，我們一般會想到的是未來五年的平均獲利。我用「一般」一詞，是因為公司可能會因為某些異常狀況而影響到未來幾年的獲利能力，而我們最好能進一步加以區分。我們稍後會分析一家建築公司的股票，在那個案例中，你可能必須區分繁榮期間（這可能要在幾年後才會到來）及一般期間的獲利能力，當然，這必須是建築業的確存在這種現象。除了某些特殊狀況（及我們之前談過的戰爭期間）外，我想「未來獲利能力」一詞可以來用代表未來五年預期獲利能力的一般說法。

至於華爾街所用的「獲利能力」或「獲利前景」等名詞，我必須指出，目前在大多數人的想法中，「獲利能力」並不是指中期的平均獲

利值，而是指才剛實現或即將於未來12個月內實現的利潤；或是長期或幾乎遙不可及的未來獲利。

舉例來說，一家前景看好的公司應該是永續經營且或多或少會持續增加獲利的公司；因此，當你考慮公司未來前景時，實在沒有必要談及其確實的獲利。事實上，前景看好公司的長期遠景，並不是採用其盈餘多少來判斷，而是藉由其近期的本益比或過去的平均盈餘顯示出來。

我想起在1939年我們第一次開這門課時所用的一段分析，我相信那段分析可以解釋這種狀況。我們在黑板上寫了三家公司：A、B和C。其中兩家過去五年的盈餘幾乎完全一樣，每股都是3.5美元，且每年的盈餘都非常接近。唯一的差異是一家股票的成交價是14美元，另一家則是140美元。每股140美元是陶氏化學公司（Dow Chemical），每股14美元是希格蘭姆斯釀酒廠（Distillers Seagrams）。

14美元及140美元的巨幅差異顯示市場對陶氏化學的前景十分看好，而對希格蘭姆斯的前景則毫不關心或更不看好。它們的本益比分別是4倍及40倍，就已經解釋這樣的看法。

我想這代表華爾街一種很危險的思考方式，而證券分析師應該盡量避開這種思惟模式。假如你想預測陶氏化學2000年的獲利，並以此來決定該股的價值，那麼你絕對可以得出你自認為合理的價格。事實上，你們的做法是先接受這個價格，這個價格不但剛好是目前的市場水

平，而且如果你看多，你還可以把價格訂高一些，然後再決定一個可以讓價格合理化的本益比，這種程序完全和優秀的證券分析師的做法相反。

如果有人嘗試預測陶氏化學公司及希格蘭姆斯公司的五年期獲利，然後做比較，我想他絕對無法得出能夠證明這兩家公司價格差異高達10倍的數值。舉出這類最後有好結果的例子永遠是有好處的，因為我注意到，相較於早期的14美元股價，今年希格蘭姆斯的成交價高達150美元，而陶氏化學的股價相較於過去的140美元，如今也已高漲至190美元，兩相比較之下，兩者的表現真有天壤之別。

我們一再強調對未來持續看好的觀念，即使真能應驗也是非常危險的，因為如果持續看好未來，你就會任意訂價而輕易高估股價。此外，持續看好未來也是非常危險的事，因為你對未來的看法有時會出錯，這時你就得為虛幻的未來付出昂貴的代價，你的處境將會非常悽慘。我們會在課堂上陸續提出其他類似例子。

現在讓我們回到與證券分析師的工作相關的議題，我要問，「未來獲力能力的觀念和證券分析師謹慎行事的日常工作，及他們對證券價值評估的態度有什麼關係？」這種關係已經發展多年，過去幾年更有迅速的發展。

回想一個世代以前或更久以前，引發我們開始建立證券價值觀念的因素，是一件頗有趣的事情。我初到華爾街時，每個人都以面額做為評

價標準。當然,這並不表示股票的價值只等於面額,而是可能超過或低於面額,但一般都認為它值面額的特定百分比。大概在1916年以前,股價是以面額為基礎來報價的,我不知道你們有多少人知道。西屋(Westinghouse)及賓州公司的股票要賣150美元,也就是說它們當時的每股成交價是75美元,因為它們的每股面額是50美元。我認為我們現在已不太在乎面額了,只有計算股票過戶稅額的人才會對它有興趣。基於這種稅務理由,今天華爾街的人士都認為股票面額1美分實在高明。

我可以想像一位守舊的投資人用50美元買了一股股票,發現股票憑證的面額居然只有1美分時的反應,他大概會昏倒。從對價值中心點抱持非常單純的態度,經歷過漫長的演變,你現在已經到了認定價值中心點就是未來獲利能力的最終階段了,這種獲利能力是你在股票憑證上看不到的。事實上,你哪裡都看不到。

我經常懷疑自己是否真的從具體形式進步到超自然的境界。但懷疑歸懷疑,我們的確是進步了。現在法律規定,如果是為了符合各種交易的公平原則,股票的價值必須以未來預估盈餘的資本化做為基礎。這就是在證管會的聽證會及其他同質案例中經常引用的著名個案統一岩石產品公司(Consolidated Rock Products)所造成的負擔。

當最高法院說股票價值要看未來獲利能力而定時,並不表示最高法院已經透過法律規定了價值測試這項主題,所以它就變成適合我們證券分析師的測試方法。我反而認為我們應該制定一條法規給最高法院,

也就是說，最高法院認為現在的價格應該要依據未來獲利能力而訂，因為最高法院觀察到股價的價值事實上是愈來愈仰賴買賣雙方與預期利潤的關係而決定的。

最高法院在這方面已經落伍了好一段時間，現在才剛剛趕上，我認為它在其他方面還是相當落伍的。

相較於以過去的獲利，或印在股票憑證上的面額，或是介於兩者之間的任何數值，投資價值視未來預期盈餘而定的觀念無疑更具說服力，也更合乎邏輯。但我必須強調這種觀念並不能讓證券分析師的工作更輕鬆，反而更加困難，而且讓他們陷入進退兩難的處境，因為他們非常熟悉且可以用許多技巧及聰明才智來加以研究的過去獲利，很不幸地，並非是決定價值的因素。而價值的決定因素，也就是未來盈餘，卻是無法單憑自己對自己的結論相當有信心就能分析出來的。

要不是有我在第1堂課就強調的連續性原則，這的確會令證券分析師感到進退維谷。未來的預期獲利，而非過去的獲利，確實是決定股價的因素，但過去獲利與未來獲利之間也確實存在著粗略的關係或連續性。因此，在一般狀況下，分析師很值得在分析作業一開始就密切注意過去的獲利，然後在進一步的研究中，用過去的獲利數值來調整未來的預期獲利。

當然，你們都知道以過去的獲利做為未來指標，就足以選出高等級的債券或優先股票。事實上，我們已經說過你無法根據未來的預期獲利

買到理想的投資證券，因為預期獲利有別於過去的獲利，而且，當過去的獲利表現無法讓股票表現得很好時，你必須仰賴新的發展才能讓股票的表現更健全。

相反地，你可能會說，假如你根據過去的獲利表現來買股票，而新的發展結果卻令人失望，你就得承擔投資不夠明智的風險。但我們從過去的經驗中發現，如果你過去對股票所設定的安全邊際已經夠高了，事實上，你未來的獲利將會十分接近過去的水平，因此你的投資會是一個穩當的投資。這類投資不需要任何預測的天賦，也不必具備預測未來的精明頭腦。事實上，你不需要成為公司未來獲利的預言家就可以知道，若拿不到2.75%的投資報酬率就實在太不幸了。

我這樣說並不是要提出一個不可變通的法則，亦即一家公司的過去盈餘如果能夠提供夠高的安全邊際，這就會是一個穩健的投資。如果投資人對這類公司的前景感到憂心，他當然會屈服於內心的恐懼，而從這家公司轉到其他比較讓他安心的股票上。但我希望你們能了解，當你們在選擇高等級的股票時，應該要以適當的過去獲利範圍做為起點，如此一來即可選出理想的債券。

※

在普通股方面，證券分析技巧已有長足的進步。以往是以過去獲利為指標，採用成敗難料的方法：「我覺得這家公司的未來前景很不錯，所以我要用較高的本益比買進。」或「我對這公司的未來不看好，所

以我要以較低的本益比買進。」

如今，在所有能夠獨立算出未來獲利能力的有效分析當中，藉由重新考慮獲利能力所仰賴的最重要因素，已變成普遍被認可的方法。在一般狀況下，這類因素並不多，包括（1）預期的公司產量或營業額；（2）售價或單價；（3）單位成本及（4）稅率。我們現在有一套標準程序可以讓你們在完成各項動作之後，依序訂出這些數字，當然，這些都只是估計值。你可以用這套程序算出未來獲利能力，這套技術應該會比僅採用過去某段期間的獲利來得有效。

因此，當你全面分析某檔股票並決定是否該買進或該賣出時，最適當的方法應該包含我所提到的未來獲利能力預估值，然後再乘以你對該股主觀認定的適當倍數，但這個倍數必須在合理的變動範圍內。

我向你保證，這種證券分析技巧可不是能讓你有資格去說，「我不喜歡這家公司，所以未來的本益比是4倍；但我真的很喜歡另一家公司，所以該公司未來的本益比是40倍。」如果你真這樣做，你就無法通過證券分析能力的測試。但你用的本益比倍數當然有些變動空間，而你所用的本益比價值可以看出你對待該股的態度。

我本想要再舉幾個這套方法的其他範例，但我發現漏講了一段在書中標題為「題外話」的小註解，這段註解主要是為了提供你們一些趣味性及啟發性。

你們也許還記得我曾強調過，觀察未來並透過某些好結論來預測未來會發生什麼事是很困難的。現在讓我告訴你們真正以水晶球來獲取許多未來可靠資訊的人的現況，看看他們進展得有多順利。我假設你們每個人都是擁有水晶球的幸運投資人，而且都在1939年預測到不同類股會以我們在黑板上所寫的百分比擴張它們的業務。

現在，假如你也聽說1946年9月工業類股的價格（依據證管會公布的數字）將會比1939年1月高出29%，結果也真是如此。因此，這類股票會以29%的漲幅為中心上下波動。假如你在1939年時被問及，「這些股價在1946年會變成多少？」舉例來說，飛機製造業從1939年至1944年間的營業額擴大了31倍，而航空運輸業成長了2.5倍。我本來可以為了娛樂大家的目的而請你們說出1939年1月至1946年9月間最合理的市價變動預估值應該是多少，但我想還是直接公布答案好了。

在1946年9月16日，航空運輸業的股價比1939年1月成長了274%，相較於該產業的業務成長240%，我應該說股價成長績效斐然。但飛機製造業的股價卻下跌了74%，如果你已經知道該產業的業務成長變化，我想你一定無法料到會是這樣的結果。娛樂業及煙草製品的業績受益於戰局而雙雙上揚，但差別在於娛樂股的股價上漲了242%，而煙草股卻下跌了10.5%，兩者的差異實在很大。

輪胎橡膠公司的銷售業績並不比電器製造商好，但它們的股價上漲了85%，而電器設備的股價僅上漲2%。

金屬業及金屬礦業的銷售成長率並沒有紙業好，但兩類的股價差異卻非常驚人，紙業及其相關產品的股價上漲了107%，而金屬礦業股卻下跌了6%。

了解到股價變動的落差如此之大，在預估未來股價時要更加小心，因為即使我們知道某公司在銷售及獲利能力上會發生什麼變化，也不太可能很準確地預測到其股價的變動，而這是最讓我們感興趣的地方。這也是我們在決定投資標的或在預測未來時，不論思考及言論上要盡量謹慎小心，以力求自保的另一個原因。

現在我要開始詳細解說以未來獲利預估值為中心，並依此訂出股價的分析實例。我要舉兩個例子：其一與察德斯公司（Childs Co.）有關，這是個現成的例子，因為我們的好友，也就是證管會，正努力依它們所預估的察德斯公司的未來盈餘為主要基礎進行股價評估。證管會必須這麼做，因為它們呈交給法院的公司重整計畫報告書中，必須公平地列出優先股與普通股的比較價值，而它們唯一可以算出比較價值的方法，就是先算出公司的總值，再與優先股的請求權（claim）做比較，所以它們必須用繁複的技巧來推估察德斯公司的優先股及普通股價值。

花點時間了解證管會的做法是很值得的，我或許應該讓你們更清楚知道這件事的來龍去脈。你們大多數人都知道察德斯公司是採用託管制度，該公司顯然有償債能力，且可以輕易地處理債務。所以重整的問題事實上只是該如何以適量的新股票來交換舊的優先股及普通股而

已。

證管會以其智慧判斷，優先股及普通股的資本結構應該和以往有所不同。如果只要新發行普通股，那就有必要決定新普通股對優先股及普通股的適當轉換比例。證管會眼前所面臨的問題是先決定整家公司的價值，如果優先股的請求權佔總值的75%，那麼75%的新股票就必須撥給優先股，剩餘的才能給普通股。

證管會的做法是先預估察德斯公司的銷售額為1,800萬美元（略少於1945年），然後預測該公司的長期業績應該不會比戰爭期間好，於是估出稅前盈餘為6%，這個數字是依據一份對該公司及其他餐飲公司的利潤率研究所推估出來的，我相信證券分析師的預估不會與這數字相去太遠，它們計算出來的稅前淨盈餘為110萬美元。

接下來，它們扣除預估的平均稅率。證管會大膽地把目前的38%稅率降為35%。預估稅率的主要問題在於，讓公司減免全部或大部分稅額以消除公司面臨雙重課稅的法案是否會真正生效。即使大家都渴望法案生效，但它們和我們都猜測這是不太可能實現的。

如此一來，證管會估算出來的稅後淨利是715,000美元。這就是未來的獲利能力，你可以看出這是相當簡單的計算方式。這個預估值比察德斯公司在戰爭期間的稅前淨利低，卻比戰前要高多了。

※

問 題：它們如何推估未來的營業額？

葛拉漢：我在這裡要把關於部分餐廳繼續營業、部分關門大吉，及幾家新開張餐廳影響效應的冗長討論做一簡短說明。它們說，「若以這餐廳的53家連鎖店所創造的業績來考量（其中包括部分即將關閉的店），然後再將影響到這家連鎖餐廳未來營業額的各種因素依不同的比重分配，我們相信管理階層預估餐廳未來幾年的平均營業額為2,000萬美元是太高了。因為要達到這樣的目標，該連鎖餐廳不論景氣好壞，每年度平均營業額必須比1945年53家連鎖店的總業績高出10%才行，而這個成長率比過去十年來任何一年的水平都高。管理階層預測1946年營業額將會突破2,140萬美元，由該公司公布的前6個月業績來看，該公司的確做到了。但我們必須知道，該公司目前的零售業績特別高，所以不能以目前的高營業額水準來合理推測未來正常年度也可以達到同樣的水平。然而，以正常零售業的營業水平來考量，我們相信這家連鎖餐廳應可達成1,800萬美元的平均營業額，這是1945年由53家連鎖店共同創造的業績——」

這樣的結論是一種相當有趣的技巧，這些數字不是憑空捏造的，而是必須從過去年度中找出一個符合未來年度狀況的獲利值，並據以推算出未來的營業額。

問 題：難道普通股股東沒有參與討論營業額的基礎，因而無法考慮整體業務的狀況？

葛拉漢：你是指股東是否能夠提出反對意見？

問　題：是的。他們可以說營業額應該高一點，應該是2,100萬美元，或是1946年的營業額。

葛拉漢：你的觀點完全正確。普通股股東和證管會都可以這麼說，但他們都沒這麼說。當你碰到涉及法律問題的個案時，法院對這類狀況的說法通常是：證管會非常稱職且公正無私，它們的預測值比普通股股東等利益團體所提出的預測值還要正確。但普通股股東如果能舉出具說服力的證據，證明證管會的估計值太偏離常理，而非一昧地堅持己見，法院才有可能駁回證管會的數字。

問　題：財產受託管理人可以代表普通股股東發言嗎？

葛拉漢：不行，受託管人通常不會只代表普通股股東。證管會假定察德斯財產管理人的觀點太過開明，而在某些案例中，證管會又認為受託管理人的估價不夠開明。

問　題：證管會在計算過程中沒有引用某個物價水準嗎？

葛拉漢：在公開的計算過程中的確沒有引用物價水準。

問　題：在採用1945年的物價水準時，它們可能先扣除一部分如今看來偏高的食物價格。

葛拉漢：它們在分析商品成本時，也許會考慮戰時物資貧乏且不太可能買到廉價食物和酒的事實。

問　題：那麼，我想請教另一個問題。依您的觀察，不管是餐飲連鎖或其他零售業，難道不都是嚴格根據某個百分比來運作的嗎？換句話說，你給它們一個物價水準，它們就會依據這個水準調整它們的成本和售價。

葛拉漢：正常的做法的確如此。它們所提的6%稅前淨利就是依據過去的平均經驗而來的。我假設這就是你所指的百分比。舉例來說，我們都知道食物成本佔一般餐廳總營業額的33%至40%。一旦某個穩定的物價水準建立起來後，即使這個百分比會因物價水準的突然改變而被暫時擱置一旁，但它還是會被重新建立起來的。察德斯的商品成本已經從1938年的34.7%上升到1945年的38.5%。

問　題：該連鎖餐廳在1946年的售價一定要高於1945年嗎？你曾經這樣想過嗎？

葛拉漢：沒有。

問　題：那它自然會影響到實際的銷售量，不是嗎？

葛拉漢：除非某些特別的理由讓顧客不再上餐館才會影響銷量，但到目前為止我不認為這些數據顯示了這樣的情況。當然，1946年並不見得被證管會視為典型的戰後年度，但這種看法也可能是正確的。

這些都是很好的問題，不像證管會所提的都是批評，因為這些問題正顯示出這類程序中所蘊含的某種不確定性。你唯一

可以幫它說的好話是，這是非做不可的事情。證管會必須採用最明智的方法來處理這件事，身為證券分析師的你也要明智地處理。但別以為你們採用了嚴謹的作業程序，將數值計算到小數點後二到三位（我有時看到有人這麼做），就表示你們能夠很精準地預知未來發展。你們絕不可能做到的，因為它根本不存在。

※

問　題：基於競爭會導致稅後利潤率下降到過去水平的理論，我想提出有關採用稅後利潤率而非稅前利潤率來避免稅率預估困境的問題。

葛拉漢：學術圈內曾廣泛討論過有關企業稅的問題：相較於非營利機構免稅賦的情況，企業稅到底該由顧客支付或是由賺錢的公司支付。這問題仍然爭議不休，而證管會顯然偏愛稅前利潤率的假設，實務上差異並不太大，因為它們採用的是目前的稅率。

※

我們要來進一步探討察德斯個案，而不僅止於探討其未來獲利的預估；因為我認為我們應該將證管會的結論做完整的追蹤，或許我們可以開庭審判證管會。

接下來是討論本益比，證管會說本益比應該是12.5倍，表示資本化比率為8%，若以盈餘做為計算基礎，可算出公司的價值約為900萬美元。它們對於為何挑選12.5倍的本益比並未多加說明，它們不接受信託管理人所提的10倍，這是它們所做的第一件事。接下來它們增加了一條你幾乎在每次稅務訴訟時都會看到，而證管會尤其愛用的重要條款。它們說，「把所有因素都納入考慮之後，包括適用於其他連鎖餐廳的資本化比率在內，我們所得到的結論是，預估稅前盈餘為110萬美元及稅後盈餘為715,000美元，可相當合理地適用12%及8%的資本化比率，因此可以得出資本化盈餘約為900萬美元。

這表示，依據它們的最佳判斷，它們會把稅後盈餘乘以12.5倍。我敢向你保證，對應它們所計算出來的稅後盈餘的資本化比率，你會算出另一個資本化稅前盈餘數字。我想之所以如此，是因為在馬克基勝（McKeeson）與羅賓斯（Robbins）的案例中，它們是依照信託管理員的計算方式算出稅前盈餘的，據我所知，這可是前所未有的事。當然，它們的資本化比率是相當主觀的，但我相信大多數的分析師都不會偏離這個本益比太遠。

問　題：證管會用的本益比倍數比信託管理人用的還低。那是受那件事的影響嗎？

葛拉漢：不，它們用的本益比比較高。它們某種程度降低了信託管理人所推估的盈餘，但提高它的本益比，所以我想他們雙方計算出的預估價值幾乎相等。

問　題：你不是說8倍的嗎？

葛拉漢：不，是8%，而9%就是12.5倍。信託管理人所用的本益比是10倍。

問　題：而證管會反對信託管理人所用的10%？

葛拉漢：是的，但這情況太複雜了，不適合在這裡討論。信託管理人所用的是他所謂的「區隔方法」（segmental method），他把其中一部分當成是債券、一部分等於是優先股、另一部分等於普通股，而證管會並不同意這種做法。你應該要了解證管會有時對這類事情是相當嚴格的。我的意思是，它們的估價方式並不是像我所形容的經驗法則，雖然我對此持保留態度，也相信你用經驗法則也能算出幾乎相同的結果，但它們絕對不會採用這種方式。當證管會以預估盈餘做為分析的開端時，就用了三頁的篇幅來討論管理因素，然後用三頁討論銷售、半頁討論商品成本、半頁討論人力成本，接著用幾小段來討論其他的成本、營業利潤、折舊及租金，及經常性開支。等這些討論完畢以後，它們算出的答案是1,800萬美元的6%，顯然它們一定花費不少人力去執行這麼龐大的工作。

接下來，證管會以獲利能力為基準，推算出公司的價值為900萬美元。後來又採取了一些行動，其中有些我實在難以苟同。首先，它們藉贖回之類的動作算出一些節稅金額，它們說這個金額約為120萬美元；然後又說必須支出180萬美元做為維護餐廳的費用，所以又將這個金額扣掉，因此它們把900

萬美元減掉60萬美元後，得到840萬美元，這就是它們以盈餘方式算出來的淨值。

接著它們又把這個數字加上額外的營業資本及不必要的房地產價值。依據它們的估計，這兩項資產的價值為510萬美元，所以加總之後的總數是1,350萬美元，然後再扣掉320萬美元的長期負債，股票淨值變為1,030萬美元。它們估計優先股的請求權面額及過去積欠的股利金額共7649,000美元，所以剩下的普通股價值應該是2656,000美元。

它們得到的結論是，如果要發行某類股票，那麼總值的70%到75%應歸優先股，25%到30%則歸普通股。

對證管會而言，這是一種並不尋常的適度結論，它們一向都會提出較詳盡的計算結果，然後說，「我們相信這家公司的72.45%會歸優先股，其餘的27.55%會歸普通股。」但我認為它們已經比較成熟，並了解到它們只是計算估計值而已，所以四捨五入取整數就可以了。

雖然財產受託管理人和其他人所提出的原始計畫中，大部分的建議和這些比例相去甚遠，但實際的結果是這次的重整計畫已頗接近證管會的基準了。我不想花時間來解說那本建議書的內容，但那位財產受託人現在是把76.66%的新股票提撥給優先股了。

第5堂課

這堂課的一開始，我想先回答你們從上一堂課所衍生的任何疑問，因為那堂課結束得太倉促了些。你們有任何不明白的地方嗎？我們上堂課討論的是證管會對察德斯公司的價值評估。你們應該還記得我們曾指出證管會對察德斯公司的估價主要是以其未來獲利能力做為基礎，而這也是最讓我們感興趣的地方，但它們又加上了一些超額的營運資本——正確數字是付清債券之後的淨額130萬美元。讓我在此強調一點，證券分析師是不會把超額的營運資本加到資產評估裡去的，除非他們相信這筆錢一定會以某種方式還給股東。事實上，部分的超額營運資本是用來清償察德斯公司的舊債，當然，那部分代表了舊公司的額外獲利能力價值。因此，我們「實際」估價的結果應是900萬美元，而非證管會所算出的1,000萬美元。

我們是在兩週前討論這件事情，聯邦法院已經批准了察德斯財產信託管理人所提出的計畫案；而該計畫案顯然是將股票價值定為998萬美元，比證管會所算出的要少30萬美元。

觀察股價、看看它們現在的成交價是多少錢，或許是件很有趣的事。察德斯優先股及普通股昨天的成交市值是840萬美元，優先股每股155美元，普通股7.16美元，低於我們所討論的估價。這當然沒什麼好奇怪的，因為在託管狀況下的公司股票，成交價都比證券分析師以資產重整為基礎所估出來的價值低，但在託管之後一、兩年內，股價會開始上漲，因為大眾認為該公司會恢復到該有的地位，這幾乎是恆久不

變的經驗。

※

這裡有五頁的資料探討美國散熱器公司（American Radiator），並提供大量的產業資訊，包括過去的資訊、依據某些人對1947年所做的預測值為基礎的未來預估，及依據1946年至1951年間新屋市場的供需所計算的預估值。

然後他們開始計算美國散熱器公司的獲利能力，在我們所談的這類分析中，首次有人認真地以預測的獲利能力及本益比來計算公司的合理價值。他們的方法是這樣的：他們預估營業額為1,000萬美元，而這就是我們現在所熟悉的察德斯公司的方法，然後再加上15%的預估利潤率。然後他們說，「每股淨利1.4美元。」他們並沒有交代計算的公式，但其實是這樣算出來的：稅前盈餘為2,400萬美元，扣掉約40%的稅，剩下約1,400萬美元，而1,000萬股的每股淨利就差不多是1.4美元。他們隨後又說：「海外盈餘預估為25美分」——這是很粗略的預估，然後他們算出每股淨利是1.6美元到1.7美元。此外，他們認為這樣的利潤率會延續相當長的一段時間，所以近期內這家公司的股票會非常具吸引力，即使是在目前的股價水平也是如此，而所謂的「目前股價水平」，指的是1946年2月的每股20美元左右。

這套分析後來被一家券商所引用，該券商可以很輕鬆地就說該檔股票在每股15美元就看起來非常有吸引力，而15美元是1946年10月23日的

成交價。

在我批評這份分析之前（也不見得是不好的批評），我想談談我剛剛收到的一份報告，題目是「建築業前景看好」。該報告提供大量的建築產業資訊，及該產業裡許多公司的資訊，包括排名第一的美國散熱器公司。該報告所標示的年度為194x年，預估獲利能力為每股1.75美元，並以12%做為預期的利潤率，而他們算出來的最後結果和12%略有差異。如果你不嫌麻煩，你會發現部分原因是他們把海外盈餘估計得比研究機構所分析的還要高出許多。

現在，有兩個有趣的現象：首先是他們算出每股1.75美元的盈餘，這和另一份分析結果相去不遠，但他們是這樣形容這個預估盈餘的：「194x年的這條線顯示的，是在未來幾年最樂觀情況下的潛在獲利能力預估值。」他們在這份報告的其他部分並未做詳細說明，但卻暗示因194x年的預估盈餘，所以他們所列出來的股票都很具吸引力。特別是美國散熱器公司的股價當時只有13.50美元，如果預估盈餘1.75美元代表將來的獲利能力，則13.50美元的價位看起來十分合理。

我對最後兩份認真地嘗試評估未來盈餘的分析報告的評論是：他們並沒有特別強調他們所採用的是榮景時期的盈餘，但這應該審慎地納入分析技術之中。

建築業在榮景時期的盈餘，應該用類似我們所熟悉的戰時價值評估法來評估，也就是說，要假定榮景會延續一段特定的時間。那段時間的

超額盈餘應該加到以公司在和平時期平均利潤為基礎所估算出來的合理價值上。因此,如果你想認真地評估像美國散熱器這類公司的價值,最恰當的方法就是先訂出你認為最「合理的」獲利能力,而非「最佳的」獲利能力,然後假設榮景會延續好幾年,所以再加上一些合理的額度。

假如你想把情況看得悲觀一些,你甚至可以批評那種做法;因為你可能認為這些獲利的年度只不過是建築業景氣循環中的一部分而已,它們並不是真正的超額盈餘。它們佔了正常盈餘的一大部分,在建築業景氣衰退時這部分盈餘會被超低盈餘所抵銷。這樣的說法也很有道理;但無論如何,你可以看出來,我在前面所談的方法似乎是一種相當寬鬆的做法。

※

問　題:你為什麼會說1.6億美元的預估銷售額並未將那些因素納入考慮?

葛拉漢:你是指沒有考慮到那是榮景期間的銷售額嗎?

問　題:也許他們的確把那些因素納入考慮了。

葛拉漢:我可以給你個很明確的理由。他們說盈餘和住宅建築的預期總銷售額息息相關。他們費了一番工夫計算出1946年至1951年間建築的需求量及供給量,預估1947年至1951年間每年的房屋需求量是100萬戶,該期間結束前,所有的缺額都會被補

足；然而，依據他們的統計，需求量應該會降低到一年55萬戶左右，也就是說，約有50萬的新屋，外加毀損的房子。以這種計算方式一直計算到1952年，你可能會發現預期的新屋戶數不會超過他們以1.6億美元銷售額為基礎所計算出來的戶數的一半。

當然，另一個理由是，1939年真正達成的銷售額只有8,000萬美元，1938年只有6,800萬美元。因此1.6億美元這個數字即便是把售價抬高了，也算是明顯的高估。

針對這個議題還有其他疑問嗎？這種問題問得很好，因為回答這些問題可以幫助澄清估價背後的論據。

我覺得這種評估方法應該和美國散熱器公司曾經使用過的方法不太一樣。你們不應該以最樂觀的盈餘做為評估的起點，而該以你認為該公司最正常的盈餘做為起點。

這家公司在戰前的盈餘大約都在每股50美分，如果你估計戰後每股盈餘是1美元，我想你一定樂觀地認為這就是建築業景氣衰退之後該公司的盈餘水平。我則認為這是過度樂觀的看法，就如每個人所看到的，如果建築業景氣循環的未來表現和從前一樣，則每當景氣退燒之後，你就可能要進入低於正常水平的獲利期。但假如你接受1美元的盈餘估價（我真要強調那是很寬鬆的估價），我認為本益比應該在12倍到15倍之間，這個倍數高於公司過去認為合理的範圍，但美國散熱器具有規模龐大、體質強健、信譽良好，及多年前曾經是高獲

利公司等的優勢。因此，我想你以正常水平來估價，本益比應該介於12倍到15倍之間。

然後你應該再加上些榮景時期的盈餘額度，可以在正常預估值上再加75美分。假如你把這數字乘上4倍，那就太寬鬆了，那會讓你多了3美元。每股股價的預估價值就會變成15美元到18美元之間，我懷疑這會對公司不利。我認為在去年的任何時間，這個估價對美國散熱器公司都很恰當，若以1946年初的股價買進，應該算是很合理的謹慎投資。

但我在這方面要補充一點，為投機而買股票絕對是正當的，這不是罪過。當你為了投機而買股票時，你當然要把有別於投資因素的投機因素考慮進去。一般正常的預期心理是，假如這家公司三、四年來的每股盈餘都是1.75美元，市場就會把這些盈餘充分反映在投機基礎上，而不會因為它們是暫時性的而有所保留。

但這不是每次都會發生的現象，舉例來說，在戰爭期間，市場並未把戰時盈餘反映成永久不變的盈餘水平。但市場的確會反映出循環性盈餘，也就是會把榮景時的盈餘當成是不變的盈餘水平。基於這個理由，美國散熱器公司極可能在一般市況良好且在建築業景氣時，成交價超過我們所估計的15美元到18美元。

我們千萬不要忘了，美國散熱器在1942年的成交價為3.75美元。我們要說的是，美國散熱器的業務本身而言，就屬於具

有投機性的股票，而且是普通股，它可以在不景氣的年度中以每股4美元成交，也很容易在景氣好的年度中以每股30美元成交，而這兩種價位基本上都很合理。我們的估價方式是投資取向的，極可能會算出讓你覺得是中間價位的股價。這種價位主要會吸引投資人，但智慧型的投機者也會受到吸引，因為他們用這個中間價位來了解當他以投機角度研判當時狀況時，他偏離中間價位有多遠。

我歡迎各位對此提出問題，因為我覺得這方面非常重要。

問　題：假如我們只要預估為期五年的未來盈餘，當你談到這是產業的正常期間，難道你的分析不會超過五年期間？未來五年可能就是景氣好的年度，那麼假如你要找一個正常水平，就一定會超過未來五年；否則你預估的未來五年盈餘水平會偏高，而正常時期的盈餘水平則會偏低。

葛拉漢：是的，你的說法很對。假如我沒有記錯的話，我在第3堂課也曾這樣說過。我說我們通常都是預估未來五年的盈餘，也許是五年至七年，但也許會有例外。我的確曾考慮到建築業絕非是把五年當成正常預期期間的產業。這種情況對分析師相當不利，因為你所考量的正常盈餘是那麼遙遠，以至於你估計錯誤的機率會大幅提高，但這也是沒辦法的事。你不能把未來幾年景氣好的時期的盈餘當成是正常盈餘水平，所以你一定要跳到幾年後的盈餘值。

問　題：那麼市場應該以何時做為公司的正常盈餘的預估期間？假如

某公司在五年內一直維持高獲利，以這段時期的高盈餘水平來看，難道市場不該對這些盈餘做更高度的評價嗎？

葛拉漢：是的，因為市場會用你標準的15倍左右的本益比去乘以盈餘，而不是用我們所建議的方式，用加上去的方式。（我現在談的是盈餘中不太正常或超額的部分。）所以，投資人對類似美國散熱器這類股票的態度就會和市場不太一致。 投資人經常會和市場不同步，但這也不是什麼新鮮事。我想投資人如果能知道什麼是合理價值是很有幫助的，即使市場並未完全反映出來。

※

我想要提醒你們，不要花太多時間過度分析公司及產業狀況，包括計算到最後一個已生產或即將生產的浴缸數量；因為你已研究了這麼久，又蒐集到這麼多的數據，你會以為自己的估計值必定非常精確，但事實未必如此。它們只是非常粗略的估計值，我想我或你們可以在半小時內就算出美國散熱器的估計值，不需花費數天、甚至數星期的時間來研究這個產業。

※

我最後要說的是，複雜的預測技術在近年來已經發展出來，可以預測到一定程度的就業水準或國民生產毛額水準，各個產業的銷售額及生

產量。經濟發展委員會（The Committee for Economic Development）和商業部（Department of Commerce）都已提出在充分就業環境下，總產值預估之類的研究報告，你們有志於從事這類分析的人都應該從這些數字著手，並依你們自己的判斷來接受或反映這些數據。假如你接受這些數字，那麼就以相關產業的總值做為基礎，針對個別公司做銷售預測。你可以依據充分就業、溫和失業（moderate unemployment）及大規模失業為基礎——現在有人偶爾也會採用這種做法——做出三種不同的預測，然後再依此做出銷售預估值。這是一種新技術，我相信你們一定會覺得把它應用在證券分析上也相當有趣。

第6堂課

任何人在探討未來盈餘時，不管是探討一般狀況或特殊狀況，我首先要說明的就是，不要期望分析師真的能從水晶球裡看出預測期間內的正確答案。他真正應試嘗試去做的，就是確定分析師如何行動及思考，也就是說，分析師運用邏輯思考能夠在謎一般的未來中向前推進多遠。

我不相信我們之間有人能夠自負地以為，只要成為一位很優秀的分析師，或是運用很精密的計算過程，就能對自己答案的正確性很有把握。我們唯一有十足把握的事，也許是我們能夠理性及明智地行動。假如我們錯了，我們很可能會錯，至少我們犯的是智慧型錯誤而非愚蠢的錯誤。

※

在我所做的一項研究14家公司的報告裡——主要是在1914年前後成為道瓊指數成份股的公司——我發現其中有7家的盈餘戰後高於戰前，6家則出現較低的平均盈餘，有1家則持平。那一家剛巧就是美國鋼鐵公司（United States Steel），該公司的盈餘在戰後五年波動幅度相當大，但這五年的平均盈餘與前三年的平均盈餘是相等的。

這些結果並不如預期令人滿意，因為我們在這段期間內經歷了1920年至1922年的嚴重蕭條；假如我們有一個標準的國民所得水準，景氣蕭條的效應會導致平均盈餘跌到遠低於應有的水平之下。你還記得我曾告訴過你們的620億美元的數字，那是五年的國民所得平均水平，但它逐年波動的幅度很大，這對整體盈餘的影響非常不利。蕭條時期的營運盈餘絕不可能和繁榮時期一樣好，這幾乎是個定律。

※

我對不同案例中歷史不斷重演的機率愈來愈印象深刻，你可以輕易地下個結論說，華爾街的價格永遠不嫌高。你恐怕要等到大水淹過河堤之後，市場才能做出真正令人滿意的結論。這也就是為什麼我們在這堂課中一再強調，不但應該買未被過分高估的股票，更要買進從分析角度看來似乎已被過度低估的股票，以便在不利的情況下仍能獲得特別的保障。如此一來，你就可以對自己說，你是置身於證券市場之外，而且是以很吸引人的價格擁有公司的一部分。當股市的走勢不如

你所願時，能讓自己保持那種心態是非常有益的。

※

採用集體估價（group valuation）是很有利的，因為我確信你可以得到更正確的數值，當你同時考慮多項因素時，許多錯誤可能會相互抵銷，因此會勝過你只專注於單一要素而產生的重大誤差。

此外，投資人沒有理由不用集體估價的方式來解決自身的投資問題。雖然我從沒聽說有誰買過整個道瓊工業指數，但也沒什麼可以阻止投資人真的這麼做。如果投資人真的這樣做了，我倒覺得是相當合理的。

舉例來說，當我們談到買廉價股時，強調集體操作就更顯重要了，因為你就等於置身於實務上大家所熟知的保險形態的操作。在此，你顯然對每家個別公司都佔有優勢，這種優勢在個股操作時可能看不到或根本無法實現。但假如你的技巧和分析師一樣好，你就會發現這種隱含在「集體」中的優勢。因此，我特別偏愛集體操作及集體分析。但我一定要說的是，各位專業分析師、顧問先生們，你們是無法在自己的作業中獲得這種優勢的。因為我敢說你們必須相當肯定地提出對個別公司的結論，且不能把這些結果藏在集體的結果中。

第7堂課

晚安！距上一堂課至今已1個月了，我希望你們度過了一個非常愉快的假期，現在也準備好接受更多的折磨。

請回想上一堂課的內容，當時我們把道瓊指數的所有成份股視為一體來討論其未來的獲利能力及未來的股價中間值。

你現在可能會問：道瓊指數的個別公司獲利能力又是如何？我們要如何評估它們，結果又會如何？

剛巧，這問題的答案，至少是站在預期獲利能力的觀點，就出現在1945年7月號的《分析師期刊》，一篇題目為「戰後榮景年度的預估盈餘」的文章當中，作者是柯林斯（Charles J. Collins）。他在文中列出道瓊指數所有成份股的戰後預估盈餘及其總值。

他的總值是每單位15.96美元到17.58美元不等，我想你可能還記得我的粗估值是13.60美元，因此我的估價看起來絕對是低於柯林斯的。但其實不然，因為柯林斯的預估盈餘是戰後的好景氣年度，而我在上堂課所預估的是道瓊指數公司的未來平均盈餘，這為景氣好與景氣壞的年度預留了獲利空間。

有趣的是，柯林斯的個股預估盈餘和這些公司在戰前，也就是1940年的盈餘差異很大。我在此唸出一些差異給你們參考，看看他對不同公

司的預估差異有多大。

以下是在1940年及未來數年裡，預期盈餘會高度成長的4家公司：
美國精鍊公司（American Smelting），從1940年的4.21美元成長到
9.50美元；克萊斯勒，從8.69美元成長到17.75美元；曼維爾（Johns
Manville），從6.34美元成長到14.75美元；固特異（Goodyear），從
3.44美元成長到8.60美元。

另有4家微幅成長的公司（我引用的是柯林斯數據的平均值）：
AT&T，從1940年的10.80美元成長到10.50美元；美國煙草公司
（American Tobacco）從5.59美元成長到5.90美元；國家酒廠（National
Distillers）從3.28美元成長到3.35美元；吳爾渥斯（Woolworth）從2.48
美元成長到2.62美元。

柯林斯並沒有詳細說明他的計算方法，但他的解說非常清楚，你很容
易理解他的方法。

他是從商業部的經濟發展委員會所做的產業銷售預測開始做起，然後
依1,120億美元的國民所得預估值加以調整。這是個相當保守的估計，
因為1946年的國民所得是1,650億美元。

他並沒有把各產業的確切成長率應用到個別公司上，但他預留了整體
產業可能比1929年至1940年這段時間更好或更壞的可能性。換句話
說，他假定在1929年至1940年間的表現優於產業平均值的公司，將會

是一定比例地優於戰前的成長率;同樣地,表現低於產業平均值的公司,也會是一定比例地低於戰前的成長率。

然後他用預估銷售額計算出稅前盈餘,並以戰前稅率40%做為計算基礎;如此一來,他就算出一個保有微幅調整空間的數值。

你們應該還記得我們所用的利潤率明顯地低於戰前水平,但從另一方面來看,我們採用了相當高的國民所得及較低的預期稅率。

這些方法上的差異意味預測未來盈餘並非只有單一途徑,且個人的主觀判斷將扮演吃重的角色。但這些技巧上的差異程度,絕不會大於市場認定各公司未來發展可能性的差異。

我不打算批評柯林斯的方法,但有一個觀點我認為非常重要且值得深思。他假定1929年至1940年間的趨勢會延續到未來,而他似乎覺得這是一個很自然的假定,但我想警告你們不要太信賴這種假定。

幾年前我們曾密集研究過獲利趨勢是否會延續的問題。我們試著找出在1926年至1930年間,盈餘有改善的公司及同期間盈餘未見改善的公司,在1936年發生怎樣的變化。我們的研究發現,未能持續既有獲利趨勢的公司數量,和能持續的公司數量一樣多,所有的未來預測都必須考慮這項發現。

事實上,柯林斯自己也說過,當他認可某些趨勢時,他發現在某些案

例中，他預測出的利潤龐大到他不得不保守地調降數字，我想他的做法應該是對的。

※

現在我想先回頭來談談分析師對整個華爾街股市的看法，也就是說他們本身在股市的活動範圍、對證券分析及由分析計算出結論所採用的方法。

我認為分析師可能對整個股市採取兩種截然不同的方法。第一種我稱為傳統型，主要是依品質及未來發展而定；第二種我稱為滲透型，是一種互補型態的方法，以價值為基礎。

首先，讓我們簡短介紹這兩種不同的方法，因為它們和分析師的實際活動息息相關。

傳統型處理股票的方式又可分成三種，第一種是找出「績優股」，也就是「強勢的股票」、「強勢的公司」、「牢靠的公司」或「高品質的公司」。這些公司應該可以放心地以合理價格買進，這個方法似乎夠簡單的了。

其次是選擇優於長期平均盈餘成長的公司，一般稱之為「成長股」。第三種方式則介於上述兩者中間，主要是選擇短期內預期營運績效會超過一般水平的公司。

這三種方法我都稱之為保守型的活動。

滲透型又可細分成兩種，第一種是逢低買進，而股市的水平高低是由分析師判斷的；第二種是只要某檔股票的價格遠低於分析師評估或分析的價位時就買進。

讓我針對評鑑人員或分析師本身做一些評估，並對我剛剛介紹的五種分類做一短評。當然，基本上這些是我由經驗、觀察及深思熟慮之後所產生的個人見解，絕不要把它們看成是證券分析師工作的標準觀點。

你還記得，第一種分類是簡單地找出績優公司及績優股。一般人都傾向認為這個方法是很簡易而基本的方式，我則由經驗中得到另一種結論：如果經過審慎評估之後確定「績優股」的價位並沒有高於保守的估價範圍，我就認為這種方法是三種傳統型方法中最有用的。

投資人以合理的價位買進績優股是不會犯錯，或犯下大錯的。他們買進不好的股票，尤其是以各種不同名目促銷的股票時，才會犯下嚴重的錯誤。有時候，事實上應該說是經常，他們會在多頭市場中追高買進而犯下錯誤。

因此，讓投資人保持在正確軌道上，或者說是保持在適當途徑上，我認為相當值得採行的簡單建議是，只要說「這些是績優公司，而它們的價格大致還算合理。」我想這也是聲譽卓著的投資顧問公司的重要

原則。投資顧問絕非是輕鬆的行業，但它們還是靠著自己的本事活下來。

當你從簡單卻重要的建議開始，舉例來說，建議投資人以25.75美元的價位買進通用汽車及奇異電器的股票要比買進貝克兄弟（Baker Brothers）安全，進展到下一步時，你的工作雖然看起來更有意思，但實際上是變得更加困難。而我所指的就是挑選成長型股票，這也是長期以來最受分析師普遍採用且最受重視的一種活動。

成功的買進成長型股票必須視兩種條件而定：第一、它們的預期成長必須能夠實現；第二、股市對這些成長的前景尚未充分反映。

由於這些條件是經過分析師的認同，所以它們的確被普遍用來挑選某些成長股，而且也獲致相當令人滿意的利潤。但是它們的績效往往會因為選股者的技巧，以及「抽獎的運氣」而有迥然不同的結果。我很懷疑你們可以發展出一套可以口傳的技術，也就是可以由好老師傳授給學生的技術，然後用這個技術來選出成長前景看好，且股市尚未充分反映的股票。

讓我們這麼說吧：我想挑選成長股最基本的成功條件就是聰明或靈活，但我不認為聰明或靈活就是成為優秀分析師的標準條件。我並非反對這種條件，而是認為要求這種相當稀罕的特質，並不符合一般成為股市分析師的標準。

我倒是要說，證券分析師應該要具備「智慧」，也就是說，他要有技術能力、要有經驗且要很謹慎。但我不知道這類的智慧是否特別適用於，在這類充滿意外及失望的市場中成功地挑選出成長股。我想到許多例子，假如你以化學公司為例——化學公司一直是我記憶所及最典型的成長股——你會發現這類公司在過去其他公司尚未熱門以前就已經很受歡迎了，所以它們多年來的市場表現和其他類型的公司相較起來就非常令人失望。

假如你以航空運輸類股為投資標的，並以成長為基礎來選擇這類股票，我認為這種行為似乎是太投機了，而且我不知道該如何用大家已接受的證券分析技術來處理它。你知道的，這類產業以及許多其他被認為成長前景異常看好的產業，存在著太多的危機。

現在讓我繼續來談傳統型的第三種方法，我認為這是華爾街各機構中進行得最頻繁的日常活動，即商情調查。而這種行為會讓投資人相信某產業或某公司在未來12個月內將締造佳績，因此該股票很值得購買。

請容我說一句，我是最不相信華爾街的這類行為，因為這是證券分析師消磨時間最普遍的方式，我覺得這是一種極其天真的做法。分析師以為只要能確定某產業下一年的業績看好，就等於找到一種被任何嚴格標準斷定為真正有用的東西，然後就可將他的研究發現轉換成值得買進某檔股票的肯定建議，依我看，這只不過是模仿真正證券分析的拙劣技倆罷了。

舉個典型的個案為例。你有什麼理由認為美國膠合板公司（U.S. Plywood）在1947年的表現將會優於1946年，而全國百貨公司在1947年的表現恐怕會比1946年差？你有什麼理由相信美國膠合板公司每股成交價應該是34美元，而不是全國百貨公司的17美元？下年度的營運狀況與當時市場股票買賣價格這兩種認知之間幾乎沒有什麼關聯；因為美國膠合板公司的34美元成交價，可能已經把三年期的高盈餘考慮在內了，而全國百貨公司在理論上也可能反映了三年期的低盈餘狀況。許多個案不僅在理論上如此，實務上也是如此。

我在此提出一個很實用的建議，在你們眼裡，我過去所說的可能只是理論分析。假如你們以分析師的身分繼續使用傳統型的分析方法，則應該在思考上或在發表的文章及建議上，設定出相當明顯且嚴謹的條件。唯有如此，才能確保履行分析師的責任。假如你們要為客戶挑選好股票，優良、強勢、上乘的股票，沒問題，我完全贊成。但當你提出建議時，務必要確定並特別指出該價格是在合理的範圍內。而當你為自己及客戶挑選成長股時，要確切說明，與未來成長僅達一般水平的合理價位相較，以目前價格購買的人將為未來成長因素所付出的代價大約是多少。然後要明確指出，依分析師的判斷，這樣的成長前景是否值得保守投資人以目前的價位買進。

我會閱讀證券分析及投資通訊中所做的這類建議。我覺得這會讓你在提供建議時立場更加穩固。

最後，你若因為短期前景看好而推薦某檔股票時，你應該依分析師的

判斷，明確指出股價及最近的市場活動是否已經反映了分析師的預測。當你確定它並沒有反映，而且可能還沒有出現在市場活動中時，那麼你以其短期前景看好而推薦該股的行動至少還算合理。

關於我對證券分析師傳統式做法的評估，或許帶點主觀的批評，有沒有任何問題？

問　題：你把你的短期評估，也就是你的第三個論點，定義在一年內？

葛拉漢：我認為是一至兩年間，這個特殊行業的多數人似乎都只想談未來的12個月。

讓我們再花5分鐘時間來談談非傳統式或滲透式的證券分析方法，該法強調的是價值。

第一種方法是在整個市場呈現低迷時買進，當然，這是從書上抄襲來的程序。每個人都知道理論上應該這麼做，不需多做解釋或爭論，但它必有其窒礙難行之處，因為幾乎沒有人能持續這麼做且獲致成功。

當然，你一定會問：「你如何得知市場價格處於低檔？」我想，這很容易解釋。分析師會用過去的市場形態及類似我們已討論過的簡單估價方法，以確定股價的低檔水準。請記住，優秀的證券分析師不會因為市場一時的悲觀或樂觀，就改變對未來五年盈餘的看法。他們對未來平均盈餘的看法只有在他們相信某些重要基本因素發生變化時才會更改。

他們也可以採用耶魯大學方法（Yale University Method）之類的機械式市場操作方式，這是你們之中許多人都熟悉的方法。這種方法的操作手法是，當你手中的持股上漲時，就賣掉某個百分比；或當你的債券從中間或平均水平往下跌時，就把某個百分比的債券轉換成股票。

我相信這些都是很好的原則，且都是經驗累積而來的。當然，我們也有反對這些方法的強烈理由，那就是往往「下一杯酒的間隔時間太長了」，你必須等候多時才等得到歷史重演的機會。你會變得又累又不得休息，尤其是受薪階級的分析師更是不得安寧，因為若你只坐待市場低檔重新降臨就可以領薪水，很難說得過去，所以你顯然必須另外做些別的事情。

如果你是位價值導向的投資人，你最會去做的事自然是買進股市裡各種股價被低估的個股。這是可以做到的，而且也應該去做，但有個但書，那就是當整個市場似乎過高時，買進被低估的股票就不智了。這點特別難以理解，因為表面上看起來市場走高正是買進被低估股票的時機，因為被低估的價值在那個時候最為明顯。舉例來說，在整個股市處於高檔時，你以13美元買進營運資本高出甚多的孟代爾（Mandel），似乎比在市場處於平均或低於平均水平時買進更為划算。奇怪的是，經驗顯示事實並非如此。如果整個股市處於高檔，且即將嚴重下挫，你用13美元買進孟代爾必定不會讓你當下很高興或獲利豐厚，股價反而極可能會暫時大

幅下跌。如果孟代爾或類似公司的成交價低於你的理想估價時，別忘了這是因為它不受歡迎的緣故；而當整個市場大幅下跌時，它也不會變得更受歡迎，它受歡迎的程度會隨著一般股票受歡迎的程度而下滑。

問　題：葛拉漢先生，是否有一種你可能稱之為不受歡迎的形態，諸如艾曲生變型（variations of Atchison）？我的意思是，在下跌的市場中，股價被低估的股票絕對會下跌，但它們的跌幅會和某些藍籌股一樣快嗎？

葛拉漢：就百分比而論，我會說整體而言的確如此。它們的跌幅差不多一樣快，因為被低估的股票似乎都是低價股；而低價股在任何重大衰退期間，跌幅往往比高價股大。因此你會有好幾項技術上的理由，來解釋何以在統計上屬於高價位的股市中，購買股價被低估的股票不會真正獲利。

如果你十分確定股市是過高了，最好的原則就是把你的錢以現金或政府公債的形式持有，這要比把錢投入廉價股來得好。然而，在其他時候，當然也是大多數時候，買進股價被低估的股票是有利可圖的，且適合分析師操作，我們會在下堂課中加以討論。

第8堂課

接下來要談的是，分析師在處理被低估的股票時，很可能會對某公司

的發展前景產生極大的興趣，也因而對適當的公司政策產生興趣。由於對公司政策產生興趣，他們可能逐漸對錯誤的政策百般挑剔，並積極鼓吹制定正確的政策，並認為這麼做都是為了保障股東的利益。的確，市場上有相當比例的低估個案都可經由公司或公司內部採取適當行動之後而被消除。

經過幾番無意義的爭論之後，精於挑選被低估股票的專家赫然發現，自己已變成華爾街公認愛挑剔的股東並遭到唾棄。

我想來談談愛挑剔的股東。依我的淺見，股東的問題就在於愛挑剔的人數不夠多。而華爾街最大的問題之一就是分不清誰是專愛找公司麻煩或「愛抗議」的人，以及誰才是應受管理團隊及其他股東注意，且有權抱怨的股東。

※

問　題：談到投資所得，計算投資所得的方法會不會過於保守？換句話說，據我的了解，投資所得可能是來自利息及股利，但不含資本增值。

葛拉漢：是的。我很高興你提出這個問題，因為我遺漏了有關保險公司投資的資本增值或貶值方面的問題。

說到這個問題，我想談談1920年代保險公司股票大受歡迎的幾個理由。當時的分析指出，保險公司的股東是非常幸運的

人，因為他們有三種不同且價值很高的收入來源。一個是保險事業，雖然當時沒有分析指出其盈餘有多大，但應該是業績良好的產業，對股東而言，這當然是個很好的產業。其次，一般而言，保險公司用錢生利息，不只是用自己的錢生利息，而且還用保戶繳交的保費及尚未償付的理賠金等大筆金錢賺取利息與股利。因此，你只要投入一塊錢，就有約兩塊錢為你生財、為你賺取投資所得。第三項優點是，你擁有極幹練的投資管理團隊幫你投資股票，為你賺取豐厚獲利。

在1920年代股市上漲時，他們當然幫你賺了大錢，但是在1930年代股市下挫時，他們也幫你虧了大錢。1937年至1938年間歷史又再度重演，他們在1937年3月以前賺了很多錢，隨後又在接踵而至的股市下挫中虧損累累。

我很確定我們從這些歷史中得到的教訓是，今天的精明投資人絕不願意支付高價讓保險業者為他們賺取長期的資本利得。結果，我們就缺乏一套像評估投資信託那種檢查及仔細分析的制度，來評估保險公司的投資績效，因為保險公司絕不會輕易地讓自己接受這樣的檢驗。但這是可以辦到的。我將提出美國公正保險公司（American Equitable Insurance Company）長達二十多年的一些統計數字，以說明該公司如何在這段期間內以投資及承保業務獲致成功。

但我想先就剛剛的問題做一答覆，整體而言，現在沒有任何投資人或分析師認為保險業能夠靠股票的本金價值來獲利。這類活動在景氣好時會賺錢，景氣差時也是會虧錢的，這樣

說也許不夠公正，但我相信目前一般證券分析師都這樣認為。

※

問　題：請你花點時間解釋保險費和承保獲利（underwriting profit）的差異性？這牽涉到技術性的問題。什麼是承保獲利？

葛拉漢：承保獲利是指保險業務本身所得到的利潤，也就是支付理賠及保險業務開銷之後的餘額。此外，承保獲利還包括因保費準備金自然增值而帶來的獲利，這是一種技術名詞。被列在資產負債表上負債科目的「未賺得保費準備金自然增值」通常可容許到高達40%，但其實該項金額應屬於股東權益。當這數字增加時，該年的保險獲利自然會跟著增加，反之亦然。所以你承保的損益實際上可以分成兩部分：一是直接損益；二是隨保費準備金自然增減的股東權益。

我很想談談保險業計算清算價值或股東權益的方法，但我打算保留到以後再談。

問　題：承保獲利增加的機率大不大，尤其保險業是否會提高保費？戰後總會有一段安定期，在資產重置價格（replacement value）上漲之後，產物保費一定就得增加。

葛拉漢：現在回答這個問題，我要很明確地區分近期獲利及長期平均獲利。火險業的近期獲利很差，統計數字雖尚未發表，我

想，大多數公司在1946年都出現虧損，而其中有一半的公司在1945年也出現虧損。

我所採用的數值是十年期的平均數字，我想這些數值很能代表保險業長期的表現。保險業未來十年的表現將會比過去十年要好一點，但我不相信保險精算師或投資人要特別採信這種說法。他們應該相信的是，保險業在未來五年的表現會比過去二、三年更好，這兩者是不一樣的。

問　題：那麼，為什麼美國準備（American Reserve）或甚至北河（North River）之類的保險公司至今還在經營呢？

葛拉漢：北河還在經營的原因當然是因它擁有一百二十六年的歷史，隨著逐年成長，該公司已建立起龐大的基業，其經營者、代理商及保戶對這家公司都十分滿意。我不認為有人會提出股東對它滿不滿意的問題，也不認為這些公司會被問及這樣的問題。

我曾看過一些火險公司寫給股東的報告書，這些報告書通常包括一頁資產負債表及幾頁的持股清單，至於公司獲利多寡則沒有討論，我以為提出這樣的問題有失紳士風度。

問　題：你這裡所提出的數據是報告書上的承保獲利，還是調整後的數字，諸如針對最好的未賺得保費數值進行調整？

葛拉漢：這些數據是經過未賺得保費所得調整過的，這是相當標準的做法。事實上，公司本身通常會在年度會議上報告這類保費

的金額，這是很標準的程序。 意外保險業者還有另一項調整
項目，也就是不同準備款用不同的方式所產生的差額，我以
後會談到這一點。

問　題：我想，股東對保險公司一無所知的原因之一是，在此之前，
保險公司未曾公布損益表，只提出資產負債表，這種做法就
跟銀行業一樣。

葛拉漢：是的。假如我是保險公司的股東，我一定要知道這家公司是
否賺錢，我會去問清楚。但顯然保險公司的股東並沒有這麼
做，或是去索取用來分析或呈現在年報上的數據。

有趣的是，意外險公司反而會公開詳細的報告，內含豐富的
資訊，這或許是因為意外險業近十年來都很賺錢的緣故。

問　題：你是否認為股東之所以感到滿意的原因在於早期投資保險公
司，諸如大陸公司（Continental）或是所謂的「家庭集團」
（Home Group）的投資人，在過去二十年獲利豐厚？他們是
否被催眠了是另一回事，但我認為這就是原因所在。

葛拉漢：我想我無法告訴你每一家公司在過去二十年發生了哪些變
化。但我知道火險業的某些公司在過去二十年的確經營不
善，北河公司是很典型的代表，該公司一開始表現很好，
但最後卻落到沒辦法為股東賺錢的地步。我想如果你拿其
他公司來做分析，結果也不會有什麼差別，你可能會找到
一、兩家特例，像是聖保羅火險暨海險公司（St. Paul Fire and
Marine），但這種例子少之又少。

問　題： 共同基金公司的競爭會不會是因素之一？

葛拉漢： 我不知道這會不會是一個因素，可能會是，但保險公司在必要時會竭力向各保險委員會申請提高保費費率，而獲得核可的時間總是會有落差。

問　題： 共同基金公司的銷售員總會舉證說明他們的費用比上市公司低，那是他們的最佳賣點之一。他們所說的費用指的是給經紀人的佣金，是保戶的淨成本。

葛拉漢： 若果真如此，我一點也不驚訝。我們相信火險保單的佣金，也就是付給經紀人的佣金，似乎是太高了。依我之見，推銷火險保單根本不需要太多銷售技巧，反而是推銷人壽保險也許會用到許多銷售技巧。因為火險佣金一直很高，所以我想最近州政府保險部門就因為這個原因，而遲遲不肯批准幾項調高保費的申請案件。至少我所得到的消息是這樣的，但我不會把它說成是一項事實。

問　題： 意外保險的推銷員總是對保戶強調成本。

葛拉漢： 共同基金不也是這樣嗎？在意外保險的領域中，即使要和共同基金競爭，股票上市公司也能為股東賺到很多錢。

　　你們對這方面還有其他問題嗎？

問　題： 讓我們回到一個可能是很基本的問題。我對這些產業不是很熟悉，你在黑板上寫了1927年至1945年的統計數字，我可以了解為什麼投資所得會一直下跌；但即使跌勢會一再重覆出

現，你是否能解釋為什麼承保獲利的跌幅會這麼深，這只是一種過渡現像，或會持續下去？

葛拉漢： 北河公司承保獲利下降的原因有二：其一是保單上的單位保費報酬率在那兩年內從6%降到4%。這種情形很難講是否會持續下去，我個人比較認同報酬率會逐年下降。

更重要的是，該公司所收取的保費，也就是股東權益的每1美元，被一分為二。因此，同樣的報酬率只能讓你的股票得到一半的利潤。

這就好像是說，每1美元的資本只創造了50美分的銷售額，而不是1美元的銷售額。

發生這種狀況的原因很有趣，我想多談一些。這是因為這些公司在這段期間內，用各種方法所增加的股東權益遠超過它們所收取的保費。若站在對股東有利的立場來看，結果是它們在1945年的每1美元銷售額中的資本比例太高了。

當然，保險公司一定會堅決否認。它們一定會說，資本愈多愈有利於保戶，對股東也更有利。它們也會說它們預期未來要做更多的生意，所以必須有足夠的資本來擴大營業。但事實上你所擁有的金額並沒有變化，因為1945年北河公司的股東資本為2,500萬美元，而銷售額只有900萬美元，每單位資本額所創造的業績實在少得可憐。回顧1927年，它們以不到一半的資本額創造更高的銷售額。

誰也沒注意到這種事情，也就是說，沒有任何股東注意到這個現象。至於公司的管理階層，資本愈高，他們就愈富有。這點是毋需置疑。

問　題：難道他們沒有獲得更多的錢去投資股票嗎？

葛拉漢：他們有更多的錢去投資股票，但這對股東沒什麼特別的好處，因為股東得掏出更多自己的錢來投資。問題在於投資報酬率，當然，投資報酬率也降低了。

有一個更好的答案可以回答你的問題，因為他們有更多的資本，所以每單位資本的投資額就降低了。理由是，除了投入股東的資本外，他們還投入了營業所得的資金。營業相關所得的資金愈多，他們自付額的相對比例就愈小，有數字可以為證：在1927年，每單位股東資本的資產投資額是1.45美元，現在則剩下1.18美元，所以他們在這方面也蒙受虧損。

接下來，我想應該有人會提問，「股東應該怎麼做才能從投資北河保險公司獲取很高的投資報酬率？」讓我們假定這得由股東自己來決定，這是任何人都能做出的卓越建議，理論上聽起來是最容易回答的。可能的答案是：假設你把與銷售額相關的多餘資本還給股東，用這種簡單的方式，來重新訂定1927年——皆大歡喜的一年——資本和保費之間的關係，你得到的投資報酬率約是6%、股利約是4%，我想這是合理的股東報酬率。這是可以達成的，因為當你從目前的每股31美元取出15美元，你就只剩下16美元可以為股東賺錢，所減

少的利潤就只限於15美元的淨投資所得那一部分，算起來頂多40美分。而剩下的16美元會賺取大約85美分，且會得到你所希望約6%的報酬率。

保險公司的管理部門絕對無法接受這種方法，但對股東來說，至少保有一些數學上的可信度。

對北河公司這套分析還有其他問題嗎？

問　題：我還是不很明白，為什麼保費的金額會下降？這會不會是產業內的成長與競爭所造成的？歷經二十多年，難道你不看好整體保費金額應該會成長嗎？

葛拉漢：情況是：以整個國家來看，火險公司的淨保費從1927年的9億6,600萬美元成長到1945年的12億2,600萬美元，成長率約33%。

北河公司在1945年的保費收入為910萬美元，1927年則為1,090萬美元，約降低了16%，北河公司顯然是在那段期間內不進反退的個案。然而，許多保費收入增加的公司，則是在二十年來用併吞其他公司的方式增加的，更有許多保單是由意外保險公司新成立的火險子公司所承保的。那些不思組織變革而緊抱舊制不放的傳統公司，可能會和北河公司的遭遇相去不遠，也就是說，保費收入下滑。

很重要的一點是，每1,000美元的保費費率從1927年至1945年間下降了很多，但保險公司支付給保戶的理賠金卻增加了，

使得保費收入變得更糟，卻無法反映出保險項目範圍擴大之後的真正成長。

問　題：北河公司在十八年內有額外釋股嗎？

葛拉漢：有的。我以前說過北河公司已經恢復到原先的地位是不對的，我想在此更正一下，它們接管了另一家公司，這家公司佔整個資本額的五分之一。這表示北河公司在該期間內以併吞另一家公司的方式，增加了約25%的營業額，所以它們的業績出現成長，但是我並不知道這家公司為什麼這樣做的確實原因。

問　題：北河公司不是一個集團嗎？

葛拉漢：是的，它們是由克隆暨佛斯特事業機構（Crum and Foster organization）所經營的。

問　題：它們可能把保費收入用到集團內的其他公司。

葛拉漢：有可能。這是保險公司的管理階層在處理股東利益時，所產生的另一項有趣問題。許多保險公司都是所謂「旗艦」或集團的成員之一，你會在這些旗艦隊伍中發現一些令人驚訝的事情。同集團中的某些公司很賺錢，但另一些公司卻了無獲利。如果你要問明原因，這就如同我在另一個個案中所解釋的，你可能會對所得到的答案略感意外。讓我一直感到意外的是，保險人員從來不告訴股東到底發生了什麼事，反而談論公司業務發生了什麼樣的變化。你可以對為何A公司應該

獲利而B公司卻不應該獲利提出許多營業上的理由，但在那種狀況下，B公司的股東絕對對任何理由都不滿意。

第9堂課

現在，讓我們來談談新阿姆斯特丹意外保險公司，正如我在上一堂課中提過的，這家公司因為有別於其他公司而使這個案特別有意思。該公司因為解散價值（break-up value）而出現大幅折價，但這家公司並非不賺錢，反而是一家多年來績效良好的公司。該公司並沒有讓股東承受某種資產浪費——也就是長期虧損經營，卻讓股東遭受管理階層只想累積並保住所有資產，並想盡辦法不分配合理利潤給股東的不當企圖。我想這兩個案例的對比是非常特殊的，值得你仔細思考。因為股東利益受到公司多角化發展與政策的影響，而承擔拿不到股利的後果，當公司清算資產時，股東也同樣必須承受無法獲得資產清算後所得的獲利。

現在，公司的管理階層當然會強烈否認此事，他們會堅持說，只要公司賺錢並把錢留在金庫中，股東就一定會獲利，不可能遭受任何損失。我想在座各位比其他任何人都有資格來評斷這個問題。相較於以股利形式獲取股東權益價值的合理報酬，外部股東一定會從公司的保留盈餘獲得利益嗎？我相信華爾街的經驗很清楚地告訴我們，對股東最有利的處理方式是依照公司盈餘及股票實際價值分配合理的股利給股東，其衡量方式是依公司的獲利能力或資產為標準。

我認為新阿姆斯特丹公司的個案，正是凸顯股東受到不當股利待遇的活生生例子。我在兩個星期前提過，這家公司一直有發配股利，股利金額和其他兩家公司一樣多，其平均盈餘非常高。在1941年至1945年的五年間，稅後平均盈餘為4.33美元，相較之下，其年度最高股利為1美元。

你應該還記得北河公司在同一時期的平均盈餘為1.12美元，是新阿姆斯特丹公司的四分之一，同樣也配發1美元的股利。而美國公正公司在同期的五年間，平均盈餘為9美分，也配發1美元的股利。

假如新阿姆斯特丹公司是以盈餘及資產的相稱價值來發放股利，我相信股東可以從兩大方面獲利：第一、他們可以獲得適當的投資報酬，這是最令一般股東歡喜的事；第二、他們會享有更高的股價。

還有另一家意外保險公司特別適合用來做對照，它就是美國富達擔保公司。該家公司與新阿姆斯特丹公司有著幾乎完全相同的產品、幾乎完全相同的每股盈餘，及幾乎完全相同的每股資產價值。但它配發的每股股利是2美元，而不是1美元，所以它最近的股票成交價約45美元；而新阿姆斯特丹公司股票的成交價則只介於26美元到28美元之間。

由這些對比的案例可以明顯看出，配發合理且公平的股利，及配發小量股利對股東所造成的差異。

你或許會問：當股價和股東的股利報酬率都因現行政策而嚴重受創時，管理階層對無法配發更高的股利，還能提出什麼理由？

假如你跟管理階層談起這方面的問題，他們會給你三個有關股利政策的理由；而如果你曾有一段時間做過類似像傳教士的工作，他們的論調聽起來會特別耳熟。

他們給你的第一個理由是保守主義，也就是說，一般人較喜歡且對股東較有利的做法就是盡量保守。當然，保守是件好事。但問題是公司能夠過度保守嗎？舉例來說，假如股東不是獲得1美元股利，而是沒有獲得任何股利——這可說是最保守不過了——他們會獲得更多的利益嗎？我相信，經驗顯示這類保守主義可能會嚴重傷害到股東的利益。

公司給你的第二個理由，其他任何處境雷同的公司也會給你同樣的理由，是它們是一家特別的公司，也就會有特別的風險，所以在經營上必須比一般公司或任何你說得出名字的公司更為謹慎。在這個特殊的案例中，它們也會指出1946年的業績不甚理想，所以公司的現況一點也不好。

由於每家企業都是很特別的企業，所以我覺得這種說法多少是有自問自答的特色。如果你假設公司間的差異會大到沒有一般通則可以適用，那麼你可能會認定股東在決定自己該享有的合理對待上並沒有原則可以遵循。

至於1946年業績很差的說法，如果你以一般方式來分析，你會發現即使在像1946年這樣景氣差的年度裡，新阿姆斯特丹意外保險公司的每股盈餘還有2.5美元之多。如果你只採用單一年度的績效（這絕非標準的做法），該公司也應該有足夠的能力配發超過1美元的股利。股利政策應該以過去的「平均」盈餘，及未來的預期「平均」盈餘做為發放基礎。

有一點必須要指出的是，過去兩年來部分保險公司發生營運困難，基於這個理由，它們都很想採取保守主義政策。我們都知道有些保險公司不賺錢，有些卻很賺錢。如果說因為有些公司不賺錢或同業中有些公司岌岌可危，賺錢公司的股東就不能獲取合理的股利，我認為這是風馬牛不相及的兩件事。

第三個理由是股東並不了解企業的問題及其管理階層，我相信這一點也是特別有趣的，因為它涉及股東的程序及權利本質。所以，股東若自以為比管理階層更懂得什麼才是最符合他們利益的政策，就稍嫌魯莽了些。

當然，這項論點的問題在於它太霸道了。這表示說，公司不管發行哪一種股票，股東絕對不應該發表意見，而且絕不可以大膽提出和管理階層相反的意見。假如你認為管理階層「永遠」知道該怎樣做才是最好的，且「永遠」會為股東謀取各方面的利益，我想你們會同意，那就不必有股東監管管理階層這項原則了。

為了讓講課內容更加逼真，我們在課堂上不斷提到許多公司的名字，我現在想談談有關新阿姆斯特丹公司的兩件事情，第一、我的投資公司對新阿姆斯特丹意外保險公司很有興趣，而我也曾經為了適當股利政策一事和其管理階層爭論過。也許你們會認為這種說法有偏見，你們大可以這麼想，而且我理應向你們提出存在這種偏見的可能性。當然，我個人相信前述的說法能解釋這方面的問題。

我要特別強調說明的第二點是，新阿姆斯特丹意外保險公司是由一群十分幹練且品格高尚的管理團隊負責經營，表現非常好，而我們在此要提的並不是有關管理階層自肥或無能的問題，純粹是股利政策及其對股東利益所產生的衝擊與影響。

在新阿姆斯特丹公司及許多其他的公司，你很難料想到它們對股東利益問題的答案是什麼。我反覆推敲、分析及辯論這個問題之後發現，你最需要的是長期的股東教育，讓他們能夠自行思考並採取行動。我非常希望華爾街人士能夠在股東持股及買賣股票的活動中，扮演提供紮實且公正意見的角色，但我不知道這是否可行。

第10堂課

各位女士、先生，這是本系列的最後一堂課。我希望你們在聽講時，也能夠和我在準備教材時，一樣享受無窮的樂趣及挑戰。

最後這一講的主題與前面幾講有些不同，我們主要是談投機，也就是
與投機相關的證券分析。

我想，投機這個主題和愛情一樣受到歡迎，但對這兩方面的評論大都
相當老套而且不管用。

在本堂討論投機的內容中，我會儘量談論這個在金融業及你們本業
中，佔重要地位的主題裡較不為人知的一些觀點。

我想在這個鐘頭裡解說三個重點。**第一**、投機要素佔證券分析師的所
有工作中非常重要的部分，對某部分工作尤其重要。過去三十年來，
投機的整體比重與重要性與日俱增。

第二、智慧型與非智慧型的投機是截然不同的。證券分析方法在區別
這兩種投機上，發揮了很高的價值。

第三、儘管我在前面提過兩個重點，但我相信目前證券分析師對投機
所抱持的態度大多是謬誤且不健全的。基本原因是我們都把重心擺在
成功投機所得的「報酬」，而非達致投機成功的「能力」。

因此，證券分析師必須有一套像投機者一樣的自我檢視標準，也就是
說，所謂典型的投資人在自我批評時，要表現得像一位投機者。

首先，什麼是投機？我們在《證券分析》一書中有一章專門討論如何

區分投資與投機。我不想在此重述裡面的內容,只想引述結論:「投資操作是經由透徹的分析,以確保本金的安全及滿意的獲利,凡不合這些條件的操作方式都算是投機。」這是對投機的簡短說明。我們可以擴大來說,在投機性的操作中,你無法透過證券分析的過程,來預測到成功的結果。這並非表示投機絕對不會成功,而是說你無法僅透過遵循我們的證券分析方法,就可以在許多個案中成為成功的投機者。

所有的投機操作手法都和價格變動有關。有些手法只強調價格的變動,有些則是強調價值的變動所帶來的預期價格變動。我想這是相當重要的投機操作分類,要舉出一些例子是很容易的。

假如某人相信鋼鐵股在多頭市場的後半段可能會發生重大變化,便在1946年初以80美元左右的價格買進美國鋼鐵公司股票,這就是以價格變動做為參考依據,而不特別參考價值標準的投機操作方式。

假如某人認定標準瓦斯及電力公司(Standard Gas and Electric)的消滅計畫(extinction)將有所變動,便在1945年以極低價買進優先股,一股才4美元,這無疑是一種投機行為。但在這個例子中,他的動機是價值分析,或者說是與預期的價值變化有關,而令人驚訝的是,這種情形居然出現在標準瓦斯及電力公司的優先股上。

我想你們都很清楚,這種說法的反面涵義是,幾乎所有以預期價格或

價值變動為基礎的股票操作，都必須被視為是一種投機，必須和投資加以區別。

在討論投機與投資的那一章裡，我們提及價格中投機成份的觀念。你們應還記得我們曾指出，在一個股票的成交價中，部分反映出其投資價值，部分則反映了應被稱為投機的元素。

我們要舉發生在1939年至1940年這段動盪不安期間的奇異電器公司為例。我們特意挑出最高等級的投資股票，來說明其中的投機成份。1939年奇異的每股平均成交價是38美元，我們認為分析師可能會認定其中25美元代表投資成份，而代表投機成份則高達13美元。因此，在這種高等級的股票中，平均價格的三分之一是反映了投機性的評價。

上述例子反映了投機成份在投資股票中佔有多高的分量，這是一次世界大戰以來有關股票價值發展上一個相當典型的例子。我想這可以合理解釋我想說的第一個重點：投機要素佔分析師的工作比例已經愈來愈重要了。我想只有在華爾街打滾多年的人才能體察到過去三十多年來投資普通股的生態變化，以及投機性因素大舉入侵所有普通股的程度。

我在1914年進入華爾街時，投資性的股票並不被認為是投機股票，而且它一點也不投機，其價格主要是依據既定的股利為基礎而定，在正常年度中，股價波動幅度相當小；即使在市場或公司發生重大變化的年度中，投資性股票的價格也不會大幅波動。投資人大可完全漠視價

格的變動，只關心股利報酬的公正性與可靠性，其他就放手不管，或許只需要偶爾仔細檢查一下自己的股票即可。

我們現在在黑板上舉了一個相當極端的例子，統一瓦斯公司（現已改名為統一愛迪生公司）在一次大戰戰後繁榮及蕭條年代，也就是1919年至1923年間的狀況，來說明這個事實。景氣循環的確對該公司造成極嚴重的影響，你注意到其盈餘大幅起落，每股面值100美元的股票在1920年盈餘只剩下1.4美元。然而在這段期間內，它還維持既定的7美元股利，相較於市場大幅震盪，它的股價波動還算不大，一直在71美元到106美元的範圍內波動。

假如我們回頭來看1936年至1938年，現在的教科書都以僅持續一年的「衰退期」來形容這段期間，我們發現統一愛迪生公司在盈餘上沒有任何變化，但股價的波動卻很大。單在1937年一年當中，股價就從50美元下跌到21美元，次年更跌到17美元。事實上，該公司在那段期間還調升了股利，且獲利狀況非常穩定。（見表8）

投資性普通股的價格在一次大戰之後的波動幅度更大，以致讓普通股的投資人無法再漠視股價的變動。若有人買進普通股，然後說他們只對股利報酬有興趣，對價格變動毫不在意，我想他們都太沒智慧了，而且顯得很惺惺做態。

問題不在於是否應該漠視價格變動，因為顯然不應該漠視價格變動，而在於投資人及證券分析師要用什麼明智的方法來處理價格變動的問

表8 統一愛迪生部分年度的每股紀錄　　（單位：美元）

年度	盈餘	股利	股價區間
1919	$ 4.10	$ 7	106-80
1920	1.40	7	94-71
1921	6.80	7	95-73
1922	10.16	7.50	146-86
（新股）			
1936	2.33	1.75	48-27
1937	2.19	2.00	50-21
1938	2.09	2.00	34-17

題。

我想再回到奇異電器公司在1939年股價反映相當程度投機成份的例子。這是因為投資人一直願意為所謂的品質及未來平均獲利前景，付出高昂的代價，所以他們本身就為普通股的估價注入了濃厚的投機成份。這些成份本身就會引發價格波動，因為品質和前景都屬於心理面因素。當然，股利並非心理面因素，而是某種固定的已知數。前面所說的前景和品質會受到投資人心態的影響而大幅變化，因此我們發現奇異電器的股價波動幅度，幾乎和同價格區間的小型股一樣大。

從1939年至1946年，奇異電器的股價從44.50美元降到21.50美元，1946年又再度漲到52美元，然後回跌到33美元，並在此價格上下波動，漲跌幅相當大。我想這樣的現象證實了我的說法，也就是奇異電器的股

價中，有很大的部分應該是受到投機因素的影響，而且只是暫時的現象。

你可能會說，奇異電器後續的表現證實了單純的投資評價為25美元的說法，因為在1941年及1942年連續兩年，都出現了可以在這種價格水平買進的機會。而奇異電器的股價在1939年至1946年間也的確不如其他股票，我認為這正反映了奇異的股價在二次大戰前充滿了投機因素。

投機因素除了會滲入普通股，也可能會滲入債券及優先股。但高評等債券，幾乎從其名稱就可以得知，是不會包含任何投機成份的。事實上，如果你認為這種債券具有大量投機成份，根本就不會投資它們，也不會稱它們為高評等債券。但這裡有一點必須牢記在心，那就是利率上升可能導致優良債券的價格嚴重下滑。但即便如此，高評等債券的價值也可以依其在有效期間內分期償還為基礎而衡量出來，藉由這種傳統的估價方式，我們就毋須在意價格的波動。你們大多數人都知道，這正是我們最近所討論的保險公司估價方式。高評等債券的價值評量方式是以逐年償還為基礎，不涉及價格波動。

也許證券分析師很樂於遠離大都出現在普通股的惱人投機因素，而專注於更能獲得迴響且更能掌控的債券分析的各項因素上，我相信華爾街自1929年以來已經大幅提高了債券分析的技術水準。但人性中最諷刺的一點是，當你真正掌握某樣東西時，它就變得不再像以前那般重要了。我們都知道債券分析在證券分析師的工作中佔很小的分量，其

原因是最明顯不過的了：現在大部分的債券投資都是美國政府公債，不需要進行正式的債券分析。

然而對剩餘的那小部分公司債，即便仔細的債券分析過程可能令人沮喪，但你仍然可以進行詳盡分析。我相信能力很強的債券分析師在每次分析個案時幾乎都會得到一個結論：一般人買政府公債的獲利要比買穩健型的公司證券還高。在目前的市場中購買這類公司債，往往只是大型機構的表面工夫而已，大型機構為了部分的政治因素，總會在投資組合中放進一些公司債及政府公債。結果，在過去非常重要且對投資人極有價值的債券分析領域，我認為目前在實質利益上必須大打折扣。

我的第一個論點就談到這兒，證券分析師都已發現股票中的投機要素愈來愈重要，使我們不得不加以正視。

第二個論點是分析師在區分智慧型與非智慧型投機方面所扮演的角色，我想用幾個例子來做說明。

我挑選了4檔低價股，將之分成兩組，希望藉此來說明分析師在處理這種投機股時會得到的不同結果。一組是阿利蓋尼公司（Allegheny Corp.）普通股，其月底的成交價是5美元，以及葛拉漢－佩其（Graham-Paige）普通股，成交價同樣5美元；另一組則是大眾持股公司（General Shareholdings），成交價4美元，以及電力債券及股票（Electric Bond and Share）6美元的優先股「憑證」，昨天可以用3美元

買進。

乍看這些證券，覺得它們看起來都差不多，4檔都是投機性股票。但經過證券分析師深入研究之後，可以發現這兩組股票間差異極大。

大眾持股公司是一家投資公司的普通股，該公司總資產值2,150萬美元，優先請求債務金額為1,200萬美元，剩餘的約950萬美元則是普通股。這些普通股的市價總值為640萬美元，意味著在大眾持股公司的股票中，你能同時享有市場上明顯的股票現值折價，更有機會參與高度的槓桿操作。因為，如果你支付640萬美元買下總資產價值，此後，每當總資產價值上漲10%，普通股的帳面價值就上漲了30%。

更有甚者，你可以規避公司出現嚴重問題時所引發的危險，因為優先證券的絕大部分（事實上，約是六分之五）是優先股，這些優先股不必配發股利，也沒有到期日。

因此，在大眾持股公司的個案中，你擁有非常具吸引力的投機因素：（a）以低價的「門票」進入很大的上漲空間；（b）不必付全額票價，你買了折扣票；以及（c）假如你認定未來幾年的股價可能會大幅上下波動，在這個波動情勢下，你必然會贏多輸少。

以上是從分析角度對大眾持股公司的觀察。

相對地，假如你以5美元買進阿利蓋尼公司股票，乍看之下該公司的狀

況與上例類似，也就是說，擁有一家投資公司投資組合的部分權利，但計算後你會發現結果卻大不相同。1945年底，該公司的資產為8,500萬美元，而請求債務包括債券、優先股，及積欠的股利共1億2,500萬美元，因此，普通股約有4,000萬美元是「灌水」。每股5美元表示你得付出2,200萬美元才有權參與8,500萬美元的資產所帶來的增值，而且還是在優先請求債務付清之後。

證券分析師可能認為在那種情況下，會有很大的槓桿操作空間，這是當然的；但你得付出很高的代價，且會遠遠地被隔離在能夠真正實現的獲利之外，這就是一種非智慧型的投機。

事實上，阿利蓋尼的投資組合價值要成長70%，你才能夠勉強打平根據資產價值所反映出來的普通股市價。在大眾持股公司的案例中，如果其投資組合價值成長了70%，你就會得到資產價值約每股15美元、市場價格每股約4美元的普通股。

因此，從分析的角度來看，阿利蓋尼和大眾持股公司的一般狀況相當雷同，但在數值上的差異很大。結果一個是智慧型的投機行為，而另一個則是非智慧型的投機行為。

我們現在繼續來看每股5美元的葛拉漢—佩其公司股票，我們發現了另一種情況。在本案例中，投資大眾付出2,400萬美元買進普通股，但該公司的資產價值只有800萬美元，且其中大部分是凱塞—費塞（Kaiser-Fraser）公司的股票。如果你願意，可以在公開市場上買到，而不需要

花3倍的價錢去購買。股價的其餘部分代表價值300萬美元的農具業資產，這種行業和其他任何行業一樣，都可能會賺錢，唯一的缺點是，農具業並沒有任何獲利的紀錄，而你卻為了某種程度的可能性，付出了好幾百萬美元的代價。證券分析師會認為這是一種非智慧型的投機行為。

現在讓我們來看看電力債券及股票憑證（Electric Bond and Share stubs），我想稍做解釋。這個憑證表示的是，假如你在昨天以73美元買進電力債券及股票的優先股，現在你收到每股70美元的股票所剩下的東西。剩下的東西可能是你享有每股10美元的權益，而這部分的請求權必須經過證管會和法院的同意。那10美元代表的是，電力債券及股票的優先股被贖回時，高於面額的溢價金額。問題是，本案例中的贖回價格、面額，或介於兩者之間的其他數字是否該加以控管。

我想，答案非常明顯，那是一種投機的狀況。你投資的每股3美元可能獲得10美元，也可能什麼也得不到，或獲得介於兩者之間的任何金額。但這並非巧妙地避開證券分析師技術的投機操作。證券分析師有辦法探知這項個案的優點所在，並依據個人的專業技術、經驗，以及從其他公共事業解體的案例中所看到的類似情況來提出建議。

如果我們假設電力債券及股票憑證各有一半的機率，可以獲得10美元的溢價，那麼分析師會認定每股3美元是智慧型的投機操作。數學計算的結果指出，在幾次這樣的操作中，你的整體勝算會大於虧損。因此，這些例子讓我們歸納出一種我稱之為智慧型投機與投資之間的數

學或統計公式。事實上，這兩者之間的關聯性相當高。

智慧型投機的前提是，在根據經驗來評估機率並對相關事實小心衡量的基礎上，數學機率是勝算大於虧損的。

舉例來說，這套觀念可以用來購買股價落在我們評估方法所得到的價值範圍內的任何普通股。如果你們回想一下我們對美國散熱器的評估，可能會記得我們在第5堂課做了一大堆計算之後，求得美國散熱器的每股股價介於15美元到18美元之間。若我們假定這項計算相當正確，就可以做出這樣的結論：美國散熱器的「投資」價值約是15美元，在股價在15美元到18美元之間，你們就可以進行所謂的智慧型投機，這可從你們對本案投機因素的評估結果證實。如果超過18美元還買進的話，將陷入非智慧型投機的領域。

以我們的數學測試作為衡量基礎，若投機成功的機率很高，則可以利用簡單的多樣化投資方式，將這些個別的智慧型投機個案轉變成投資個案，我想這就是華爾街最成功且報酬率最高的投機操作秘訣。讓人高興的是，這項觀念只需要經過技巧熟練的計算即可贏得勝算。

再回到電力債券及股票的例子，假如我們真正對機率的評估很熟練，且求出勝負各半的機率，則可以考慮把電力債券及股票憑證納入含有10種這類具多樣化特質的投機組合中。如果你運氣不錯，在10種這類股票的操作中，投資30美元可回收50美元。也就是說，你會從其中5種各賺得10美元，剩餘的5種則一毛也沒賺到，所以總報酬為50美元。

在華爾街，以勝算機率為基礎而發展出來的這類智慧型投機方式並不多見，事實上，你們大都對這類方式非常陌生，但其實不該如此。假如我們把華爾街與賭馬稍作比較而不算罪過，那麼我們之中有些人一定會認為華爾街有智慧的投機者採用的是賭馬業者的技術，而非賭馬者的技術。此外，如果我們假定華爾街絕大部分活動都要碰些運氣，那麼你最好能把這些機率算得愈準愈好，然後在勝算較大的那一方下注。

我在此向本班學員及任何人慎重地建議，華爾街各類型操作的投機機率數學模式，是一個可以提供你們既完整又有獲利可能性的研究領域。

讓我們回到阿利蓋尼公司及葛拉漢一佩其公司的普通股個案上，我們從分析師的觀點將這些股票視為非智慧型的投機。這樣說是否太冒險了？相對於目前成交價為5美元，去年葛拉漢一佩其的股價高達16美元，阿利蓋尼高達8.25美元。至少可相信的是，若是直到今天才去買它們，獲利結果一定很好，因為：（1）楊或費塞有能力締造一個目前幾乎不存在的真正價值，或是因為（2）若不考慮價值為何，這些股票也都將出現向上的投機性變動。

上述兩種因素都有可能存在，分析師不能輕忽，但他們可以堅稱這些股票是非智慧型的投機股，因為他們從經驗得知，這類投機的下場普遍都不會很好。原因之一是，以5美元買進這類股票的人，以10美元價位買進更多股票的可能性會超過賣出股票。結果，即使他們在這段期

間內可能有機會將股票全部拋售給更不明智的投機者,但他們最終往往會出現虧損。因此,界定智慧型與非智慧型投機的最終標準,完全取決於多樣化投資操作的經驗成效而定。

我要開始討論第三個重點,我要指出華爾街對投機風險的一般態度與習慣態度,和我們所討論過的態度之間的差異究竟有多大。但我想在此先暫停一下,因為我想知道你們對我針對第二點的解釋有沒有什麼問題。

問　題:如同電力債券及股票憑證的案例中所說的,若你採用多樣化策略,你就不會專門投資10種都類似優先股贖回的狀況。你會買進電力債券及股票、大眾控股公司及其他股票來進行多樣化投資,且每家公司的狀況截然不同?

葛拉漢:是的,這套方法並非以操作特質為基礎,而是以確定能讓自己滿意的數學機率為基礎。你買什麼標的並不重要,你可以持有債券、股票或任何其他證券,只要能出現讓你滿意的勝算機率即可。它們同樣具吸引力,且在你的多樣化組合中佔有同等的分量。你提出了一個相當健全的觀點,那就是若你持有10種類似電力債券及股票的證券,也就是全屬同質性的證券,就不是真正的多樣化,因為這實際上和購買10股電力債券及股票一樣,全都會受到相同因素的影響,所以這不是真正的多樣化。這一點說得很好,要真正達到多樣化,你得確定組合內各項標的的成敗因素彼此互異才行。

※

問　題：談到勝負各半的機會，你在電力債券及股票的案例中為什麼不採用6比4的比率？我不知道你何以能在數學上得到如此精確的數字？

葛拉漢：你這麼說是正確的，而且我很高興你提出這一點。此處不必搬出歐幾里德幾何學，但你可以確定機率會比7比3要高出許多——假定這是你在購買過程中所用的機率，而不需要很精確地確定是各半或是6比4。一般而言，你只要認為勝算機會至少一半，就足以達到你希望的目的了，實務上並不需要更精確的數字。

現在，請記住我並不是在這裡暗示以上數字就是我對電力債券及股票機率的結論。你們每個人都有能力研究這種狀況，且算出其他公用事業股票贖回案例的結論，我只是用電力債券及股票來做說明而已。我應該指出的是，用同樣價錢可以買到6美元的優先股憑證，卻只買到5美元優先股憑證，這種交易似乎不夠聰明。

我要講的最後一個主題是有關目前證券分析師對投機的態度。我覺得華爾街分析師對投機的態度是既精明又無知的特殊組合，他們十分了解投機是他們工作環境中很重要的一部分。我們都很清楚，如果跟隨投機的群眾，長期下來一定會虧損，但我們或多或少還是會發現自己會這麼做。而證券分析師和群眾會這麼做的頻率更是高得不得了，事

實上，我不記得他們哪一次不是這樣。

這使我想起一個你們都熟悉的故事：一位油商上天堂請求聖彼得讓他進門，聖彼得說，「對不起，你只要從門口往裡瞧，就可看出這裡的油商區已經客滿了。」油商說，「那真不巧，但我能否跟他們說幾個字就好？」聖彼得說，「好的。」然後油商就大喊，「地獄裡挖到油井啦！」油商們蜂擁奔出天堂，拼命尋找下地獄的捷徑。於是聖彼得說，「這招太妙了，現在空位很多，請進。」油商搔搔頭說，「我想我還是跟那票人走好了，說不定那謠言是真的。」

我想這就是我們在股市變動中的行為模式，我們從經驗中得知我們的下場一定不好，但總覺得「謠言可能是真的」，於是就跟著群眾行動。

基於某些理由，所有的華爾街證券分析師應該都會對股市的未來有些看法才對。我們之中有許多絕頂聰明的分析師都致力於預測未來的價格走勢，我不想為了辯論他們的行為是否合理而在此點燃戰火，但我想對這個主題提出一項觀察。

市場預測最惱人之處不在於預測者不夠聰明或熟練，而在於有太多真正的專業人士從事市場預測，他們的意見不斷被中和，導致預測結果的效果最後幾乎等於零。

對於專家們可以確信地指出市場未來的可能變化，幾乎每一次市場都

已經充分反映出來了;除此之外,專家們所說的幾乎都不能完全確信,其正確機率只有一半。如果從事分析市場的人士能夠適度地自我批評,我相信他們會發現自己只不過是在追尋一場幻夢罷了。

我最近閱讀巴爾扎克(Balzac)的傳記,使我想起他的一部名叫《追求絕對》(*Search for the Absolute*)的小說,你們有些人可能也讀過。在小說中,有位聰明的醫生一輩子都在尋找一件找到之後會讓他覺得很快樂的東西,但他從來沒有找著。當然,若能在股市中不斷做出準確預測,其報酬是相當可觀的,所以我們才都會躍躍欲試。但我相信你們會同意我的看法,那就是你們沒有充分的理由可以相信,有人能夠一直做出正確的股市預測。依我之見,證券分析師把時間浪費在這類的追尋上,是一項非常不合理且不實際的錯誤。

當然,市場預測本質上等同於「掌握市場的最佳時機」。我在此要說的是,能讓最佳時機一直發揮功效的唯一原則是,在分析師認為普通股很便宜時買進,而在分析師認為很貴或不便宜時賣出。

這種論點聽起來好像和時機有關,但稍加思考之後,就會發現它根本和時機無關,而是和買賣股票的評價方法有關。本質上,你不必了解市場未來的走勢如何,因為如果你的股票買得夠便宜,即使市場持續走低,你的部位依然會很穩固;而且如果你的股票賣得相當高的價錢,即使市場持續走高,你還是做了聰明的決定。

因此,在本課程的結尾,我希望你們這些證券分析師能夠接受我最殷

切的請求，請你們和市場分析從此一刀兩斷。千萬不要嘗試將證券分析與市場分析結合，這是很多人誤以為相當合理的做法，事實上兩相結合之後的最終結果，幾乎都註定會相互矛盾與混淆。

另一方面，我很樂見證券分析師能夠明智地處理投機性操作。我認為前提是採用數量化的方法，也就是以計算各種狀況的機率為基礎，且能確定操作成功的勝算相當大。這種計算毋需每次都可靠，且毋需要求數學上的精確度，只需應用相當程度的知識和技術來計算即可。平均法則自然會解決掉一些小錯誤，及由投機定義就可知道難以避免的各種令人失望的狀況。

假如你因為虧損就認定某項投機不明智，那就大錯特錯了。這聽起來似乎是個很明確的結論，但其實是錯的。只有在研究不夠充分及判斷力很差的情況下，投機才會變得不明智。我記得你們當中有一些人愛玩橋牌，橋牌高手的全副心思都放在打出正確的牌，而非贏得牌局。你們都知道，長期下來，假如你出對了牌就會贏錢，出錯了就會輸錢。

這裡有一則我想你們大多數人都聽過的動人小故事，是有關夫妻檔橋牌賽中某位段數較弱的先生，他似乎叫了一個大滿貫，且在賽局結束時以勝利的姿態對太太說，「我看到妳一直對我使眼色，但請妳注意，我不但叫了一個大滿貫，而且還贏了，你有什麼話好說？」他太太悶悶不樂地回答，「如果你的牌出對了，你必輸無疑。」

這種事在華爾街屢見不鮮，尤其是在你想藉由仔細精算獲得成功的投機領域更是如此。有時候結果會很慘，但這正是賭局的一部分。假如結果一定正確，那就不叫投機，而且在穩健的投機中，也不可能有什麼獲利機會。對我而言，這是個不變的真理。

※

對永遠想依邏輯行事，且將自己設限在自己相當有把握的金融領域的證券分析師，我知道他們所遭遇到的實際問題會是什麼。這些分析師老是跟我抱怨他們無法這樣做的原因，是客戶和老闆都希望他們做點別的事情，以便提供立即可用的投機判斷及市場意見。我相信終有一天證券分析師必然會和市場分析師分道揚鑣。

假如能有兩年的試驗期讓市場分析師及證券分析師分別去追蹤他們所完成的預測，那就太好了。我想我們很容易就可以事先看出誰的績效會較好，這麼做絕對值得。我想客戶及老闆最終一定會認為最好還是讓證券分析師回去做證券分析師的老本行，而不是去做其他的事情，尤其是別去做市場分析師，因為他們根本不知道該怎麼做，也永遠不會知道該怎麼做。

我最後想提出一些我對華爾街機構長期以來的行為的觀察心得。

如果你們能像我一樣把思緒拉回1914年，會很驚訝於華爾街今昔的某些極大差異。在很多方面，進步的確很大。華爾街的道德水平要比從

前好很多，資訊來源更加充足且更值得信賴，證券分析的技術也在多方面有長足的進步，我們在這些方面是遙遙領先過去。

但有一方面其實是毫無改善，那就是人性。儘管所有的投資工具及技術改善都很可觀，但大眾仍然渴望快速賺錢，他們仍然希望站在市場正確的一方。而最重要也是最危險的是，我們都希望從華爾街獲得比我們投入的心力所應得的利潤還要高的報酬。

在華爾街的思考模式中，我認為還有一個不進反退的地方，那就是我在這堂課一開始所談的投資與投機的區別。我確信1914年的人們比現代人更清楚知道，把錢用來投資和把錢用來投機的不同意義，他們不會奢望投資性的操作會為他帶來超額獲利，而且幾乎所有從事投機的人士都知道他們冒的是什麼樣的風險。

第五篇｜商品儲備計畫

二次大戰後的世界被形容為「美麗」
「新」世界。當時的世界的確很美麗，但
我們卻不敢確定它是新世界。我們懷疑它
是否與過去截然不同。

——《證券分析》第4版，1962年

20世紀初期的特色是繁榮與蕭條交替出現、物價上漲與生產力停滯輪番上演、1930年代發生全球性經濟大蕭條，以及最後爆發了二次世界大戰。從政治領袖、商人乃至升斗小民，無不擔心經濟的亂象會統御戰後的世界，但大家也明白戰爭期間經濟體系崩潰正是革新舊制的大好機會。

葛拉漢致力思考這項主題，並於1937年把他的想法寫成一本書，書名叫《儲備與穩定》（*Storage and Stability*），該書於1998年再版。在最初發行時，葛拉漢所屬的經濟穩定委員會（The Committee for Economic Stability），全力推廣其觀念並將之推薦給全美及世界各國的領袖參考。葛拉漢的觀念深受各界矚目，因而促成了他與英國知名經濟學家凱因斯爵士之間的魚雁往返。由葛拉漢及友人法蘭克‧葛拉漢（Frank Graham）博士所發表的一篇有關「安全存量」（buffer stock），或稱為商品儲備的文章，引起了凱因斯的誤會，後來凱因斯本人對此做了更正。

凱因斯在給葛拉漢的信中寫道，「把安全存量作為穩定短期商品物價的工具這方面，你和我是站在同一戰線上的大膽改革先鋒，所以切勿讓錯誤的矛盾分化我們。」

1944年在新罕布夏州白山市（White Mountain）所舉辦的歷史性布列敦森林會議（Bretton Woods Conference）中，預計將研擬出國際貨幣、國際收支平衡、通貨膨脹控制及其他經濟因素等新政策。葛拉漢的友人

們熱心地把他的想法獻給羅斯福總統及國會,希望能在布列敦森林會議中提出來,但一切工夫都白費了。相反地,與會的44國(蘇聯受邀但未出席)採納了「可調整的釘住匯率制度」(adjustable peg)或金本位貨幣制度(gold-standard monetary system)修正版本,並交由國際貨幣基金(International Monetary Fund)管理。然而,擁護葛拉漢商品儲備計畫的還是大有人在,每隔幾年,經濟學家就會把葛拉漢的觀念從倉庫裡搬出來拍拍灰塵,繼續討論一番。還是有很多人認為,假如葛拉漢的商品儲備計畫當初能被採納,整個世界經濟將會更加穩定,且更能和平地合作。

10　國際商品儲備貨幣建議書[1]

本建議書背景說明

一個即將舉行的國際貨幣會議將考慮訂定穩定匯率價格的方法。若能將國際貨幣的地位與基本商品保持一致，類似像黃金享受的待遇，這將極有助於達成該會議的目標。這類做法可以讓原物料生產國站在與黃金產國相同的地位，且在產出價格獲得合理保障的情況下，藉由擴大原物料生產來支付進口成品的費用，如此就可大幅降低利用信用擴張以維持匯率穩定的必要性。

本建議書還提出其他比促進匯率穩定更重要的觀念。該觀念的落實，實有助於穩定全球的基礎價格結構，使全球產銷得以無限且均衡地擴張。它可以建立基本商品的安全存量，一旦建立之後，不僅可平衡供需失調，更可創造非商業用途的緊急儲備物資，並提升生活水平。安全存量的機制能發揮貨幣儲備的功能，對任何程度的需求都能夠發揮自行融資的能力（self-financing）與自行清償的能力（self-liquidating），並且成為促進購買力增加的原動力。

結合安全存量機制及貨幣儲備機制的目的，是為了因應一方面是過剩

---

1 致新罕布夏州布列敦森林的國際貨幣暨金融會議，經濟穩定委員會敬呈，1944年6月21日。資料來源：葛拉漢個人文稿。

與不足交替出現，另方面是購買力不足的雙重挑戰，所提出的一個單
一的合理解決方案。將基本商品當成貨幣使用的問題主要是出在技術
面，而我們相信和商品儲備建立具有一致性貨幣函數關係的商品單位
或商品組合方法，是可行的方式。這種方法可避免政府在穩定單一商
品物價時可能會遭遇到的許多陷阱，而且穩定或貨幣化單一商品的計
畫中所隱含的嚴重技術瑕疵，都可以利用個別物價在穩定的商品組合
價值範圍內自由浮動的方式獲得大部分解決。

這項商品儲備建議可用來修補引發各種疑慮與批評的弱點，使規畫中
的國際貨幣基金得以成功運作，因為本建議可以穩定基本商品及黃金
的世界價格水平，並防止許多國家所擔心的，嚴苛的金本位制度將會
導致通貨緊縮及景氣蕭條在世界各地蔓延。也因為它可以大幅增加原
物料生產國以貨易貨的能力，所以可以把基金會的信用操作維持在外
銷出超國（export-balance nation）可以立即接受的範圍之內。

建議書摘要

本計畫的設計是以1944年4月21日專家聲明書（the Experts' Statement）
所描述的國際貨幣基金架構的功能為藍本。本計畫使該項聲明的所有
條款都不必做更動，國際商品單位貨幣制度將另立章節介紹，其基本
要義如下：

　　1. 基金會將定義一個合適的商品單位，並以黃金或（黃金）美元

訂定其基本價值或面額。基金會可隨時以議定的價格——比方說95%的面額,標購倉庫收據後,向會員國收購所有的商品單位。而只要有足夠的商品單位,基金會也可以用某個價格,譬如面額的105%,出售給會員國。

2. 基金會及會員國之間所交易的商品單位,通常會比照黃金交易的模式。會員國出售商品或黃金單位給基金會時,除了基本配額外,還可在基金會建立信用帳戶。

3. 基於安全等理由,可由供應國或其他有意承辦的國家做為基金會的經紀人,對實際商品單位的保管進行妥當安排,以儲存所有的商品單位。儲存成本將以下列方式支付:(a)要求供應國在固定期間內承擔;(b)由其他有意保管的國家承擔;(c)由買賣價差的利潤承擔;(d)在個別商品暫時性短缺時,以出售現貨並以較低價格期貨合約回補的利潤承擔;(e)由會員國評定計價。

4. 商品單位組合可依據適當的統計方法隨時予以修訂。以全球生產及外銷的十年期移動平均值為基礎,每年修正調整,可輕易維持商品單位在統計上的正確性。

本建議書的正常操作方式及功效

在本建議書中，固定和維持商品單位的國際價值的方式，將和黃金及某些國家的貨幣處理方式一樣，依據公認最佳的買賣價差來決定。個別構成單位的價格不會固定，而是任其在公開市場上自由浮動，以反映相關供需情況的正常變化，但由於整體價格水平會維持在極窄的範圍內波動，所以個別價格的變動將比從前緩和許多。

實際累積商品單位的方法，可經由獲取小額利潤的商品經紀商來運作，或可以由基金會本身的經銷商來處理。不管是用哪一種方式，當全球價格水平稍微跌落到進貨價格以下時，商品會自動流入基金會，且在超過出貨價格時流出基金會。

會員國不一定得生產所有商品項目，才能夠從基金會所提供的市場需求中獲利。各項商品將在主要外銷市場上經由一般國際貿易程序進行累計。每個原物料生產國都可因提供部分單位項目而獲利，就好像它是提供了等值的所有單位項目一樣。

國際商品儲備貨幣的優點

1. 在匯率穩定方面

商品儲備貨幣會增加全球的實際貨幣供給，而且它能讓許多原物料生產國增加手中能掌握的支付工具，讓它們更容易以現金支付進口

的成品與服務。誠如前文所述，這應可大幅降低財力雄厚的外銷出超國，必須直接或間接以信用貿易方式，資助財力薄弱或入超國的必要性。這只要讓規畫中的國際貨幣基金使用適量的國際信用就可以圓滿達成目標。

2. 在物價穩定方面

本建議書所提議的機制，是藉由直接穩定基本原物料的價格水平，來消弭造成全球經濟斷層的主要成因，進而使得成品及服務的價格水平可維持高度的穩定性。

3. 成為安全存量的創造者

本建議書將提供世界各國一種不會威脅到它們商業市場的免息安全存量。它將可落實糧食會議（Food Conference）的結論中，有關建立安全存量的技術的需求。由本計畫所產生的非商業性商品屯積，具有三大好處——保護性的儲備、價格水平的穩定性，及對擴大產出具鼓勵作用。

雖然安全存量的潛在利益是舉世公認的，但一般商人還會因為它們對價格結構帶來的威脅，而感到十分惶恐。採用貨幣技術可將安全存量阻絕於商業市場之外，好讓它們能充分發揮潛在的利益。
當現貨可以溢價出售，用期貨合約取代現貨商品單位的規定，將使得商品儲備在個別產品暫時缺貨的情況下，做出最有利的運用。

4. 成為世界經濟擴張的樞紐

沒有一種方式能夠比保證穩定價格的可靠需求，更能直接刺激充分生產的了。貨幣制度就是這樣為黃金提供了需求，使金礦產業免於遭受不景氣及失業的問題。商品儲備建議書將為所有的基本商品提供一個類似黃金的需求，進而使世界能夠信心十足地邁向原物料生產均衡擴張的狀態，讓全球經濟的各項因素都能因此受惠。

若非這般正面地刺激生產，戰後的世界將會面臨被企業聯合統治的重大危機，因而使得成品及原物料產品的生產及出口，在各種條件限制之下，雙雙下挫到原先商品需求的水平。

11　多重商品儲備計畫摘要[1]

組織目的：

經由研究及教育以促進經濟穩定，而達成此目標的第一步驟就是提倡多重商品儲備制度，做為黃金及白銀贖回基金的附件及補充，因而：

（1）建立一個在某些物資缺乏時期，提供基本必需商品的庫存。

（2）落實長期以來對銀行管理及貨幣暨信用數量管制區隔的需求。

（3）設定一個全自動、客觀且有效的機制以防止通貨膨脹、通貨緊縮及可能引發的多重惡果。

（4）以強大後盾、限量發行和極穩定的購買力，提供我們經濟一種穩定的價值單位及穩健的貨幣。

計畫大綱：

根據基本的、可儲存的、普遍使用的原物料作為貨幣基礎，並據此發行貨幣，且受到保護也可贖回，進而讓一群特殊商品組合能夠獲得與過去對待單一商品──黃金，完全一致的貨幣制度。

詳細內容：

商品單位項目可依法制定，將包含約二十五種以上可儲存的基本原

---

1 經濟穩定委員會，1941年3月。資料來源：葛拉漢個人文稿。

物料。組合中各項商品的相對數量應該由其商業上的相對重要性來決定，商品單位的規模應考量方便儲存及贖回的目的。相當於1美元價值的商品單位比例，應在本計畫經國會依憲法賦予其制定貨幣價值的條文（憲法第一章，第八節，第五條）通過立法時予以固定，可由該組商品單位在一段時間內，例如1921年至1940年的市場平均價格來決定，這些計算方法都不是很困難。

財政部將採取類似目前期貨交易所的做法，根據一種或一種以上的完整商品單位的倉庫收據存單，來發行法定貨幣，或將這些倉庫收據換成等量的貨幣，就和前人可以存取黃金以交換貨幣一樣。因此，在這種計畫之下，任何人都可以隨時儲存或提領商品單位或貨幣。

所以美元實質上就是一種「商品單位憑證」，具備黃金憑證及黃金本位貨幣所有令人渴望獲得的特質：靠山穩固、可贖回性、限量發行，外加一些我們現行貨幣中所缺乏的某些重要特質。

以下事項應予以適當規範：（a）商品單位組合的項目，依各單位商品在商業上的重要性的相對變動，定期但非經常性的變更；（b）支付倉儲費用的方法；（c）在交待清楚的條件下，以「期貨」合約替代現貨倉庫收據；（d）如有可能，將黃金白銀等重要項目納入商品單位項目，或持有人可隨意選擇以商品單位、黃金或白銀贖回憑證。國會考慮本計畫時，這些以及其他不致影響基本原則的細節部分，必然會成為官方研究的主題。

作業方式：

現在讓我們考慮本計畫的作業方式，並嘗試將實際操作方法及其成效做一具體說明。

不管什麼原因，當包含各種商品單位的商品組合總市價，開始跌到它們整體最初儲備時的價值以下，任何人都可以在交易所內購買這些商品，在繳給財政部一套包含每項商品適量的倉庫收據後，就可以取走等量的現金。這對所有的儲備商品的市價將會產生支撐的效果，而且因為它會增加貨幣供給額，因此有助於維持一般的價格水平。

從另一方面來看，不管任何原因，當包含各種商品單位的商品組合總市價開始漲到整體贖回價格以上，任何人都可以用固定價值向財政部贖回這些商品，然後在市場上出售。這些被贖回的貨幣將失效並予以銷毀，這有助於降低這些商品的價格，且由於它會減少貨幣供給，因此可以避免一般價格水平上揚。

商品單位組合的整體市價波動幅度區間將會很小，端視鑄造貨幣的費用為何（假如有的話），以及提領和出售商品單位，或把它們存入商品儲備的佣金及其他成本是多少而定，總數應不超過1%到2%。將商品單位交換成貨幣，或將貨幣交換成商品單位的誘因，和從前將黃金存入儲備銀行或財政部，或把它們從這些機構領出來的原因是一樣的。

結果：

本計畫提案人相信：

A. 商品單位組合的平均價格將會在有限範圍內維持穩定。

B. 讓我們的經濟擁有具強大持續購買力的穩健貨幣（也就是說，有堅固的支持力量），如此一來可避免因通貨膨脹或通貨緊縮而造成深遠且嚴重的政治及社會問題。

C. 促進借貸雙方、勞資雙方，及涉及時間及金錢兩大要素的所有合約當事人之間的平等地位。

D. 有助於穩定一般企業及經濟狀況，下面將有充分說明。

E. 為公共事業工程開支以及在不景氣期間創造就業機會的類似方法，提供更佳的替代方案。

F. 有助於消弭「豐裕中的貧窮」的矛盾現象，因為它可以藉著削弱價格結構及強化不景氣的方式來防止一般原物料生產過剩的問題。它將可以移除兩項加速經濟蕭條的因素：原物料生產者（尤其是農人）購買力遭到破壞，及所有抵押品貶值後，導致銀行信用貸款數量降低的惡性循環。

G. 創造一個至為重要的原物料儲備倉庫，以應付乾旱、瘟疫或戰爭等

重大緊急狀況，以及下段所述之現象，這將大大有助於我們在目前的戰爭支出狀態結束後，重新將我們的經濟調整到和平時期的基準。

H. 可以提升生活水平，因為它將促進生產達到最高消費量的水準，達到充分就業，並有助於執行因科技進步所導致的必要調整。這可防止所有由於基本商品價格不穩定而造成的失業、勞工及商業混亂等問題。因為商品單位組合會創造一個價格固定（鑄幣）的廣大市場，所以在任何不景氣的初期，經濟體當中的多數部門都可以得到支撐，甚至得到刺激，就如同金礦業目前被類似狀況所刺激一般。

I. 藉由提領重要原物料儲備，繼而贖回並取消等量貨幣的方式，來控制通貨膨脹式的繁榮。

J. 以保護整體銀行體系及價格結構的運作方式，來對抗在價格水平震盪中具重要影響力，並造成數十年來銀行業務困難的銀行貸款過度緊縮或過度膨脹。

K. 可做為改進國際貿易及融資的工具，因為以有形物資償還積欠我們的外債或外銷商品貨款，不但不會打擊我們的市場，反而能增加我們的可用商品存量。由於外幣價值會自動和基本商品組合的外幣價格相連結，所以不會產生競爭性匯率貶值的問題。

評論：

本計畫不涉及固定個別商品的價格，而是完全放任價格隨供需變化而波動。商品單位組合的整體價格則會直接在狹幅區間內予以固定，但個別商品價格之間的關係將一如往昔地自由變動。所有商品的價格水平將間接地維持穩定，這是因為競爭會避免任何不同類型商品之間產生重大的差異。

本計畫是自動、客觀、非政治性且自我約束的，不涉及任何指數的應用、無需削減產量或做任何分類、無需修改銀行或市場的作業程序、無需授權任何人權宜管理貨幣、或規範價格、產量或消費等事宜。

許多經濟學家認為本計畫可減輕我們的銀行家及銀行管理當局，為貨幣購買力所負擔的責任，讓他們能夠專心處理授信品質（而非數量），及處理單純的銀行業務。

雖然這不是顆萬靈丹，但支持這計畫的人都相信它有助於解決現在因為貨幣波動而凸顯出來的嚴重問題。

對本計畫無意仔細及客觀研究的人，可能認為支持者所宣稱的好處是誇大其詞，但本委員會歡迎各界對本計畫的上述分析提出具體批評。本委員會也歡迎所有對這些目標有興趣的人提供道德上、智識上及財務上等各方面的協助。

相關語錄

李加圖（David Ricardo，1816）

引用重金屬當作貨幣的做法，真該被視為促進商業改良及文明生活藝術中最重要的一步；但同樣正確的是，由於知識及科學的進步，我們可能會發現到，雖然它們曾經發揮了很大的功效，但在比較不樂觀的年代裡，再度廢除它們將是另一次進步。

胡佛（Herbert Hoover，1925）

我們對這套經濟制度所要求的，是讓人類在就業及企業方面能夠獲得更大的穩定性。

楊（Owen D. Young，1929）

……當任何突然的改變影響到貨幣購買力時，它同時也會觸及到各種道德問題及責任。

史坦普（Lord Stamp，1928）

……物價水平的問題是當代最重要的一個問題，……是最痛苦的實際問題，……是目前必需首要思考的社會問題。

艾迪（Lionele E. Edie，1931）

中央銀行應該致力於規範銀行系統儲備制度，讓建立在這些儲備之上

的未清償信用能夠和長期生產量同步成長。

羅斯福（Franklin D. Roosevelt，1993年3月4日）

……制定一種適當而穩健的貨幣是有其必要性。

羅斯福（Franklin D. Roosevelt，1993年7月3日）

請恕我直言，美國要找的貨幣，是一種在三十年後，仍然擁有和我們希望在近期內獲得的貨幣價值，具有著同等購買力及償債力的貨幣。

英王喬治五世（King George V，1933）

人類絕對有能力利用世界豐富的資源來確保物質文明的進步。

福特（Henry Ford，1936）

我們需要的是一些金融工程師。

史強斯基（Simeon Strunsky，1936）

我們都知道經濟不景氣是民主的敵人。

英日葛（Paul Einzig，1936）

讓不易損壞的主要商品有限度地納入貨幣儲備的原則，有助於解決世界貨幣問題及當前庫存過剩的問題。

強生（Alvin Johnson，1937）

我們都希望我們的標準貨幣能夠顯現出我們所期望的特質，我們希望

它能在價值上盡量趨於穩定，也希望這種穩定性能夠經由客觀的力量來維持。葛拉漢先生的創見（多重商品儲備計畫）就是為了達成這兩種需要而設計的。這種創見如此簡單，以至於每位研究它的人都會覺得自己也曾經這樣想過。

華勒斯（Henry A. Wallace，1937）
以國家利益、消費利益及農業利益的觀點來看，對於過度盛產的農產品，如何維持其供應及價格的穩定是很重要的。

聯邦儲備制度理事會（Board Of Governors Of The Federal Reserve System，1939）
理事會一致渴望防止物價暴漲與不景氣的發生，並一直以採取可達成這些成果的措施為己任。

貝克哈特（Benjamin H. Beckhart，1940）
貨幣學者普遍認同貨幣政策的目標應該包括降低循環性的波動幅度，進而以最低的實際成本，維持最高的生產。

伯吉斯（W. Randoplh Burgess，1940）
……對自己貨幣的信心，是我們自由企業制度的基礎。

謬爾（Malcolm A. Muir，1940）
信用和現金的管理不善……是導致私有企業制度毀滅的主要因素。

第六篇｜葛拉漢訪談錄

我想說的是，我的生活享受至少有一半來
自心靈世界的探索，來自文學藝術的美感
與文化的薰陶。除了要開始培養興趣並稍
用點心力去欣賞呈現在你眼前的豐盛饗宴
之外，這些是大家都能做，且幾乎完全免
費的事情，……請點燃那最初的興趣，
如果可能的話，繼續努力下去。一旦找到
了──有文化內涵的生活，千萬別讓它溜
走。

──葛拉漢於80歲的生日宴會

加州，拉荷拉（La Jolla,California）

許多讀者在研讀葛拉漢的實務講習及授課內容之後，仍會感到遺憾沒有機會能坐下來跟他對話。下列的訪談紀錄或許可以稍微減少這種失望感，因為這些訪談都是在葛拉漢晚年進行的，可說是他一生生活和觀念的總結。

12 葛拉漢：
價值投資的老祖父還在憂慮[1]

在1960年代的一個電視訪談節目中，有人提起葛拉漢這個名字，有位年輕的小鋼炮就滔滔不絕地暢談所謂的積極投資。這位精力充沛的基金經理人對葛拉漢的認識僅止於慕名，卻輕率地批評道，「老班的問題就在於他根本不了解這個市場。」五年多以後的今天，問題應該是：到底是誰不了解什麼？那位小鋼炮以及他那些一度神采飛揚的夥伴們，長期下來早已被自己過度膜拜投資績效的作為所擊敗。但「老班」葛拉漢卻還很活躍，到處宣傳他正確的價值投資及安全邊際理念，並大肆抨擊在一夕之間又重現江湖的機構投資人。

葛拉漢，現齡七十九，依然生龍活虎，在俯瞰加州海岸的拉荷拉大廈中忙著為他歷久不衰的暢銷書《證券分析》，即將發行的第五版做最後的潤稿。身為古典學者兼翻譯家——他的英文譯著範圍從奧維德一直到當代西班牙小說，他還被大家推崇為專業投資的鼻祖。的確，在葛拉漢以前，證券分析根本稱不上一種專業，他在1940年代中葉的一個演講中呼籲成立這項專業，終於促成合格金融分析師的認證制度。同時，他也將自己的投資觀念付諸實踐而累積了大筆財富，並把這些

---

1 本篇原文由庫爾特（John Quirt）撰寫，發表於《機構投資人期刊》1974年4月號。經Institutional Investor, Inc.授權許可轉載。

觀念寫成另一本再版多次的暢銷書《智慧型股票投資人》，讓投資的門外漢可以輕鬆閱讀。投資圈內一位愛挖苦人的仁兄說道：「大致來說，有關投資管理的好文章裡，葛拉漢寫的就佔了一半。」

一種評價

「叫我班就好了。」他對訪客說道，順手把今天計畫要完成的一疊修訂稿挪開。一般人在這種年紀都寧可開始回憶，但他卻不斷更新自己的理念。然後，他和藹有禮地問道：「想喝點下午茶嗎？」那是個凜冽清朗的冬日午後，葛拉漢穿著格子襯衫、深色西裝、繫紅領結。他現在動作很遲緩，有時得借助拐杖，但對投資業發展的談話態度卻是十分肯定，不容反駁。

「過去十年華爾街的表現比其有史以來的任何紀錄都還要糟糕，」他堅定地說，還特別強調，「也許我不該這麼說，但管他的，假如我能活到八十歲，我想我有權利愛怎麼說就怎麼說。假如你回首過去發生的一切，幾乎可以放棄對理性的任何期待。首先，在歷經一段毫無理性的期間之後，整個華爾街體系就完全崩潰了，但卻新增了一些我這輩子前所未聞的其他因素，包括經紀商因為生意『太好』而破產。提出這一點是很重要的，因為這表示渴望快速發財的欲望，已超越在大多數正常的基本企業考慮之上。」

他繼續說道，在1972年底到1973年初，股票指數屢創新高之後，我們

看到「另一次的崩盤，類似我們在1970年所看到的數字一樣崩盤。我想我絕對無法理解，何以有些人會草率到想恢復到1972年底至1973年初間的價值水平。」

當葛拉漢提到「有些人」時，他指的當然是引起1972年不健全狂飆的機構投資人，包括違反保守原則而更積極投資證券的大型退休基金。大型基金在債券年息為8%時，卻拼命想獲取12%的複利報酬率，他質疑這是否為明智之舉。此外，他也對同質性的實務操作方式感到憂心，雖然自雙層市場崩解以來，這種做法已經不再那樣風行，但仍然被採用當中，這種做法包括：仰賴未來盈餘預測買進高本益比的股票、短期及比較性的績效評估、採用標準周轉率企圖粉飾門面，及利用貝他值或價格波動分析來衡量風險。

蘇格拉底式的對話

葛拉漢的觀點被廣義的總結成「賺錢的第一步就是不要虧錢」以及「你必須保護自己免遭受災難」，去年由當勞生合夥公司（Donaldson, Lufkin and Jenrette）在哥斯大牧場（Rancho la Costa）所主辦的資金經理人會議上，這些觀念意外地獲得公開的宣揚。那是一場為了討論投資業所遭遇的一些重要問題而召開的會議，其中有位經常投稿的與會者伊利斯（Charles D. Ellis），此後就經常把葛拉漢對該次會議的貢獻，比喻成蘇格拉底對雅典青年的演說。

這種比喻極為恰當。首先，他提及的希臘背景很適切；葛拉漢精通希臘文，並曾提醒亞當·史密斯（Adam Smith）注意其所著的《金錢遊戲》中引述希臘語錄時所犯的錯誤。誠如伊利斯所指出的，更重要的是，與葛拉漢共同討論的人，大都是第四代的投資經理人，他們長期以來一直認為葛拉漢及陶德在1934年出版的書，和庫利爾及艾夫斯（Currier and Ives）[2]一樣過時。對他們而言，要和同行的祖父級人物對抗無疑是令人膽顫的經驗，其中有人甚至不太明白他說的話是什麼意思。而這也是令葛拉漢膽顫心驚的經驗。

「我被自己在會議上所聽到的東西嚇了一大跳，」他說，「我無法了解機構投資人的資金管理作業，怎麼會從穩健的投資立場，墮落到像老鼠賽跑似地，想在最短期間內獲得最高報酬。我覺得那些人像是工作的囚徒，而不是能夠控制自己工作的人。我之所以說『囚徒』，是因為他們堅持做到老板及委託人要求的事，也就是要在他們所管理的龐大資金上，獲致超過平均水平的報酬率。實際上這是做不到的事，但他們保證在漲市及跌市中都可以獲得實際上根本達不到的高績效。」

葛拉漢繼續說道，他們這樣「勢必得採取投機的方法來管理他們的資金。當我聽這些人說話時，我無法想像他們這種做法最後除了後悔之外，還會有什麼其他結果。他們甚至會吃上嚴重的官司，讓整個資金管理的觀念受到質疑。」

---

2 編註：19世紀初的美國平版印刷工人。

在哥斯大牧場會議上，葛拉漢曾詢問一位資金經理人，是否相信市場會嚴重下挫，這對他的操作方式會造成什麼影響？對方回答，「不會有任何影響，我所關心的是相對績效。假如市場崩盤，而我的基金崩得沒那麼厲害，我就不在乎，我已經盡職了。」

「我很擔心！」葛拉漢告誡他說，「難道你一點也不擔心？」

還有一次，有位與會者承認他無法區分投資人和投機者。葛拉漢用非常微小的聲音回答道，「這就是當前的病徵所在。」

在另一個會議中，他提問道，「你們所管理的資金中是否有設定標準的資金周轉率？」

「有的，」有位與會人士回答，「大約在25%到30%之間。」

葛拉漢問道，「假如你們的周轉率低於這個數字，你們是否曾經研究過會發生什麼後果？」大多數的與會者都承認他們並沒有研究過，而有一位曾做過研究的人說道，「高周轉率通常都對績效不利。」

「那麼，這麼高的周轉率是否暗藏什麼私利呢？」葛拉漢堅持地問。

「好吧，我們的確是受雇來管理資金的，」一位與會者說，「而我們的僱主和客戶都期望我們是積極型的經理人，他們付錢請我們來努力嘗試。」

即將破滅的泡沫

會議接近尾聲時，話題轉向成長股和報酬率，葛拉漢提高嗓門向群眾挑戰：「若股價在一年內飆漲了40%，次年又下跌20%，你們怎能很嚴肅地說它們的年平均報酬率是7.3%？」他又質問，「市場又怎能期望自己的表現會超越上市公司的基本獲利成長率？」

由於無人能對這些令人尷尬的基本問題提出滿意的答案，他就用一個簡單的例子，詳細說明他自己對成長股的觀感。「我們以每年盈餘成長率15%的股票為例，」葛拉漢說，「這樣的表現非常卓越，但我們只把它當成例子來談。只要本益比一直維持在目前的水平，持有人就可以得到15%的報酬率，外加任何股利，這會吸引其他投資人也想擁有該檔股票。所以他們會進場買進股票，讓股價與本益比節節上升，結果股價成長率會高於15%，讓股票愈發地具有吸引力。當愈來愈多的『投資人』迷上這個獲得許諾的報酬率，股價就會從基本面價值毫無節制地扶搖直上，形成一個擴張得非常完美的泡沫，直到最後無可避免地走上破滅一途為止。換句話說，如果你是在低點買進，你就會看到股價上漲，如果你看到股價上漲，你將會感到滿意，而這會繼續推升價格上漲。但這種狀況不會永遠持續下去的，它可能會持續很久，但不是永遠。」

後來，葛拉漢曾被問及，哥斯大牧場會議的與會者是否有人能證明從這次討論中學到東西。「沒有人能提出有價值的證明。」他很感嘆地做了這樣的結論。他的告誡在四年內兩度成為討論的目標，他是否從

這個成就中獲得些許安慰？「這樣的問法或許不太公平，」他回答，「人性就是人性，而你在經過一段時期，大家都說『葛拉漢在他那個時代是對的，但是……』的情況之後，自然會忍不住想做某種程度的辯解。」

那麼，資金經理人眼見1970年以來價格被高估的泡沫破滅兩次之後，他們之中何以沒有更多的人，或全部的人，回到更接近葛拉漢及陶德的基本原則來管理資金呢？

葛拉漢笑著推推眼鏡，這是他以前一直在推敲的問題。「我自己認為這是因為股票行情看板更具有魅力的結果，」他略帶責備的語氣說道，「這些傢伙最開始都是閱讀葛拉漢及陶德的書，而且我相信他們在商學院就讀時，一定都對該書印象深刻。比起其他我所知道的金融書籍，我不得不自我解嘲地說，這是一本被許多人閱讀，同時也被許多人拋棄的書。」

他繼續說道，「但他們進入華爾街之後，過去所學的原則和觀念似乎只限於理論罷了。我猜當他們實際參與金融工作，發現他們的績效是由股票看板來衡量，而非靠穩健執行工作來評估，很快就會把理論觀點拋掉了。他們會更趨向於所謂的實際觀點，而幾乎完全背棄了我認為是非常穩健的做法。」

何謂穩健？

凡是讀過《證券分析》的人都知道，葛拉漢的穩健投資觀念是強調以淨資產價值及低本益比做為判準，並且評估股價和利率的相對關係。攻擊他的人往往批評他的做法太落伍了，早該被刻在紀念碑上；但事實上該書不斷地修訂以跟上時代潮流。十二年前出版的第四版中，在評價方面的資料就比前一版足足增加了50%，並且以企業改善其基本面及政府的承諾為基礎，為自由化以扭轉大幅度的經濟衰退做辯護。葛拉漢指出，他這麼說的理由是，「除了沒有事先預期到1960年末期的利率上揚事件外，其他都已在實務中得到驗證。」

他說，假設目前的利率是7.5%到8%而非4.5%，並以該利率的三分之四當做除數（這反映出他的觀點，他認為「從進行股票投資所經歷的困難來看」，一個人的股票投資利潤應該比債券投資多獲利三分之一以上。）「我們幾乎又回到二次大戰前習以為常的本益比倍數。」他補充道，1973年的市場「做了一個落後的調整」到較高的利率水平。

這些數字在今天具有什麼意義？葛拉漢說，假設道瓊指數十年平均盈餘為60，若除以三分之四乘7.5%，他警告說，「你會得到約600。但假如你用過去12個月的盈餘來取代十年平均盈餘，你會得到約750，但你不會對這兩種基礎的任何一種產生多大興趣的。」

最近能夠確實讓葛拉漢產生一點興趣的，就是股價普遍被低估的現象。以葛拉漢及陶德的基本觀點來看，套句葛拉漢的說詞，市場「遍

地都是便宜貨。」它們都集中在某些特定產業嗎？葛拉漢說不是，它們出現在不同產業，他還說他再也不想以產業過去的績效、假設性的管理績效評估，或任何無法以量化衡量的因素所進行的研究作為基礎，來挑選具有吸引力的投資機會。「隨著年齡及經驗的增長，我對數字以外的判斷性抉擇是愈來愈沒信心了。」他說。

新組合

為了從股價被低估的股票中挑選出最佳的買進機會，葛拉漢不斷進行數字新組合的實驗。但他的實驗並未進一步發掘出更多構成合理價值的要素。事實上，當他為即將出版的第五版做修訂時，他說他發現自己「又回到早期的投資觀點」，尤其是「假如你要確定自己的想法是正確的，你的出發點可能就必須從淨資產價值的領域開始，並一路堅持下去。這並不表示你不用考慮其他因素，」他補充，「但不管你納入什麼因素，都應該符合保守的觀點。」

他繼續說道，「這對我非常重要，對一般投資也應該很重要。它真正的涵義是指，今天一般典型的好公司往往都無法提供做為穩健投資的基礎，實際的狀況反而是，好公司會在價格領域中引進投機成份。」

葛拉漢最近致力於發展一套系統，希望在1968年以後的市場中能找到符合數學條件判準的投資標的，這套公式他不太確定是否來得及放進第五版內。基本上，這公式是由他的中心價值方法論轉換而來的，但

目標則是針對個別公司而非道瓊平均指數，該公式建議依下列三種條件選擇最低者買進：

- 前一個年度盈餘的本益比很低（如10倍）。
- 價位相當於最近市場新高點的一半（「這表示發生了大幅縮水」）。
- 淨資產價值。

依照這個公式，股票應在獲利達50%以上時賣出，否則這種賣點將會好一陣子後再出現，比方說三年內都不會出現。

葛拉漢不斷測試這個公式，到目前為止的結果，他說，「相當令人滿意。假如你觀察1968年以來的市場，實際上我的某些測試是回溯到1961年，你就會發現，依這些方式操作可以找到好多買進機會。有一次我用1970年的100家公司為樣本進行研究，結果顯示有50家可以在這些條件下買進，並且獲得很好的報酬。」但事實上，他承認，「這樣的結果讓我現在覺得有點太不可思議了，當然我還要對此多加研究，但這方法至少在今天看起來也頗為合理。」

投資經理人若開始採取較長期的觀點，並更加注意資產價值，可能會更持平地接受葛拉漢的最新方法。但對仍處於被迫立即提升績效，否則就要被炒魷魚的經理人來說，他們就不太可能像過去擁抱葛拉漢的其他保守建議那般，擁抱這套新方法。首先，這是一則對公司或產業的基本面研究毫無影響的單純數學公式；再者，該公式所找出的投資

機會大都是冷門公司，它們空有許多資產卻毫無魅力，對嚮往成長股的客戶，這是一種不易解釋清楚的狀況；此外，這套方法需要極大的耐性，認為每季都應該驗收投資績效的客戶，顯然不會歡迎這個方法。

最後，或許值得注意的是，股價跌到市場最高點一半以下的股票，在接受風險貝他分析時，不管它們的本益比多低，或資產多龐大，其價格往往會比擁有最佳風險評等的股價還低。葛拉漢說他發現貝他分析簡直是「荒謬」，並主張「投資經理人的工作就是要善用價格波動的機會。」這一點我們完全不感到奇怪。

承諾，承諾

葛拉漢提倡培養「穩健的價值」投資風氣的必要條件，當然就是去改變客戶和投資管理人員的想法。葛拉漢認為，有必要對資金經理人推銷產品的方法進行根本的改革。他會毫不猶豫地停止投資那些誇大承諾的公司，即便它們的誇大承諾非常含蓄，而且他會把所有投資都局限在「能夠真正實現的促銷上」。

葛拉漢極力主張，「能擺脫這場混亂的唯一方法，就是透過合作或集體行動，而投資經理人可能必須先經歷一番掙扎之後，才會同意把承諾限制在實際上做得到的範圍之內。」他承認，這當然會引發一個嚴重的問題，「也就是說，如果經理人只保證獲取平均的結果，那麼他

們如何能從提供平均結果而獲得大筆酬勞呢？」他承認，「我思考良久，仍想不出解決之道或新的報酬方案，但重點是，這是我們必須面對的問題。」

葛拉漢為徹底改變績效競爭體系而開的猛藥，極可能引起某些華爾街人士的訕笑。但這對一位早在六十多年前服務於紐柏格公司（Newburger Henderson and Loeb）時就相當特立獨行，且經常在投資界對牛彈琴的人而言，根本不算一回事。葛拉漢隨後與紐曼合組基金公司，直到1956年退休為止。一位與他同期的人士回憶道，他是位「意志堅強的傢伙，只要覺得是對的就會去說去做，毫不在意華爾街其他多數人流行的做法。」這是每位與葛拉漢共事過的人在今天對他的一致讚美。

企圖把葛拉漢列入過度理論化的年輕一代批評家，往往忽略他「曾經」管理過基金，運用自己的理論進場操作，並且在現實世界中存活且致富。他們居然會忽略這個事實，這是件很不幸的事，但由於這並非昨天才發生的，所以也十分可以理解。畢竟，葛拉漢離開蓋可保險公司——該公司的確是他真正偉大的成就之一——董事長職位，並離開投資基金的管理工作已達二十年之久。

事實上，多年來，葛拉漢冬天住在拉荷拉，夏天住在法國南方的普羅旺斯，過著一種相當滿足且平靜又隱秘的生活。他不再投資股市（「我幹嘛要變得更有錢？」）而且，除了增修《證券分析》之外，他最近的專業活動就是重新撰寫《智慧型股票投資人》。「該書傳達

了我對1970年以前的想法，我很高興聽到它的銷路相當好。」他說。

葛拉漢去年突然和第四代晚輩一同出席哥斯大牧場會議的行動，就像接受這次訪談一樣，是件罕有的事情。但他仍然十分在意別人批評他，近來因為比較孤立而和機構投資人的現狀有些脫節，或不為年輕一輩的資金經理人所重視。「我的弱點就是記憶力太好，」他說，「而我想對有關明年5月將滿八十歲的兩件事加以區分，老年人主觀意識中的悲觀主義，以及經過多年股市操作而觀察到的客觀的悲觀主義，我是不太樂觀的。」最後，這位即將八旬的老人說，「我實在很憂慮。」

13　挑選廉價股最簡易的方法[1]

要找一位比被尊為證券分析導師的葛拉漢——更懂得股市、更了解真正股票價值奧秘的人，可不是件輕鬆的事。葛拉漢不但是這行業的聖經《證券分析》的共同作者之一，他挑選獲利股票的紀錄，在華爾街也是一段傳奇。

葛拉漢在三十五歲就成為百萬富翁，不久前才退休搬到加州居住。近幾年來，他一直致力於把自己半世紀以來成功選股的方法，歸納成幾項簡單易行的原則。葛拉漢現年八十二歲，最近和投資顧問瑞易（James B. Rea）合作募集了一個基金，其投資政策就是以這些原則作為基礎。葛拉漢相信，一位自行管理股票的醫師若採用這些原則，其年平均報酬率一定可以達到15%以上。

葛拉漢坐在位於拉荷拉濱海公寓的書房中，接受《醫療經濟學期刊》駐美西主編喜來登（Bart Sheridan）的專訪，談及他的股市操作基本法則。資深副主編麥卡尼（Laton McCartney）摘錄了他們對話的部分重點內容。

問：首先，請你告訴我們，你是如何歸納出簡易的葛拉漢投資技巧？

---

1 本篇原文發表於《醫療經濟學期刊》（*Medical Economics*）1976年9月20日的特別報導。經《醫療經濟學期刊》授權許可轉載。

答：過去幾年來，我依據幾個簡單的準則來挑選股價被低估的股票，並不斷測試其結果。我的研究顯示，長期而言，採用這類方法的投資組合，會得到2倍於道瓊工業平均指數的利潤。這項研究的時間回溯到五十年前，但套用在更短的期間來執行也證明很成功。我對它的表現印象實在太深刻了，我覺得它應該實際用來操作。

問：你用自己的這套技術來挑選成長股嗎？

答：沒有。我覺得所謂的成長股投資人或成長股證券分析師，根本不知道該付多少錢買進一檔成長股、要買多少股才能獲得期望的報酬率，或是它們的價格走勢如何。但這些是最基本的問題，這就是為什麼我覺得成長股的哲學並不能用來獲取可靠的結果。

問：你對公司的預測盈餘或市場佔有率之類的傳統股價評估標準有什麼看法呢？

答：這些標準在理論上都很重要，但實務上在決定要用哪個價格來買賣某檔股票時卻沒什麼用處。唯一能肯定的是，有些時候許多股票的價格都過高，而有些時候又過低。我的調查結果讓我相信，你可以為非常多樣化的投資組合事先決定其合理的「買」、「賣」水平，而不必去評估影響公司或產業前景的基本因素。

問：漠視基本因素這種想法，會被目前的許多分析師斥為異端⋯⋯

答：也許會吧，但我的研究證明它是可行的。首先，在買進股價被低估的股票時，你必須有一套能顯示出優先順序的明確買進規則；其次，你所操作的股票數量要龐大到足以讓這方法奏效；最後，

你必須要有一套很明確的賣出政策。

問：任何一位醫師或像我這樣的投資人都可以這樣做嗎？

答：絕對可以。

問：我要怎樣開始呢？

答：首先，你要儘可能挑選出所有目前成交價不到過去12個月——不是未來預測的——盈餘的7倍的普通股。只要參考《華爾街日報》或其他主要日報的股票報價欄上的本益比就可以了。

問：為什麼本益比是7倍，而不是5倍或9倍？

答：任何時候要決定該付多少錢買股票的方法之一，就是看續優債券的年殖利率是多少。假如債券的年殖利率很高，你就要以低價買進股票，也就是你要去尋找低本益比的股票。如果債券年殖利率下跌，你就可以付高一點的價格，並接受較高的本益比買進股票。我以這種股票訂價方式作為基本原則，只選擇盈餘價格比（簡單地說就是本益比的倒數）至少是目前評等最高的公司債券的殖利率2倍的股票。

問：請舉一個例子。

答：好的。只需把債券的年殖利率乘以2，再換成倒數即得出結果。目前最高評等的債券平均殖利率約是7%，分子乘以2得到14，換成倒數，用100除以14，就得出本益比大約是7倍。因此，若用我這套方法建立投資組合，你目前願意付出的股票最高價格就是7倍的

本益比。如果某檔股票的本益比超過7倍，你就不應該把它納入投資組合中。

問：假如最高評等的債券殖利率降到6%呢？

答：那麼可接受的本益比就提高了。6乘以2是12，用100除以12，你就得到上限為8倍的本益比。然而，依我的意見，不管債券殖利率降到多低，你都不應買進本益比超過10倍的股票。相反地，在我的方法中，不管債券殖利率有多高，本益比7倍是永遠可以被接受的。

問：好的，到今天為止，你的公式指出只要考慮本益比等於或低於7倍的股票，全部就只有這些嗎？

答：單單用這個基準就足夠奠定一個非常好的投資組合，但若再加用一項標準條件，你的績效會更好。你該選擇一組不但符合本益比條件，且財務狀況令人滿意的股票組合。

問：我該怎樣決定？

答：你可採用數種不同的檢驗方法，但我最喜歡以下這個簡單規則：一個企業的資產至少應2倍於它的負債，最簡易的檢驗方法，就是看該公司的股東權益佔總資產的比例是多少。如果該比例至少是50%，那麼這家公司的財務狀況可以算得上是穩健。

問：什麼是股東權益？

答：簡單地講，股東權益就是公司的淨值，也就是資產減去負債之後

的餘額。

問：我需要請會計師來幫我計算嗎？

答：不需要。你可以輕易地從公司年報中拿到總資產及股東權益的數
　　字，或請股票經紀人幫你取得這些資訊。

問：你是否能舉例說明這套規則要怎樣做才有效？

答：若某公司擁有股東權益3,000萬美元、總資產5,000萬美元，比例為
　　60%。由於超過50%，所以這家公司就算過關了。

問：時下是否有些股票符合這個條件，且本益比低於7倍？

答：有的。雖不比1973年至1974年股市下跌時來得多，但仍然還有許
　　多；表9（見第336頁）就列舉了其中一些符合條件的廉價股。

問：我完成篩選並訂出我想「買進」的標的之後，該怎樣著手建立投
　　資組合？

答：若想讓自己在統計上能獲得最大的勝算機率，你的股票數量要愈
　　多愈好。30種股票的投資組合可能是最理想的下限。假如你的資
　　金有限，可以先買進「零股」，也就是少於100股的交易。

問：這些股票該持有多久呢？

答：首先你要為自己設定一個投資組合的獲利目標，一個佔成本50%
　　的獲利目標應該可以獲致良好成績。

問：你的意思是說，我所買的每檔股票都應該設定賺取50%的利潤目

表9 廉價股

公司名稱	股東權益〔百萬美元〕	資產總值〔百萬美元〕	股東權益對資產總值比〔%〕	本益比〔倍〕(8/16/1976)	最近成交價〔美元〕(8/16/1976)
聯合糖業（Amalgamated Sugar）	$92	$120	77	3	36 7/8
安波可-匹茲堡（Ampco-Pittsburgh）	50	65	77	7	10
安斯達（Amstar）	230	441	52	6	44 1/4
藍鐘（Blue Bell）	164	302	54	5	39 7/8
聯邦公司（Federal Co.）	81	124	65	4	25 5/8
聯邦紙業聯合會（Federal Paper Board）	153	291	53	5	37 3/4
戈登珠寶（Gordon Jewelry）	82	147	55	5	10 3/4
花崗岩村公司（Graniteville Co.）	80	117	69	4	13 3/4
哈斯可公司（Harsco Corp.）	206	358	58	6	22 7/8
荷代利工業（Houdaille Industries）	126	190	66	6	16 1/8
荷頓密夫林（Houghton Mifflin）	54	87	62	6	12
休斯及賀契爾（Hughes & Hatcher）	26	47	54	6	7
簡特任（Jantzen）	40	65	62	5	18 1/4
喬簡生（Jorgensen Earle M.）	78	122	64	5	37

公司名稱	股東權益〔百萬美元〕	資產總值〔百萬美元〕	股東權益對資產總值比〔%〕	本益比〔倍〕〔8/16/1976〕	最近成交價〔美元〕〔8/16/1976〕
連布來恩特（Lane Bryant）	76	137	55	6	11 3/4
李斯利費（Leslie Fay）	31	62	50	6	8
馬克庫得（McCord Corp.）	48	68	71	6	16
密西根無縫軟管（Michigan Seamless Tube）	42	65	65	6	20 1/2
莫瑞俄亥俄（Murray Ohio）	47	78	60	7	20 1/4
諾理斯工業（Norris Industries）	119	196	61	6	37 3/4
歐馬克工業（Omark Industries）	78	129	60	6	11 3/4
瑞夫斯兄弟（Reeves Brothers）	73	108	68	6	30
瑞戈紡織（Riegel Textile）	82	148	56	5	16 3/4
羅斯塔格斯（Russ Togs）	48	64	75	6	10 5/8
史巴頓公司（Sparton Corp.）	23	35	66	6	8 1/4
優阿格（Uarco）	57	87	66	6	21
21 華勒斯莫瑞（Wallace-Murray）	105	209	50	7	18 3/8
西方出版社（Western Publishing）	103	163	63	6	16 3/8

公司名稱	股東權益〔百萬美元〕	資產總值〔百萬美元〕	股東權益對資產總值比〔%〕	本益比〔倍〕〔8/16/1976〕	最近成交價〔美元〕〔8/16/1976〕
威恩伯格製鞋（Weyenberg Shoe Mfg.）	23	40	57	7	23
日瑞爾公司（Zale Corp.）	292	181	61	7	17

標嗎？

答： 是的，只要任何一檔股票漲到那個目標，你就把它賣掉。

問： 如果達不到那個目標呢？

答： 你必須事先設定持股期限。我的研究顯示，持股兩年至三年的效果最好。所以我建議：任何一檔股票從買進到第二年結束以前若未達到預訂目標，不管成交價是多少都把它賣了。舉例來說，若你在1976年9月買了一檔股票，最好在1978年底以前賣出。

問： 賣掉股票之後的錢該怎麼運用？再投資到符合你的標準的其他股票嗎？

答： 對，通常應該如此，但做法上要依市場狀況保持一些彈性。像在1974年股市下跌時，你會發現許多公司成交價的本益比很低，這時你該把握機會，運用75%的投資資金購買普通股。相反地，當市場價位普遍過高時，你很難找到符合標準的股票進行再投資。在這段期間，你的投資組合的股票價值不應該超過總資金的25%，剩下的資金應該投資在美國公債之類的標的。

問：若採用你的策略，我能期望會有怎樣的結果？

答：你當然不能期望每檔買進的股票都能獲利50%。如果你的持股期限到了，就必須以較少利潤，甚至虧本賣出。但長期而言，你的整體投資應該會獲得平均15%以上的年報酬率，外加股利，但得扣除佣金。一般而言，股利通常大於佣金。

問：這是你過去五十年來依據自己的研究所獲致的報酬率嗎？

答：是的，而這種方法對只連續五年的短期投資也一樣非常有效，我不認為少於五年的期間足以讓這個策略充分證實它的有效性。每位採取這種做法的投資人，都應該要對短期績效不佳的可能性做好財務上及心理上的準備。比方說，在1973年至1974年股市下跌時，投資人在帳面上都會有虧損，但如果能繼續堅持這種做法，他就會在1975年至1976年得到回報，並獲得15%的五年期平均報酬率。假如我們再度遇到這種情況，投資人就應該做好抗跌的準備。

問：目前道瓊指數約為1,000點，且許多股票都達到近五年的最高價位，這會不會發生類似1960年代末期至1970年代初期市場因股價過高而暴跌的危險？

答：我個人或任何人都不敢有特別的信心去預測市場未來的變化，但我確信若價位高得離譜，你極可能碰上大幅度的修正。在我的測試中遇上了幾次股價過分高估的時期，具有價格吸引力的股票少之又少，那就證明了整體市場價位過高的警訊是對的。

問：你能否簡要說明你的方法奏效的關鍵是什麼？

答：投資人必須在足夠長的時間內，持續執行這些簡單判準，如此機率才會對他有利。

廉價股範例

表9所列的股票均符合葛拉漢在本文中所推薦的選股判準，也就是本益比不大於7倍，且股東權益對資產比例不小於50%。這些股票都是紐約證交所掛牌的股票。

14　與葛拉漢共處的一小時[1]

巴特勒：葛拉漢先生，今天下午能來訪問你，我心中真的非常感激。
米恩（Bob Milne）聽說內人和我要來拉荷拉時，建議我不但
要訪問你，而且要帶錄音機來，我們想請教的東西實在太多
了。首先，我們可否從時事問題開始，蓋可保險公司最近常
常登上報紙的頭條新聞。

葛拉漢：好的。事情是這樣的，有一小組人員進入我們的辦公室，經
過一陣討價還價之後，我們以72萬美元買下蓋可公司一半的
股權。後來我們公司的身價在股市的價值超過10億美元，這
是件非常特別的事。但證管會強制我們把股票分配給其他的
股東，因為依據法律上的技術細則，投資基金不得持有一家
保險公司超過10%的股權。紐曼和我雖然已經退休多年，但
我們對蓋可的經營管理方式還是十分關切。我很慶幸我現在
與蓋可沒有任何關係，因為它虧得很慘。

巴特勒：你認為蓋可會存活下來嗎？

葛拉漢：是的，我相信它會繼續營運，沒有什麼讓它活不下去的重大
理由，但我當然會自問，蓋可是否過度迅速擴張，沒有考慮
到會引發這些重大虧損的可能性。想到它們在一年內所虧掉

---

1 本篇原文由合格金融分析師，小巴特勒（Hartman L. Butler, Jr.）撰，發表於《金融分析期刊》1976年11/12
月號。經《金融分析期刊》授權許可轉載。

的金額，就讓我膽顫心驚，簡直太不可思議了！過去幾年來，居然會有許多大型公司在一年內就虧損高達5,000萬美元，甚至1億美元，真是令人驚訝。這在過去是前所未聞的事情，你必須是個天才才會虧掉那麼多錢。

巴特勒：回顧你在投資領域的生涯中，你自認為哪些是關鍵性的發展或事件？像是在1914年進入華爾街？

葛拉漢：嗯，第一樁是個非常典型的事件，我受到特別禮遇，起薪是週薪12美元而非10美元；第二樁是兩個月後一次大戰爆發，股市關閉，我的週薪又降回10美元，這是年輕人在開始工作時差不多都會碰到的典型事件之一。我持續十五年都成功獲利，但接下來對我非常重要的事件則是1929年的股市大崩盤。

巴特勒：你是否預期到大崩盤將會發生，你害怕嗎？

葛拉漢：不，我只知道股價過高。我是不碰投機股的，我覺得我做了很好的投資。但我有融資，那是一大錯誤，我焦躁不安地捱過1929年至1932年，從此我再也沒犯過相同的錯誤。

巴特勒：是否真有人知道1929年的崩盤會發生？

葛拉漢：貝布生（Babson）知道，但他提早了五年就開始賣股票了。

巴特勒：到了1932年，你們恢復到從前的水平了嗎？

葛拉漢：嗯，我們誠惶誠恐地捱過那段時期。到了1937年我們才又回

復到1929年的財務水平，從此以後，我們都一直相當順利。

巴特勒：在1937年至1938年的股市暴跌中，你們可有做好更好的因應措施？

葛拉漢：嗯，我們在作業程序上做了一些改變，這是我們的董事之一所建議的，相當不錯，所以我們採用了他的意見。我們放棄了一些我們一直嘗試在做的事，而更專注於一些一直有獲利表現的事情，我們做得很好。我們在1948年投資蓋可，此後，我們看起來像是一群非常傑出的人物。

巴特勒：在另一次短暫的空頭市場中，即1940年至1941年那次，有什麼事發生嗎？

葛拉漢：喔，那只不過是典型的回檔期，我們在那些年裡還賺了錢。

巴特勒：二次大戰爆發後你們賺錢了嗎？

葛拉漢：是的，我們賺了。我們的公司經營沒什麼大問題，這也就是為什麼我有點失去興趣的原因。我們在1950年後就沒遇上什麼大挑戰，約在1956年，我決定辭職並遷居加州。

我覺得我已經發展出一套不再有什麼重要問題必須解決的營運方式。我們一直根據我認為很滿意的基礎來作業，而這些事情都是些不斷重複的老問題，我根本沒什麼興趣去解決。

大約六年後，我們決定清算葛拉漢－紐曼公司，而決定結束營業的主因，是我們無法建立令人滿意的接替管理團隊，我

們覺得沒有任何特別吸引我們的東西出現。假如我們願意，是可以建立一個龐大的企業，但我們限制最高資本額為1,500萬美元，這個數字在今天只不過是九牛一毛。我們真正有興趣的是每年能否賺到最高的報酬率，問題不在於總共賺了多少錢，而在於我們能達成多高的年報酬率。

巴特勒：你何時決定撰寫你的經典之作《證券分析》？

葛拉漢：大約在1925年，我在華爾街打滾了十一年之後，我想我對證券分析的了解程度應該可以寫本有關的書。但幸運的是，我突然覺得在寫書以前應該對這個主題多了解一點，所以我決定有機會的話先從教書開始，後來我成為哥倫比亞大學商學院推廣教育班的講師。1928年，我們開了一堂有關證券分析及財務學的課程，我想那堂課叫做投資學，而我有150名學生，那時華爾街才真正開始蓬勃發展。

結果，我一直到1934年才真正開始和陶德合作寫這本書。陶德是我第一年教的學生，當時是哥倫比亞大學的助理教授，非常渴望多學一些東西。當然，他是我寫這本書時不可或缺的人物，初版在1934年發行。事實上，該書上市的時間剛好與我的劇本在百老匯演出同時，該劇只演了一星期就下檔。

巴特勒：你寫過百老匯的劇本？

葛拉漢：是的。該劇曾以兩個名字——《小龐帕多》（*Baby Pompadour*）和《忠於海軍》（*True to the Marines*）演出兩次。該戲不叫座，但幸運的是，《證券分析》比它成功多

了。

巴特勒：你說的就是這本書嗎？

葛拉漢：大家稱它是「葛拉漢及陶德的聖經」。是的，但我現在對自己努力鑽研多年的證券分析的細節已經沒太大興趣了。我覺得它們都不太重要，這讓我有點和整個行業的發展背道而馳。我想我們只需要用一些技巧和簡單原則就可以獲致成功，重點是要有正確的原則以及堅持下去的性格。

巴特勒：我個人的體驗是，你必須要在行業裡當過學生之後，才能夠了解管理資金上的重大差別，我想這也是分析師能夠提出解決方案的方式。

葛拉漢：嗯，我並不否認這一點。但分析師在應用這些選股方式時，我十分懷疑能夠獲得多大的成功。近幾年來，我的工作重點是採用組合的操作方式。試著買進一組符合股價被低估這個簡單標準的股票，不用管是哪種產業，且不用太在意個別公司的表現。我最近撰寫一篇有關挑選普通股三項簡單原則的文章，就發表在你們研討會的報告中。

我剛剛完成一項五十年期的研究：將這些簡單的方法應用到穆迪工業股票組合（Moody Industrial Stock Group）的所有股票。我的五十年期研究結果非常好，績效是道瓊的2倍。因此，我的熱忱就轉移到投資組合方式了，我所要的獲利率是相當於多年來整體利率的2倍。你也可以採用股利標準或資產價值標準，績效同樣會很好，我的研究顯示，最好的績效來

自採用簡單的盈餘標準。

巴特勒：我一向對於採用本益比而非盈餘殖利率（earnings yield）的評估法感到相當遺憾。了解某檔股票以2.5%的盈餘殖利率成交，要比了解它以40倍的本益比成交容易得多了。

葛拉漢：是的，盈餘殖利率是一種更科學化、更合理的評估方式。

巴特勒：那麼以大約50%的配息率計算，你可用一半的盈餘殖利率來估出可忍受的股利殖利率。

葛拉漢：是的，基本上，我是用利率乘以2來計算盈餘報酬率。然而，多年來，最高評等的債券的利率都低於5%。因此，我設定了兩條限制。當利率低於5%時，股票的最高本益比不得高於10倍，而目前最高評等的債券的利率介於10%到7%之間時，股票的最高本益比不得高於7倍。這就是我的研究基礎。我去年在芝加哥獲得莫洛托夫斯基獎（Molodovsky Award）[2]。

巴特勒：我知道你即將完成這項研究了。

葛拉漢：想想看，實際上這似乎是一種不費吹灰之力就可以從投資普通股中獲利的簡易方法，它似乎好到令人難以置信。但我累績了六十年經驗之後所能告訴你的就是，它應該可以通過我設計的所有測試，我也會想辦法請其他人來鑑定。

---

2 編註：由金融分析師學會頒發給對金融市場分析有傑出成就或貢獻的人士。

巴特勒：在你淡出投資界轉而成為作家之際，有些教授開始致力於發
展隨機漫步理論。你對此有何意見？

葛拉漢：嗯，我確信他們都下了苦功而且很認真，但我很難從他們所
做的和實際績效之間找到任何密切的關聯。事實上，他們說
市場是有效率的，因為一般人無法獲得更多他人已知道的資
訊。這一點可能正確，但對資訊已經廣泛公開到所產生的價
格都很合理的說法，就大錯特錯了。我不知道你如何說明，
根據哪一種智識上的定義，可以說華爾街所決定的價格就是
正確的價格。

巴特勒：實務界的分析師沒有提出更多的貢獻來平衡學術界的傑出成
就，實在是太遺憾了。

葛拉漢：嗯，當我們談及購買股票時，就像我真正買進股票時，我是
很務實地考量我的金錢、獲利和虧損，當然主要是獲利。假
如某檔股票的營運資本為50美元而成交價為32美元，我認為
那是一檔很令人感興趣的股票。假如你能買到30檔這類公司
的股票，你鐵定會賺錢，絕不會虧損。這種做法會引起兩個
問題，一個就是，我應該可以這樣說，假如你買進的股票價
格是營運資本的三分之二，你就會找到一組股價被低估的可
靠標的；我們自己公司的經驗證實這種說法是正確的；第二
個問題是，還有沒有其他的可行方法呢？

巴特勒：有其他的方法嗎？

葛拉漢：嗯，當然，我今天下午談了那麼多就是關於應用簡單的證券
　　　　價值判準。但其他人的做法卻是挑選全錄、3M等公司的股
　　　　票，因為他們認定這類公司長期遠景看好，或是認定半導體
　　　　業明年將成為很好的產業，但這些都不是可靠的做法，還有
　　　　許多方式夠你忙的。

巴特勒：你三十年前會這樣說嗎？

葛拉漢：嗯，不會，我在三十年前不會以這種否定的口吻說話。相對
　　　　地，我會積極的說，你應該找得到一大堆股價被低估的股
　　　　票。

巴特勒：認為市場是有效率者某種程度上是否攪亂了局面？

葛拉漢：嗯，他們會宣稱，假如他們的效率市場的基本論點是正確
　　　　的，一般人做的事情只是嘗試研究股價行為，解讀其間的關
　　　　係藉以獲利。對我而言，這不是值得鼓勵的行為，若說我對
　　　　華爾街這六十年來的觀察有什麼心得的話，那就是一般人都
　　　　無法成功地預測股市的未來走勢。

巴特勒：的確如此。

葛拉漢：你只需要收聽「華爾街一週」（Wall Street Week）就可以了，
　　　　你會發現它們不會對股市即將會發生什麼事情發表權威性的
　　　　說法或意見。它們及經濟學家們都有個人的意見，也願意應
　　　　你們的要求表達意見，但我不認為它們會堅持自己的意見一
　　　　定是對的。

巴特勒：你對指數型基金有何看法？

葛拉漢：我對指數型基金持肯定的看法。我認為部分法人基金的管理
方法應該是以指數觀念做為開端，獲致相當於指數的績效。
比方說，從標準普爾500指數中挑選出其中的100種或150種
股票，然後再授權經理人做必要的調整，條件是經理人必須
為他們所做的調整成敗負起個人責任。基本上，我認為經理
人的酬勞應該依據超越指數，例如標準普爾指數績效，或改
善的程度做為衡量標準。目前，在討論這件事情時，典型的
資金經理人都不太願意接受這種觀念，而不接受的理由主要
是因為他們並非認為這種方法不實際，而是因為他們主張不
同的投資人有不同的需求。我從來不相信不同投資人有不同
需求的說法是正確的，所有的投資都要求獲致令人滿意的結
果，而我相信每個人對令人滿意的結果的看法都很一致。讓
我這樣說吧，我認為過去二十年的任何經驗都會顯示出，挑
選標準普爾指數股票比耗費許多心力、知識及討論更有效。

巴特勒：葛拉漢先生，對於目前嚮往成為證券分析師及合格金融分析
師的青年男女，你會給他們什麼建議？

葛拉漢：我會告訴他們去研究股市的歷史紀錄、探討自己的能力，並
去了解他們是否能夠找出一套應用在自己的個案中能夠獲致
滿意結果的投資方法。如果他們已經這麼做了，就不要理會
他人的做法、想法和說法，繼續做下去，要堅持自己的方
法。這就是我們在經營自己的公司時的做法。我們從不盲目
跟隨群眾起舞，我想這對年輕的分析師是很好的做法。假

如他們讀過《智慧型股票投資人》——我認為這本書比《證券分析》更有用——並從中選取幾種他們覺得可以獲利的方法，那麼我會說他們應該這樣做，並且要堅持採用這套方法。我有個姪兒幾年前進入華爾街，跑來要我提供一些建議，我告訴他，「迪克，我要給你的實際建議是，你以平均15%的折價買進封閉型投資公司的股票。請你的朋友每月固定投資一定的金額到這些折價的封閉型公司股票，如此一來，你一開始就會做得比別人好，且一定會成功的。」他的確這麼做了，他就以這樣的基礎輕易地展開了他的事業。他一路進行得很順利，然後股市大漲，當然，他就轉戰到其他領域，後來做了一大堆投機的交易，我覺得他至少是從一個穩健的基礎開始的。假如你也是從穩健的基礎開始，你就成功了一半。

巴特勒： 你認為華爾街人士、典型的分析師或投資組合經理人是否從「1960年代熱中短期績效的基金」（go-go funds）、迷信成長股、1970年代流行的只買不賣股票（one-decision stocks）、雙層市場等經驗中學到教訓？

葛拉漢： 沒有。華爾街人士過去曾批評伯伴斯公司（Bourbons）不曾忘記任何事情，也不曾學到任何事情，但我特別批評華爾街人士是不曾學到任何事情，卻忘掉所有事情。我對華爾街人士的未來所有行為沒什麼信心，我認為只要有人類存在，這個充滿過度期望與恐懼等心態的貪婪行業，就會永遠存在。英國的經濟學家巴傑特（Bagehot）有段描述引發恐慌原因的

名言。最典型的情況是，人若有錢就輸得起，然後就會用它來進行投機，並把它給輸光，恐慌就是這樣產生的。我對華爾街是很悲觀的。

巴特勒：但在華爾街及全國各地做得很成功的獨立思考人士也大有人在，難道沒有嗎？

葛拉漢：有的。在華爾街成功要有兩個條件。一、你必須正確思考；二、你必須獨立思考。

巴特勒：對，要能正確且獨立。在拉荷拉現在陽光快露出來了，而你對華爾街的陽光有何看法？

葛拉漢：嗯，自1974年中股市探底以來，處處可見陽光。而我的猜測是華爾街一點也沒改變，目前的樂觀主義太過頭了，而下一波的悲觀主義也必然會反應過度，你就會重新回到摩天輪上，不管你叫它翹翹板或旋轉木馬都無所謂，你一定會重蹈覆轍。現在，依我的看法，股價在整體上尚未被高估，但似乎沒有人關心，1970年及1973年至1974年的歷史在五年內重演的可能性有多高，你可以賭一賭道瓊平均指數會不會發生這種狀況。

巴特勒：這是一次最愉快且最令人鼓舞的訪談。我們很期待在夏綠蒂維爾（Charlottesville）收到您的回憶錄稿件，非常謝謝您，葛

投資理財130

價值投資之父葛拉漢論投資

The Rediscovered Benjamin Graham : Selected Writings of the Wall Street Legend

原著	班傑明·葛拉漢Benjamin Graham
編選	珍娜·羅Janet Low
譯者	陳慕真　周　萱
總編輯	楊　森
副總編輯	許秀惠
編輯	陳盈華　詹瑋綸
行銷企劃	呂鈺清
發行部	黃坤玉　賴曉芳
視覺設計	陳文德
出版者	財信出版有限公司
	http://wealthpress.pixnet.net/blog
	台北市中山區10444南京東路一段52號11樓
訂購服務專線	886-2-2511-1107
訂購傳真	886-2-2511-0185
郵撥	50052757財信出版有限公司
印製	中原造像有限公司
總經銷	聯豐書報社
	台北市大同區10350重慶北路一段83巷43號
	電話886-2-2556-9711
二版一刷	2010年5月

國家圖書館出版品預行編目資料

價值投資之父葛拉漢論投資 / 珍娜·羅
（Janet Lowe）編著；陳慕真，周萱譯. 二版
. -- 臺北市：財信，2010.05
面；　公分. --（投資理財；130）
譯自：The Rediscovered Benjamin Graham:
Selected Writings of the Wall Street Legend
ISBN 978-986-6602-90-0（平裝）
1. 投資分析 2. 證券投資 3. 職業倫理 4. 證券金融業
563.5　　　　　　　　　　　　99006607